状態変化表現の類型論

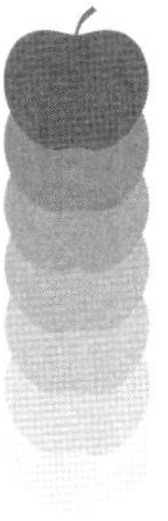

状態変化表現の類型論

松本 曜 ｜ 氏家 啓吾 編

開拓社

まえがき

本書は，状態変化事象の言語表現について，通言語的な研究を報告するものである。特に，移動動詞と同じ枠組みを用いて，状態変化についての類型論的な考察を行うのが特徴である。移動表現については，関連するプロジェクトの成果を『移動表現の類型論』（2017年，くろしお出版）と *Motion Event Descriptions across Languages, Vol. 1*（2025年，De Gruyter Mouton）において発表してきたが，本書は，移動表現に関するこの2書のうち，前者に対応する研究書であると言える。

本書は，科研プロジェクト『空間移動と状態変化の表現の並行性に関する統一的通言語的研究』（19H01264；2019～2022年度）および，国立国語研究所の共同研究プロジェクト『述語の意味と文法に関する実証的類型論』（2022～2024年度）の成果である。科研プロジェクトとしては，当初，実験による調査研究を計画していたが，コロナ禍を含むいくつかの事情から研究手法の変更を余儀なくされた。最終的には，コーパスを用いた研究と，インフォーマントワークによる研究の両方から，諸言語の状態変化の表現に迫ることとなった。

本書に収められた研究については，様々な方々から助言をいただいてきた。特に，石川さくら，伊藤彰規，大野仁美，河内一博，中川裕（東京外国語大学），長屋尚典，野島本泰，野中大輔，守田貴弘，諸隈夕子，吉成祐子の諸氏には，研究発表の機会などに貴重なコメントをいただいた。また，ユルゲン・ボーネマイヤー氏とベス・レヴィン氏にはいくつかの段階でアドバイスをいただいた。さらに，陳奕廷氏には，巻全体にわたって貴重なコメントをいただいた。ここに感謝の意を表する次第である。

2025年1月

松本　曜・氏家啓吾

目　次

第 1 章

状態変化の言語表現とその類型論的考察

氏家啓吾・松本　曜
国立国語研究所・国立国語研究所／総合研究大学院大学

1. 状態変化表現

事物は状態を変化させる。強く叩けばガラスは割れ，火にかければ水は熱くなり，人も姿勢や感情を変える。このような状態の変化を表す表現は言語において基本的な事項の 1 つであり，言語学においても大きな関心が寄せられてきた (Jespersen (1927), Gruber (1965), McCawley (1968), Fillmore (1970), Smith (1978), 池上 (1981), Talmy (1991, 2000), Haspelmath (1993), Levin (1993), Levin and Rappaport Hovav (2006, 2013), Majid et al. (2007), Kennedy and Levin (2007), Acedo-Matellán (2016), Beavers et al. (2021), 松本・氏家 (2024) など)。その中でも注目されるのは，状態変化の表現が移動表現と並行的であるという主張である (Talmy (1991, 2000), 小野 (2004), Goldberg and Jackendoff (2004), Croft et al. (2010), 岩田 (2010), Acedo-Matellán (2016), Kawachi (2016), Ito (2018) など)。本書は諸言語の状態変化表現に関して，移動表現と関連付けながら，その類型論的性質について考察するものである。

この並行性の問題に関する近年の研究の多くは，認知言語学者のタルミーの研究の影響を受けてきた。タルミーは「イベント統合の類型論」を提唱し，その一環として移動事象と状態変化事象の表現を考察している (Talmy (1991, 2000: Ch. 3))。タルミーは，移動や状態変化が単一節で表現される際に，移動の経路や状態変化の結果が文中でどの位置に表れるかを基準として言語を分類する。移動表現においては，移動の経路が主動詞で表現されているか，主動詞に付随する要素（不変化詞，動詞接辞など）で表現されているかで分類される (松本 (2017) などを参照)。

この点に関して，(1) の日英語文を比較してみよう。

（1）a.　レバーを押し下げる
　　　b.　*push the lever down*

（1a, b）では，〈下方向へ〉の移動が〈押す〉という使役手段とともに1つの節に統合されている。このうち〈下方向へ〉という経路が，（1a）では複合動詞の後項で表されるのに対し，（1b）では不変化詞で表されている。

タルミーは，こうした移動表現の類型論を，状態変化表現にも適用できると述べている。例えば，（2）の例は（1）と並行している。

（2）a.　ドアを押し開ける
　　　b.　*push the door open*

（2a）では変化が複合動詞の後項で表される一方，（2b）では結果句である形容詞句で表されている。このような対立に基づいて，タルミーは日本語のような言語を動詞枠付け言語と呼び，英語のような言語を付随要素枠付け言語と呼ぶ（松本（2017）も参照）。

状態変化表現と移動表現には（1），（2）で見たような並行性がある一方，タルミーは両者が完全に並行しているわけではないとも指摘する（Talmy（2000: 241））。例えば，英語の移動の表現では付随要素枠付けパターンが優勢だが，状態変化の表現では動詞枠付けと付随要素枠付けが混在している。具体的には，（2b）のように結果句で状態変化を表すパターンと，（3）のように主動詞で状態変化を表すパターンがある。

（3）　*Bill opened the door*（*by pushing it*）.

伊藤は，BNC を用いた4種類の状態変化表現の調査から，状態変化の種類によって（2b）のような文が優勢な場合と，（3）のような文が優勢の場合があるとしている（Ito（2018））。

さらに，状態変化表現には移動表現には対応しないパターンもある（松本・氏家（2024））。例えば，（4）のような文がその例である。

（4）a.　*I became happy.*
　　　b.　*That made me happy.*

状態変化は「結果状態」とその状態への「移行」の2つに分解することができる。（4）では（2b）とは異なり，その2つが別の語で表されている。すなわち，移行が一般的変化動詞の *became* や *made* で，結果状態がその補語で表現されているのである。これは，変化の一部は主動詞で表されているということである。これらの表現は，*Jack went out* のような移動の表現と類似しているように見えるかもしれないが，*go* が移動の直示性を表すのに対し，*become* や *make* にはそのような性質はないという違いがある。

したがって，状態変化の表現と移動の表現には一定の並行性が見られるものの，完全に一致するわけではなく，状態変化特有の要因も考慮する必要がある。必要なのは，数量的な調査を含む，幅広い状態変化に関する体系的な調査である。

松本・氏家（2024）はこのような認識を背景に，日本語に関して BCCWJ を用いた 12 の状態変化表現に関する調査結果を報告している。その結果から，日本語では文の主要部が状態変化（あるいはその一部）を表すことが圧倒的に多く，特に状態変化を構成する「移行」と「結果状態」の両方を，一緒に主要部のみで表す場合が多いことを明らかにしている。

本書では，その延長として，類似の調査を，英語，中国語，ハンガリー語，ネワール語，タイ語，イロカノ語，バスク語において行った結果を報告する。英語と中国語については，それぞれ 4 つの状態変化について大規模コーパスを用いて行った研究を報告する。他の言語については，小規模のコーパスやインフォーマント・ワークに基づいて 12 の状態変化について議論をすすめる。

12 の状態変化とは，松本・氏家（2024）同様，以下のものである。

調査対象の状態変化

概念領域	変化	表現例（自己状態変化と使役状態変化）
姿勢	〈着座〉	「座る」「座らせる」
生命	〈死亡〉	「死ぬ」「殺す」
意識	〈覚醒〉	「目覚める」「目覚めさせる」
感情	〈喜悦〉	「嬉しくなる」「嬉しくする」
形状・大きさ	〈（物理的）拡大〉	「大きくなる」「大きくする」
色	〈赤色化〉	「赤くなる」「赤くする」
統合性	〈（物理的）破壊〉	「壊れる」「壊す」
相	〈氷結〉	「凍る」「凍らす」
温度	〈温度上昇〉	「熱く（暖かく）なる」「熱く（暖かく）する」
開閉	〈（ドアなどの）開放〉	「開く」「開ける」
衛生状態	〈清潔化〉	「きれいになる」「きれいにする」
評価	〈改善〉	「良くなる」「良くする」

本書では，自己状態変化表現と使役状態変化表現を区別する。自己状態変化表現は使役者が関与せずに状態変化が起こるものとして表現されたもの，使役

状態変化表現は使役者が関与して状態変化が起こるものとして表現されたものである。前者は，基本的には主語（あるいはトピック）が変化の主体であり（「私は嬉しくなる」など），後者は，主語が使役者，目的語が変化の主体となる場合が多い（「彼を喜ばせる」など）。受動態の場合（「ガラスが壊された」など）は，動詞の性質としては使役者が関与しているので，後者に分類される（これは使役者が文法的に省略されずに表現されているかどうかによらない）。後に見る間接的表現（メタファー，メトニミーによる状態変化表現）においては，変化主体が主語か目的語かという区別からは外れる場合も多い。例えば，「X に喜びが訪れる」などは自己状態変化表現，「X に喜びを与える」などは使役状態変化表現である。なお，自己状態変化表現と使役状態変化表現の違いは，事象そのものの違いというよりも，その概念化の違いの反映である。捉え方によって，同じ事象を，自己状態変化表現で表すことも使役状態変化表現で表すことも可能だからである。[1]

本章ではまず 2 節で，本書で用いる分析の枠組みと変化表現位置の分類を示した後，3 節で変化表現位置と関わる動詞と形容詞のレパートリーの問題を取り上げる。4 節ではそれらに基づいて，日本語の 2 つの状態変化の表現（〈（ドアなどの）開放〉と〈赤色化〉）の分析例を示す。

2.　状態変化の類型論と変化表現位置

本書では，タルミーと同様に状態変化が表示される文中の位置に着目する。しかし，タルミーの類型論ではなくその代案である Matsumoto (2025) や松本・氏家 (2024) の枠組みに基づいて，その位置の分類を行う。変化の表現位置は，主要部 (head) と主要部外要素 (head-externals) に大別される（松本 (2017)，Matsumoto (2003, 2025)）。文の主要部とは文の諸特性を決定する要素であるが，ここでは項構造を決定する要素として捉える (Aikhenvald (2006) も参照)。一般的には文の主動詞である。一方，主要部外要素とはそれ以外の要素すべてを指す。日本語の複合動詞では，一般的には後項動詞が項構造を決定することから（影山 (1993)，Matsumoto (1996a) など），(2a) は，変化主要部表示型の表現である。一方，英語の (2b) は変化主要部外表示型の表現である。

主要部が類型論的に重要なのは，変化を主要部が表す場合は，自己状態変化

---

[1] ここで言う自己状態変化表現と使役状態変化表現は，それぞれ池上 (1991) のナル型表現とスル型表現に当たる。ただし，池上の区別は状態変化以外のさまざまな言語の側面に及んでいる。

と使役状態変化で，別の表現が必要になるからである（Matsumoto（2020））。主要部は項構造を決める要素なので，その位置で変化が表現されるなら，自己状態変化と使役状態変化で別個の動詞を作らなければならない。例えば，日本語では，ドアの開放を表すのに，「開く」と「開ける」が必要になる。主要部以外で変化が表現される場合は，同じ表現を使って変化を表現できる。例えば英語では，*slide open*（スライドして開く）と *push open*（押し開ける）のように，形容詞 *open* を自己状態変化と使役状態変化の両方に使うことができる。[2] このように，主要部で変化を表現するかどうかは，語彙の体系に大きな影響を与えるのである。

タルミーの類型論においては，同じ節の中に，主要事象（移動事象や変化事象）とその共イベント（原因や使役手段）とが表現されている場合の変化表現位置が考察される（Talmy（2000））。したがって，共イベントがない「ドアを開けた」や，単一節で表現されていない「花瓶を叩いたら壊れた」は対象とならない。これに対し，本研究では共イベントの有無，さらに単一節であるかどうかを問わずに，すべての状態変化表現を考察の対象とする。[3]

状態変化が表示される位置は以下のように分類される。これは，本書で考察している言語の表現の多様性に合わせて，松本・氏家（2024）の分類を改訂したものである。

A：基本的な分類

a) 【主要部のみ（head only）】：主動詞が移行と結果状態の両方を合わせて表し，他に状態変化を表す要素がない場合が【主要部のみ（head only）】である。日本語の「ドアを開ける」，英語の *open the door*，中国語の“门开了（door + open + PRT）のような表現では，文の主要部をなす動詞が変化主体の状態変化（移行と結果状態の両方）を表しており，さらに他の要素では変化が表示されていないので，このタイプである。

このタイプに準ずるものがある。日本語では「〜は目が覚めた」のように人

---

[2] 主要部外表示においても，自己状態変化と使役状態変化で異なる表現が使われることがある。それについては，Matsumoto（2020）を参照。

[3] 共イベントという用語は，本来的には，様態・使役手段などの副次的イベントが中核スキーマと単一節を形成する場合に限って使われるものと思われる（Talmy（2000: 200））。しかし，一部の言語では他の言語では統合されるような場合で，様態・使役手段を統合せずに従属節などで表現することがあり，そのような様態・使役手段も共イベントと呼ばれる場合もある（Talmy（2000: 224））。この章，および本書では，後者のような広い意味でこの用語を用いる。

の状態変化をその身体部位の変化として表現するケースや，「～の大きさが巨大化した」のように，尺度値の変化として表現されているケースがある。この場合，主動詞が状態変化動詞なら，【主要部のみ】に準ずる表現とみなし，【主要部のみ（身体部位/尺度)】とする。これらは多くの場合，「彼は目が覚めた」のように，二重主語構文で小主語に身体部位や尺度を表す名詞句が現れ，大主語の指示物の状態変化を表す表現である。

b）【主要部外要素のみ（head-external only)】：主動詞が状態変化を表さず，主要部外要素のみがそれを表す場合，【主要部外要素のみ（head-external only)】とする。主要部外要素としては，いくつかの種類がある。1つは形容詞句による結果句であり，*shoot the bear dead* や *wash the plate clean* のような場合である。前後置詞句の場合もある。*shoot the bear to death* などである。このほか，動詞接辞や不変化詞が使われる場合がある。ハンガリー語の *fel-ugat*（up-bark）‘吠えて目覚めさせる’，英語の *blow the fire out* ‘火を吹き消す’ などである。中国語では，“推开”（push＋open）の結果補語の “开”（開く）のように，結果補語として表れる。これらのうち，ハンガリー語の動詞接辞や英語の不変化詞は閉じた類であるため，表される状態は限られる。

c）【(主要部と主要部外要素の）両方（both)】：主動詞とそれ以外の要素の両方が状態変化を表すのが【(主要部と主要部外要素の）両方（both)】である。【両方】は完全なものと部分的なものの2種類がある。英語の *break the glass to pieces* などのような場合は主動詞 *break* と，主要部外要素 *to pieces* のいずれにも，当該変化の〈破壊〉が含まれているため，【両方（完全)】と分類する。一方，片方に当該変化全体が，もう片方にその一部が含まれる場合は，【両方（部分的)】とする。その場合，主要部と主要部外要素のどちらが部分的かによって，【両方（主要部部分的)】と【両方（主要部外部分的)】に分けられる。中国語の “变成碎片”（破片になる）の場合，主要部の “变”（なる）は結果状態を含意せず，移行のみを表し，結果補語の “成碎片” が移行と結果状態の両方を表すため，【両方（主要部部分的)】に分類する。日本語の「赤く染める」でも，動詞（主要部）と結果句の両方が状態変化を表しているが，動詞は色の変化を含意するものの色は指定せず，結果句がその色を指定している。そのため，〈赤色化〉という変化の観点からすると，【両方（主要部部分的)】である。一方，主要部外要素が部分的というケースとして以下のものがある。中国語の “醒来”（目を覚ます）では，主動詞 “醒”（目覚める）が特定の結果への変化を，非主要部の “来” が〈(正常な状態に）変化する〉という移行のみを表しているので，【両方（主要部外部分的）】と分類する。英語の *sit down* も，*down* が姿勢変化の一部（上半身の下方向への移動）のみを表している（腰の折り曲げは含まない）ので，【両方（主要部外部分的）】とする。

d）【分割（split）】：移行と結果状態が別の要素によって表されるケースを【分割（split）】と呼ぶ。さらに，主要部が移行を表すのか結果を表すのかによって，細分類ができる。日本語の「赤くなる」，英語の *become clean*，中国語の“变干净”（become＋clean）などのように，動詞が結果状態への移行のみを表し，補語の形容詞が状態を特定化しているタイプは，【分割（移行主要部）】である。一方，ハンガリー語の *meg-örül*（meg＋be.happy）では，状態を表す動詞に接辞がついて変化を表しており，接辞が移行の意味を加えていると考えられるので，【分割（結果主要部）】である。この 2 つのうち圧倒的に多いのが【分割（移行主要部）】であり，日本語では【分割（結果主要部）】がなかったため，氏家・松本（2024）では移行主要部の場合を単に【分割】と呼んでいる。

B：使役状態変化特有の分類

使役状態変化の表現では，使役事象と状態変化事象が異なる節で表現される場合がある。その場合，状態変化事象を表しているのが主節か，等位節か，従属節（付加詞節）か，あるいは補文か，さらに，それがその節の主要部か主要部外要素かなどで分類される。主なパターンとしては以下のものがある。（言語によっては実例が少ない場合があり，【そのほか】としてまとめる場合がある。）

(e）【主節主要部のみ（状態変化事象部分）】：例えば，使役事象が従属節で，状態変化事象が主節で表される場合，状態変化が主節のどの位置で表されるかでさらに分類され，主節の主動詞のみで表されている場合は，【主節主要部のみ（状態変化事象部分）】となる。日本語の「蛇に噛まれたので，死んでしまった」や，中国語の“我轻轻亲了她一下，她就醒了”（私が彼女に軽くキスをしたら，彼女は目覚めた）などがそうである。他にも，【主節主要部外要素のみ（状態変化事象部分）】【主節分割（状態変化事象部分）】などがある。

(f）【等位節主要部のみ（状態変化事象部分）】：使役事象と状態変化事象が等位節で表され，状態変化が状態変化事象節の主動詞で表されている場合は，【等位節主要部のみ（状態変化事象部分）】と分類する。「彼は蛇に噛まれ，死んでしまった」のような場合である。タイ語の [kháw hây khɔ̌ɔŋ khwǎn phɔ̂ɔ] [tham hây phɔ̂ɔ dii cay]（彼は父に贈り物をし，その結果，父は嬉しくなる）もこのタイプである。等位節の別の位置であれば，【等位節主要部外要素のみ（状態変化事象部分)】【等位節分割（状態変化事象部分)】などとする。

(g)　【主要部外要素のみ（使役動詞補文)】：主動詞が使役のみを表し，その補文に自己状態変化表現が使われるケースもある。例えば，英語の *They make girls blush* や，中国語の“使他醒了”（彼を起こした）では，主動詞 *make*/“使”が使役を表し，補文の *blush*/“醒了”が状態変化を表す。補文は文全体の主要部外要素なので，状態変化が補文内で表されていればすべてこのタイプになるが，補文内における自己状態変化の表現位置で更に細分化し，【主要部外要素のみ（使役動詞補文主要部)】【主要部外要素のみ（使役動詞補文主要部外要素)】【主要部外要素のみ（使役動詞補文内分割)】などに分けることもできる。ただし，実例が少ない場合は，【主要部外要素のみ（使役動詞補文)】としてまとめる。[4]

C：共主要部がある場合

タイ語のように動詞が動詞連鎖をなす場合，主要部は 1 つの動詞に決められないとする分析がある。その立場からすると，状態変化表現については以下のような分類ができる。

(h)【共主要部のみ co-head only】：状態変化動詞が（共事象を表す動詞とともに）動詞連鎖の中の 1 つの動詞で表される。

(5) a. [phɔ̂ɔ pùay taay]
父 病気になる 死ぬ
父は病気になって死ぬ
b. [kháw thɛɛŋ phɔ̂ɔ taay]
彼 刺す 父 死ぬ
彼は父を刺し（父が）死ぬ

(5b）は，thɛɛŋ が主要部であると分析するなら，英語などの結果構文と同じ

[4] 日本語の「座らせる」の場合は，Shibatani（1976）のように「させ」が補文をとっているという分析をとるなら【主要部外要素のみ（使役動詞補文)】となる。ただし，「履かせる」「聞かせる」などの場合は「壊す」などの語彙的使役動詞と同じ性質を持つことも知られており（松本（2000)），その場合は【主要部のみ】として扱うべきであろう。

ように【主要部外要素のみ】に分類される。

(i)【複数共主要部重複 co-heads (overlap)】：複数の共主要部で，状態変化が重複して現れる。

(6) [kháw khâa phôɔ taay]
彼 殺す 父 死ぬ
彼が父を殺し（父が）死ぬ

D：そのほか

j)【間接的表現】：状態変化の表現には，変化主体の変化そのものを直接的に表す例のほか，メタファーやメトニミーによって間接的にそれを表す表現がある。状態変化を変化主体やその部分の移動によって表す表現や，状態名詞（「死」など）や状態を生じさせる要因を表す名詞（「命」など）が関わる表現などである。下位タイプとしては以下が挙げられる（松本・氏家（2024））。

〔変化主体の移動〕（〈着座〉：「席につく」など）
〔変化主体部分の使役移動〕（〈着座〉：「腰を下ろす」など）
〔変化主体部分の使役状態変化〕（〈喜悦〉：「胸をときめかせる」など）
〔変化産物の移動〕（〈破壊〉：「破片が飛び散る」など）
〔状態への抽象的移動〕（〈死亡〉：「死に至る」など）
〔状態への抽象的使役移動〕（〈死亡〉：「死に追いやる」など）
〔状態からの抽象的使役移動〕（〈覚醒〉：「眠りから引きずり出す」など）
〔状態の発生〕（〈喜悦〉：「喜びがわき上がる」など）
〔状態の所有経験〕（〈喜悦〉：「喜びを得る」など）
〔状態変化事象の抽象的移動〕（〈死亡〉：「死が訪れる」など）
〔状態変化事象の経験〕（〈死亡〉：「死を迎える」など）
〔状態要因の移動〕（〈清潔化〉：「汚れが落ちる」など）
〔状態要因の抽象的使役移動〕（〈死亡〉：「命を落とす」；〈温度上昇〉：「熱を加える」など）
〔状態要因の使役状態変化〕（〈死亡〉：「息の根を止める」など）
〔状態尺度値の変化〕（〈温度上昇〉：「～の温度が上がる」など）
〔関連位置への抽象的移動〕（〈死亡〉：「天国へ旅立つ」など）
〔関連位置からの抽象的移動〕（〈死亡〉：「この世を去る」など）
〔そのほかの比喩的状態変化〕（〈死亡〉：「永眠する」など）

k）【メトニミー的推論のみ】:「掃除する」は〈清潔化〉を目的とした行為を表す。しかし，それは目的であって，結果としてその変化は常に起こるわけではないので，論理的含意（entailment）ではない。その証拠として，「掃除したことはしたが，きれいになっていない」が矛盾とは感じられない。しかし，多くの場合，「掃除する」の使用は文脈上，対象の〈清潔化〉を推論させる。「掃除する」は〈清潔化〉の使役手段を表すので，使役手段から状態変化が推論されるということである。これはメトニミーによるものである（Langacker（1995））。このように，実際の用例の中で，「掃除する」のみで清潔な状態への変化が生じることを伝えている場合は，【メトニミー的推論のみ】として分類する。これは松本・氏家（2024）で【共イベントによる推論のみ】と呼んでいたものである。

以上の分類に基づいて，状態変化が主要部で表されることが多い言語は「主要部表示型言語」，主要部外で表されることが多い言語は「主要部外表示型言語」と位置づけられる。状態変化が同じ文の中で主要部と主要部外の両方の位置で表されることが多い言語は，「両位置表示型言語」と呼ぶことができる（松本・氏家（2024））。また【分割】を多用する言語は「両位置分割型言語」，共主要部を多用する言語は「共主要部表示型言語」と呼ぶことができる。

なお，変化表現位置は自己状態変化表現と使役状態変化表現とで異なる場合がある。この問題は中国語などの議論で重要な点である（小嶋ほか（本書）参照）。また，自己状態変化表現と使役状態変化表現のどちらの頻度が高いかは，言語によって，また状態変化の種類によって違いがある。この点は池上（1991）の「なる型言語」対「する型言語」の対立との関連で議論される場合がある（玉岡ほか（2018）など）。これはそれ自体で重要な課題ではあるが，本書では中心的事項としては扱わない。

3. 動詞と形容詞のレパートリー

諸言語において，状態変化がどの位置で表現されるかは，形容詞や動詞のレパートリーと密接に関連している。この問題は，本書に収録されたバスク語，イロカノ語，ネワール語の論文でも議論されており，その議論においてはディクソン（Dixon（1982, 1991, 2004）），ビーバーズら（Beavers and Koontz-Garboden（2020），Beavers et al.（2021）），そして松本・氏家（2024）の指摘が重要な役割を果たしている。

ディクソンは，英語の形容詞を以下のように分類している。

a）　次元（例：big，long）
b）　年齢（例：new，young，old）
c）　価値（例：good，proper）
d）　色（例：red，black）
e）　物理的性質（例：hard，heavy，wet）
f）　人間の傾向（例：happy，smart）
g）　スピード（例：fast，slow）

ディクソンはさらに，諸言語の形容詞レパートリーを考察し，次元，年齢，価値，色に関する形容詞は，形容詞が少ない言語でも形容詞として表現されやすい一方，一部の言語では物理的性質は動詞で，また人間の傾向は名詞で表されると指摘している。また，人間の傾向に関する変化を表す動詞は，形容詞から派生しないとも述べている。

ビーバーズとクーンツ・ガーボデンは，英語の状態変化動詞には，形容詞語根から派生した形容詞由来動詞（例：*flatten*，*enlarge*）と，そうでない非形容詞由来動詞（例：*crack*，*burn*）があるとする（Beavers and Koontz-Garboden (2020)）。ビーバーズらは，動詞の意味のうち結果状態と呼んでいるものを意味的語根（semantic root）と呼び，形容詞由来動詞はディクソンの分類する次元，価値，色などの属性概念を意味的語根（属性概念語根）として持ち，非形容詞由来動詞は，変化を含意（entail）する状態（必ず変化によって生じる状態）を意味的語根（結果語根）として持つと主張する。また，ビーバーズらは，これら 2 種類の状態／状態変化が諸言語でどのように表現されるかを研究し，その結果，属性概念に関しては，状態を表す形容詞が無標で，状態変化を表す動詞（*flatten* など）が有標である傾向があると述べる（Beavers et al. (2021)）。さらに，変化を含意する状態概念では，結果状態を表す形容詞（*broken* など）が動詞由来で有標であることも明らかにしている。例外として，年齢の概念領域で，特に〈高齢〉に関する表現が，変化を含意する状態に似た傾向を示すことを指摘している。なお，ビーバーズらは，変化を含意するかどうかのテストとして，次のような文を用いている（Beavers et al. (2021: 448)）。容認不可能になる場合，その形容詞は変化を含意すると判断される。

（7）　*The red/#reddened dirt has never reddened.*

松本・氏家（2024）は，日本語で主要部のみを使った状態変化表現が多いことと関連して，多くの状態が形容詞で表すことができず，動詞のテイル形で表されることに注目する。〈死んでいる〉〈疲れている〉〈酔っている〉〈壊れている〉〈凍っている〉〈間違っている〉〈異なっている〉などである。松本・氏家（2024）は，これらが，i）必ず変化によって生じる状態であるか，ii）通常の状態あるいは理想的な状態から逸脱した状態であるか，その両方であるとする。これらの状態を表す形容詞がないので，その状態に至る変化を表現する際には主要部外要素が関わる表現を用いることができず，動詞が使われることになる。さらに，この観察はビーバーズらの研究と共通性があるとしながら，ビーバーズらが属性概念としているものの中にも，〈乾燥〉〈湿り〉など日本語では一般的形容詞で表現できないものがあるとして，日本語で動詞を使う傾向はビーバーズらが属性概念としている概念領域の一部にも及んでいると指摘する。

i）の「必ず変化によって生じる状態」という特徴づけについては，若干の修正の必要がある。まず，「変化によって生じる状態かどうか」は状態を表す述語の性質だけでなく，物体の性質にもよる。例えば紙が湿っているのは，紙というものの性質上，変化によって生じたと推測できる状態だが，波打ち際が湿っていることは，変化の結果と言えるかどうかはっきりしない。波打ち際は通常いつも水分を持っているからである。したがって，その状態が変化によって生じることがどの程度の頻度で想定されるかも考慮する必要がある。

また，i）必ず変化によって生じる状態であるか，ii）通常の状態あるいは理想的な状態から逸脱した状態，という 2 つの条件は「変化を背景とする」という形でまとめることができる可能性がある。例えば〈乾燥〉という状態は，純粋に物理的・客観的な観点からは〈水分を多くは含まない〉と等しく，それは必ず変化によって生じるとは限らない。それにもかかわらず〈乾燥〉が日本語において形容詞のみで表現できず，「乾いている」「乾燥している」のように動詞を使って表現されるのは，この概念が，単に〈水分を多くは含まない〉と等しいものではなく，〈水分を（比較的）多く含んでいる〉状態からの変化を背景とした概念であるからであろう。

この点と関連して，虚構変化と呼ばれる現象のことも考える必要がある。Matsumoto（1996b）は，実際には変化によって生じたのではない状態を，変化の結果生じたかのように表現する（8）のような例を考察している。そして，このような例は理想的状態からの逸脱を変化によって表現しているものだとして，主体的な変化あるいは虚構変化が関わるとしている。

（8）　この四角は角が丸くなっている。

この用法は，理想的状態からの逸脱を表している点で，〈間違っている〉〈異なっている〉のような例に近い。「変化を背景とする」という捉え方では，これらの例を含めることができる。なお，ビーバーズらもここでいう虚構変化の例について議論している。こうした例は，先の（7）のようなテストの結果こそ変化を含意しないケースと同じであるものの，「非時間的変化」を含意するという意味で，変化を含意するケースと同様に扱われている（Beavers et al. (2021: 449)）。[5]

語彙レパートリーを説明原理として用いる際に注意すべきことは，それだけでは使用頻度を部分的にしか説明できない点である。日本語における一部の状態変化のように，形容詞が存在せず動詞しか使えないような場合には，レパートリーが頻度に直接影響する。一方，ビーバーズが取り上げた英語に関しては，必ず変化によって生じる状態の場合も形容詞が存在し，原理的には状態変化動詞を使った表現と形容詞を使った表現の両方が可能である。（ビーバーズが考察するのは，動詞と形容詞の間の派生の方向である。）そのような場合にどちらが多く使われるのかは，レパートリーだけからは分からない。つまり，語彙のレパートリーの考察だけでは，動詞と形容詞を使った表現のどちらが多く使われるかという頻度の問題には部分的にしか答えることができない。

語彙レパートリーに関しては，自己状態変化を表す動詞と使役状態変化を表す動詞の関係もしばしば考察されてきた（Nedjalkov and Silnitsky（1973），Jacobsen（1992），Haspelmath（1993），ナロック（2007），Haspelmath et al. (2014)，Matsumoto（2017）など）。前者から後者が派生しているのか，その逆なのか，そのような方向性を認定できないのか，などである。また，一部の言語では，自己状態変化動詞はあっても使役状態変化動詞が乏しい場合もある（小嶋ほか（本書）を参照）。この問題については折に触れて論じることになる。

また，動詞のみを用いた状態変化表現（「伸びる」など）と，形容詞＋一般的変化動詞を用いた表現（「長くなる」「高くなる」など）との間には，意味的な違いがある場合がある。漸次的変化であるかどうか，あるいは物理的変化であるかどうか，などである（Matsumoto（1996b）など）。使役状態変化を表す動詞に関しては，使役の直接性がなければならないともされ，それがない場合は補文構造などが使われる傾向がある（Shibatani（1976），Song（1996），Dixon（2000），Wolff（2003），Escamilla（2012），Levshina（2016），Kawachi et al. (2018)，Bellingham et al. (2020)）。これについても，一部の章で扱うことになる。

---

[5] Beavers et al. (2021: 448）は，この議論の際に Matsumoto（1996c）に言及しているが，これは Matsumoto（1996b）の誤りと思われる。

4. 日本語の状態変化表現

このセクションでは，上記の変化表現位置の分析の例として，日本語の2つの状態変化の表現を取り上げる。日本語については，松本・氏家（2024）が論文にまとめているが，そこでは12の変化のうち4つについて具体的に例を挙げて解説した。ここでは，本書の中国語，英語論文でも取り上げられている，〈(ドアなどの）開放〉と〈赤色化〉を取り上げる。なお，松本・氏家(2024）出版後の分析の見直しにより，一部数値に同論文との違いがあることをおことわりしておく。

4.1. ケーススタディー1: 日本語における〈開放〉

〈開放〉は，ドアなどの遮蔽物が移動することにより空間がアクセス可能になる状態変化である。この事象は以下のように複雑な構造を持つ。まず，隔てられた2つの空間の境界の一部に間隙があり，さらにその間隙を潜在的に移動可能な遮蔽物が占めている。この状態では空間同士は相互にアクセス不可能である。〈開放〉の事象は，ここから①遮蔽物（あるいはその一部）が移動し，②それにより間隙が出現し，③それにより空間がアクセス可能になる，という複合的な状態変化である（森田（1989)，Shibatani（1996)，Taylor（2003)，Iwata（2008))。[6] これを図1の（A）から（B）への変化として図式化できる。

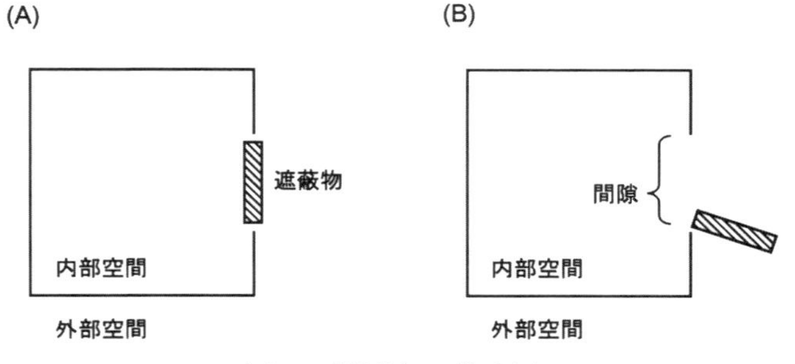

図1：〈開放〉の模式図

したがって「部屋のドアが開く」という表現は，遮蔽物であるドアを主語とした表現であるが，遮蔽物の移動だけでなく，それに伴う間隙の出現，および部屋がアクセス可能になる変化をも含んだ，複合的な事象を表していると言える。

---

[6] なお，ここで規定された〈開放〉には，壁に穴があくといった，間隙が新たに創り出される事象は含まれない。

今回の調査では，ドア類を表す名詞が用いられている場合に限定して調べた。ドア類とは，建物や乗り物に備えられた内と外を隔てる人工的な遮蔽物で，必要に応じて移動するよう設計されたもの（具体的にはドア，扉，戸，窓）である。一方，ビンの蓋などはドア類ではないため，今回の調査対象には含まれない。

日本語で〈開放〉を表す表現には，以下の表現が含まれる。

自己状態変化

【主要部のみ】：開（あ）く，開（ひら）く

【分割（移行主要部）】：半開きになる，開け放しになる

使役状態変化

【主要部のみ】：開（あ）ける，開（ひら）く，開放する；押し開ける，押し開（ひら）く，引き開ける，蹴り開ける，こじ開ける，開け放す，開け放つ，開けたてする

【主節主要部のみ（状態変化事象部分）】：押されて（ドアが）開いた，ほか

【分割（移行主要部）】：全開にする，半開きにする

【メトニミー的推論のみ】：押す

集計結果は以下の図 2 の通りであった。自己変化と使役変化の両方において，【主要部のみ】が圧倒的多数を占めている。自己変化においては 495 例（99%）が【主要部のみ】であった。使役変化においては，【主要部のみ】が 478 例（96%）を占めた。

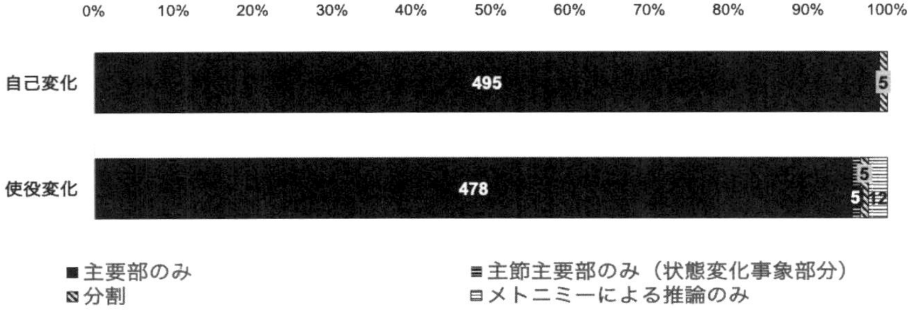

図 2：日本語における〈（ドアなどの）開放〉の表現パターン

圧倒的多数を占めた【主要部のみ】の例は，次のようなものである。

(9)　その時，前触れもなく廊下側の扉が<u>開く</u>。　（千葉暁『聖刻群龍伝』）

(10) ある日のこと，ポンちゃんはいつものようにそーっとへやのドアをあけようとして，母さまがだれかと話しているのを聞いてしまったのです。 （甲斐裕美『ゆたかな命のために』）

ごく少数だが次のような【分割】の例も見られた。

(11) 車内は蒸暑く，窓を全開にしても，それは収まらなかった。
（北方謙三『罅・街の詩』）

【主節主要部のみ（状態変化事象部分）】と分類された表現には，以下のような例が含まれている。ここでは，従属節の「男が押す」で使役が表され，主節「扉は静かに開いて（...）」で状態変化事象が表されている。

(12) 突き当たりの壁が，鉄製の扉となっており，男が押すと扉は静かに開いて，広い部屋があらわれた。 （天童荒太『幻世の祈り』）

【メトニミー的推論のみ】と分類されたものには以下が含まれる。「ドアを押して（入る）」という表現から，押すことによりドアが開いたということが推論可能である。

(13) 強風でもびくともしないドアを押して入ると，狭いロビーのまんなかで，行方と小川が，なにやら口論している。
（中山康樹『スイングジャーナル青春録 東京編』）

共イベントが示される例は，自己状態変化で 59 例（12%），使役状態変化で 71 例（14%）であった。ここでの共イベントには，「ドアが勢いよく開いた」などのようなドアの移動様態も含まれている。使役状態変化の中で，「蹴り開ける」などのように共イベントを複合動詞前項で表現している例は 25 例（5%）であった。

〈開放〉において，以上のように〈主要部のみ〉の表現が圧倒的に多いのは，日本語において，「全開」「半開き」という特定的な意味を持つ語を除き，〈開いている〉という状態を表すことのできる形容詞が存在しないために，主要部外要素を用いた表現パターンが使われる余地がほぼないためである。前節で述べたように，日本語において変化を背景とするような状態概念は，それを表す形容詞が存在せず，変化を表す動詞を用いて表されることが多い。〈開いている〉，そして〈閉じている〉という状態概念は，この傾向に合致している。これらはいずれも，図 1 に示したように，必要に応じて開閉するよう設計された遮蔽物（ドア，窓，蓋，カーテン，シャッター，弁など）の存在を前提とするため，遮蔽物の移動によるアクセス可能性の切り替わりを背景として含んでいる。

4.2. ケーススタディー 2: 日本語における〈赤色化〉

〈赤色化〉は，物体の色が赤に変わる状態変化である。赤のような色は，3 節で見たように，形容詞を用いて表すことが多い概念分野である。〈赤色化〉には，物体の色の（使役）変化のほか，人の顔が恥ずかしさや興奮などによって赤くなる事象も含まれる。

〈赤色化〉を表す表現として以下のものが含まれている。

自己状態変化

【主要部のみ】：赤らむ，赤面する，紅潮する，紅葉する

【主要部外要素のみ】：赤く {かぶれる，ささくれる，ほてる，泣きはらす，錆びる，錆び付く，仕上がる，みのる，腫れ上がる，熟す，熟れる，焼ける，濁る，腐る，ただれる，茹だる，茹で上がる}，真っ赤に {ただれる，のぼせる，ほてる，完熟する，煮える，腫れる，腫れ上がる，熟す，熟れる，焼ける，酔っ払う，膨れ上がる，茹で上がる，上気する}

【両方（主要部部分的）】赤く {色づく，染まる}，真っ赤に {色づく，染まる，充血する}，真紅に {色づく，染まる}，紅に染まる

【分割（移行主要部）】赤くなる，真っ赤になる，赤く変わる，赤になる

【間接的表現（主要部）】：〔状態の抽象的移動〕赤みが差す

使役状態変化

【主要部のみ】：赤らめる，紅潮させる

【主要部外要素のみ】：赤く {腫らす，焼く，塗る}，真っ赤に {腫らす，泣き腫らす，煮る，やけどする，焼く，塗る，塗りたくる，熱する}，真紅に塗る

【両方（主要部部分的）】赤く {染める，染め上げる}，真っ赤に {染める，染め抜く，彩る，充血させる}，真紅に {染める，染め上げる}，紅に {染める，彩る}

【分割（移行主要部）】赤くする，赤く変える，赤く仕上げる，真っ赤にする

「赤く塗る」「赤く腫らす」などの表現は，主要部の動詞が色の変化を表さず，もっぱら主要部外要素「赤く」のみで〈赤色化〉を表現しているので【主要部外要素のみ】に分類される。[7] 一方，「赤く染める」の場合，上で述べた通り主

[7] 英語の *paint* の場合は，もともと塗料を表す名詞から派生した動詞であることを反映して，

要部の動詞「染める」と主要部外要素「赤く」の両方が色の変化を表すものの，前者は変化後の色の指定がないという点で〈赤色化〉を部分的にしか表していないため，【両方（主要部部分的）】に分類される。

語彙レパートリーの観点からは，〈赤色化〉は状態変化を1語で表す動詞（「赤らむ」「赤らめる」）と，状態を表す形容詞（「赤い」「真っ赤な」等）との両方が存在するため，【主要部のみ】の表現だけでなく【分割】や【両方】などの主要部外要素を用いた表現パターンが利用可能である。そのため，実際の使用頻度の割合が注目される。

日本語における〈赤色化〉の表現パターンは図3に示す通りである。

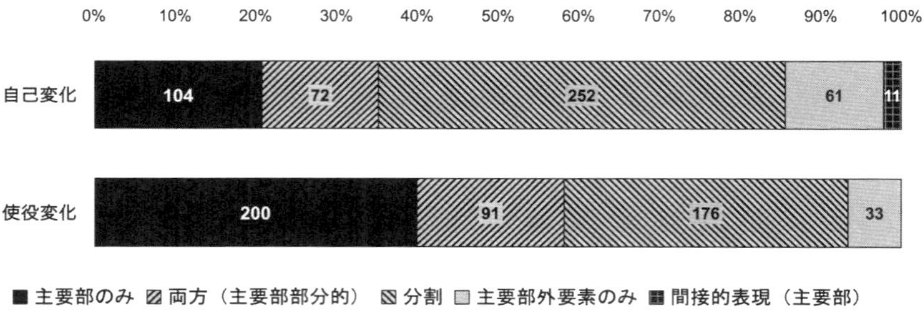

図3：日本語における〈赤色化〉の表現パターン

自己状態変化と使役状態変化の両方において，【主要部のみ】も一定程度存在するが，【分割】の割合が目立って大きく，また【主要部外要素のみ】，【両方（主要部部分的）】もある程度存在する。主要部外要素を用いた表現（【主要部外要素のみ】，【両方（主要部部分的）】，【分割】）の合計の割合は，自己状態変化では77.0%（385），使役状態変化では60.0%（300）と大きい。

自己状態変化と使役状態変化の【主要部のみ】と【分割】の例をそれぞれ挙げる。

(14) a. 意味はさだかにわからぬながら，春王は，頬が赤らむのを感じた。（皆川博子『うろこの家』）

b. ナナカマドが赤くなると鮭が上る。（野本寛一『栃と餅』）

(15) a. しかし，「あっ」と言ったなり顔を赤らめて，すごすごと座らせて

着色行為を表すものと考えられるが，日本語の「塗る」は，「{薬／糊}を塗る」の例から分かるように，必ずしも着色を表すわけではない。そのため，「赤く塗る」などは【主要部外要素のみ】として扱う。

しまうような対応は，避けたいものです。

（白鳥稔『心の教育と生きる力と』）

b.　妻ののぞみが顔を真赤にして，「あなた！」（赤川次郎『幽霊教会』）

【両方（主要部部分的）】の例としては，次のようなものが見られた。

(16)　食紅を水少々で溶き，白ごまを入れて赤く染めておく。

（実著者不明『「お菓子」はじめてでも，おいしく！』）

(17)　鮮血が飛びちり，後ろの壁の油絵が真っ赤に染まった。

（ラリー・ボンド『テロリストの半月刀』）

日本語の状態変化表現としては比較的まれな【主要部外要素のみ】の例としては，(18)-(20) がある。

(18)　あの学校は，入口のドアが真っ赤に塗ってあるのよ。

（斎藤栄『関西国際空港殺人事件』）

(19)　腕が痛むので，よく見ると，そこが赤く腫れていた。

（陳舜臣『聊斎志異考』）

(20)　だが，釘を赤く焼くには，家の中だろう。　（峰隆一郎『奥州の牙』）

〈赤色化〉の表現パターンの分布に関わる要因として，動詞「赤らむ」「赤らめる」の特性が挙げられる。主要部のみで〈赤色化〉を表すこれらの動詞は，いずれも主に（主に感情の変化によって引き起こされる）顔の血色の変化を表すのに使われ（例：「顔が赤らむ」「顔を赤らめる」），無生の物体の色の変化を表すのに使うことは限定的である（例：「*鉄が赤らんだ」）。そのため，無生の物体の赤色化を表すためには，主要部外要素を用いた表現を多く使うことになる。

この点を確かめるために，変化主体の有生性を区別して集計した結果を図4に示す。有生物には人や動物，およびその身体の一部が含まれる。

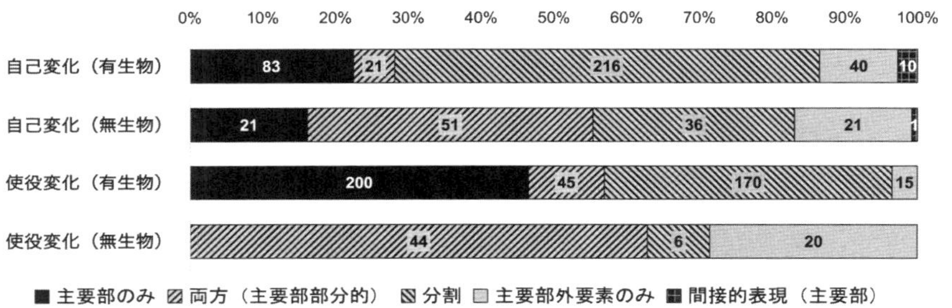

図4：〈赤色化〉の表現パターンと変化主体の有生性

自己状態変化と使役状態変化のいずれにおいても，有生物の場合より無生物の場合の方が，【主要部のみ】の使われる割合が小さい。使役状態変化では特に差が顕著で，有生物では46.5％（200/430）を占める【主要部のみ】の割合が，無生物では0％である。このように，〈赤色化〉では表現パターンが変化主体の有生性と関連する。これは，氏家・松本（2024）が主張するように，身体の場合は通常の肌の色が前提となっており，赤色化することは通常の状態からの（一時的）逸脱であることと関係していると思われる。[8]

5. 最後に

本章では，本書における状態変化の類型論についての基本的な考え方を述べるとともに，日本語の例について解説した。日本語の分析と比較しながら，他の言語の状態変化表現を考察するなら，言語間の共通性と差異についてより理解が深まるものと思われる。

参考文献

Acedo-Matellán, Victor (2016) *The Morphosyntax of Transitions: A Case Study in Latin and Other Languages*, Oxford University Press, Oxford.

Aikhenvald, Alexandra Y. (2006) "Serial Verb Constructions in Typological Perspective," *Serial Verb Constructions: A Cross-linguistic Typology*, ed. by Alexandra Y. Aikhenvald and R. M. W. Dixon, 1–68, Oxford University Press, Oxford.

Beavers, John, Michael Everdell, Kyle Jerro, Henri Kauhanen, Andrew Koontz-Garboden, Elise LeBovidge and Stephen Nichols (2021) "States and Changes-of-state: A Crosslinguistic Study of the Roots of Verbal Meaning," *Language* 97, 439–484.

Beavers, John and Andrew Koontz-Garboden (2020) *The Roots of Verbal Meaning,* Oxford University Press, Oxford.

Bellingham, Erika, Stephanie Evers, Kazuhiro Kawachi, Alice Mitchell, Sang-Hee Park, Anastasia Stepanova and Jürgen Bohnemeyer (2020) "Exploring the Representation of Causality across Languages: Integrating Production, Comprehension and Conceptualization Perspectives," *Perspectives on Causation*, ed. by Elitzur Bar-Asher Siegal and Nora Boneh, 75–119, Springer, Cham, Switzerland.

Croft, William A., Jóhanna Barðdal, Willem B. Hollmann, Violeta Sotirova and Chiaki

[8] 自己状態変化で変化主体が無生物の場合に見られた【主要部のみ】の例は，すべて「紅葉する」が使われた例であった。この場合も，通常の葉の色から逸脱した状態への変化である。

Taoka (2010) "Revising Talmy's Typological Classification of Complex Event Constructions," *Contrastive Studies in Construction Grammar*, ed. by Hans C. Boas, 201–236, John Benjamins, Amsterdam.

Dixon, R. M. W. (1982) *Where Have All The Adjectives Gone?: And Other Essays in Semantics and Syntax*, Mouton, Berlin.

Dixon, R. M. W. (1991) *A New Approach to English Grammar, on Semantic Principles*, Oxford University Press, Oxford.

Dixon, R. M. W. (2000) "A Typology of Causatives: Form, Syntax and Meaning," *Changing Valency: Case Studies in Transitivity*, ed. by R. M. W. Dixon and A. Y. Aikhenvald, 30–83, Cambridge University Press, Cambridge.

Dixon, R. M. W. (2004) "Adjective Classes in Typological Perspective," *Adjective Classes: A Cross-linguistic Typology,* ed. by R. M. W. Dixon and Alexandra Y. Aikhenvald, 1–49, Oxford University Press, Oxford.

Escamilla, Ramón Matthew (2012) *An Updated Typology of Causative Constructions: Form-Function Mappings in Hupa (California Athabaskan), Chungli Ao (Tibeto-Burman) and Beyond,* Doctoral dissertation, University of California, Berkeley.

Fillmore, Charles (1970) "The Grammar of Hitting and Breaking," *Readings in English Transformational Grammar*, ed. by Roderick Jacobs and Peter Rosenbaum, 120–133, Georgetown University Press, Washington, D.C.

Goldberg, Adele E. (1995) *Constructions: A Construction Grammar Approach to Argument Structure,* University of Chicago Press, Chicago.

Goldberg, Adele E. and Ray Jackendoff (2004) "The English Resultative as a Family of Constructions," *Language* 80, 532–569.

Gruber, Jeffrey S. (1965) *Studies in Lexical Relations*, Doctoral dissertation, MIT.

Haspelmath, Martin (1993) "More on the Typology of Inchoative/Causative Verb Alternations," *Causatives and Transitivity*, ed. by Bernard Comrie and Maria Polinsky, 87–120, John Benjamins, Amsterdam.

Haspelmath, Martin, Andreea Calude, Michael Spagnol, Heiko Narrog and Elif Bamyacı(2014) "Coding Causal-noncausal Verb Alternations: A Form-frequency Correspondence Explanation," *Journal of Linguistics* 50, 587–625.

池上嘉彦（1981）『「する」と「なる」の言語学―言語と文化のタイポロジーへの試論』大修館書店，東京．

Ito, Akinori (2018) *A Corpus-based Study of Linguistic Encoding of Motion and Change-of-state Expressions*, Doctoral dissertation, Kobe University.

Iwata, Seizi (2008) "A Door that Swings Noiselessly Open May Creak Shut: Internal Motion and Concurrent Changes of State," *Linguistics* 46, 1049–1108.

岩田彩志（2010）「Motion と状態変化」『レキシコンフォーラム 5』27–52，ひつじ書房，東京．

Jackendoff, Ray (1983) *Semantics and Cognition*, MIT Press, Cambridge, MA.

Jacobsen, Wesley M. (1992) *The Transitive Structure of Events in Japanese*, Kurosio, Tokyo.

Jespersen, Otto (1927) *A Modern English Grammar on Historical Principles*, Carl Winters, Heidelberg.

影山太郎（1993）『文法と語形成』ひつじ書房，東京.

Kageyama, Taro and Li Shen (2018) "Resultative Constructions in Japanese from a Typological Perspective," *Handbook of Japanese Contrastive Linguistics,* ed. by Prashant Pardeshi and Taro Kageyama, 193–225, De Gruyter Mouton, Berlin.

Kawachi, Kazuhiro (2016) "Introduction: An Overview of Event Integration Patterns in African Languages," *Asian and African Languages and Linguistics* 10, 1–36.

Kennedy, Chris and Beth Levin (2008) "Measure of Change: The Adjectival Core of Degree Achievements," *Adjectives and Adverbs: Syntax, Semantics and Discourse*, ed. by L. McNally and C. Kennedy, 156–182, Oxford University Press, Oxford,

Lakoff, George and Mark Johnson (1980) *Metaphors We Live By,* University of Chicago Press, Chicago.

Langacker, Ronald W. (1995) "Raising and Transparency," *Language* 71, 1–62.

Levin, Beth (1993) *English Verb Classes and Alternations: A Preliminary Investigation,* University of Chicago Press, Chicago.

Levin, Beth and Malka Rappaport Hovav (1995) *Unaccusativity: At the Syntax-Lexical Semantics Interface*, MIT Press, Cambridge, MA.

Levin, Beth and Malka Rappaport Hovav (2013) "Lexicalized Meaning and Manner/Result Complementarity," *Studies in the Composition and Decomposition of Event Predicates,* ed. by Boban Arsenijević, Berit Gehrke and Rafael Marín, 49–70, Springer, Dordrecht.

Levin, Beth and Malka Rappaport Hovav (2014) "Manner and Result: The View from *clean*," *Language Description Informed by Theory*, ed. by Rob Pensalfini, Myfany Turpin and Diana Guillemin, 337–357, John Benjamins, Amsterdam.

Levshina, Natalia (2016) "Why We Need a Token-based Typology: A Case Study of Analytic and Lexical Causatives in Fifteen European Languages," *Folia Linguistica* 50(2), 507–542.

Majid, Asifa, Melissa Bowerman, Miriam van Staden and James S. Boster (2007) "The Semantic Categories of Cutting and Breaking Events: A Crosslinguistic Perspective," *Cognitive Linguistics* 18, 133–152.

Matsumoto, Yo (1996a) *Complex Predicates in Japanese: A Syntactic and Semantic Study of the Notion 'Word'*, CSLI Publications, Stanford, CA.

Matsumoto, Yo (1996b) "Subjective Change Expressions in Japanese and Their Cognitive and Linguistic Bases," *Spaces, Worlds and Grammars*, ed. by Gilles Fauconnier and Eve Sweetser, 124–156, University of Chicago Press, Chicago.

Matsumoto, Yo (1996c) "Subjective Motion and English and Japanese Verbs," *Cogni-*

tive Linguistics 7, 183-226.

松本曜（2000）「「教える／教わる」などの他動詞／二重他動詞ペアの意味的性質」『日本語 意味と文法の風景 ― 国広哲弥教授古稀記念論文集 ―』，山田進・菊地康人・籾山洋介（編），79-95，ひつじ書房，東京．

Matsumoto, Yo (2003) "Typologies of Lexicalization Patterns and Event Integration: Clarifications and Reformulations," *Empirical and Theoretical Investigations into Language: A Festschrift for Masaru Kajita*, ed. by Shuji Chiba et al., 403-418, Kaitakusha, Tokyo.

Matsumoto, Yo (2016) "Phonological and Semantic Subregularities in Noncausative-Causative Verb Pairs in Japanese," *Valency and Transitivity Alternations: Studies on Japanese and Beyond*, ed. by Taro Kageyama and Wesley M. Jacobsen, 273-289, Mouton de Gruyter, Berlin.

松本曜（2017a）「移動表現の類型に関する課題」『移動表現の類型論』，松本曜（編），1-24，くろしお出版，東京．

松本曜（2017b）「日本語における移動事象表現のタイプと経路の表現」『移動表現の類型論』，松本曜（編），247-273，くろしお出版，東京．

Matsumoto, Yo (2020) "Neutral and Specialized Path Coding: Toward a New Typology of Path-coding Devices and Languages," *Broader Perspectives on Motion Event Descriptions*, ed. by Yo Matsumoto and Kazuhiro Kawachi, 281-316, John Benjamins, Amsterdam.

Matsumoto, Yo (2025) "Introduction: NINJAL Project on Motion-event Descriptions across Languages (MEDAL)," *Motion Event Descriptions across Languages, Vol. 1, Case Studies of Linguistic Representations of Motion,* ed. by Yo Matsumoto, 1-52, De Gruyter Mouton, Berlin.

Matsumoto, Yo and Kazuhiro Kawachi (2020) "Introduction: Motion Event Descriptions in Broader Perspective," *Broader Perspectives on Motion Event Descriptions*, ed. by Yo Matsumoto and Kazuhiro Kawachi, 1-22, John Benjamins, Amsterdam.

松本曜・氏家啓吾（2024）「日本語における状態変化の表現 ― 認知的類型論の数量的研究 ― 」『言語研究』166, 29-57.

McCawley, James D. (1968) "The Role of Semantics in a Grammar," *Universals in Linguistic Theory,* ed. by Emmon Bach and Robert T. Harms, 124-169, Holt, Rinehart, and Winston, New York.

森田良行（1989）『基礎日本語辞典』角川学芸出版，東京．

ナロック・ハイコ（2007）「日本語自他動詞の類型論的位置付け」『レキシコンフォーラム 3』，161-193，ひつじ書房，東京．

Nedjalkov, Vladimir P. and Georgij C. Silnitsky (1973) "The Typology of Morphological and Lexical Causatives," *Trends in Soviet Theoretical Linguistics*, ed. by Ferenc Kiefer, 1-32, Reidel, Dordrecht.

小野尚之（2004）「移動と変化の言語表現：認知類型論の視点から」『対照言語学の新展開』，佐藤滋・堀江薫（編），3-26，ひつじ書房，東京．

Shibatani, Masayoshi (1976) "The Grammar of Causative Construction: A Conspectus," *Syntax and Semantics* 6: *The Grammar of Causative Constructions*, ed. by Masayoshi Shibatani, 1-40, Academic Press, New York.

Shibatani, Masayoshi (1996) "Applicatives and Benefactives: A Cognitive Account," *Grammatical Constructions: Their Form and Meaning*, ed. by Masayoshi Shibatani and Sandra A. Thompson, 157-194, Clarendon Press, Oxford.

Smith, Carlota S. (1978) "Jespersen's 'Move' and 'Change' Class and causative Verbs," *Linguistic and Literary Studies in Honor of Archibald A. Hill*, Vol. 2: *Descriptive linguistics*, ed. by Mohammad A. Jazayery, Edgar C. Palome and Werner Winter, 101-109, Mouton, The Hague.

Song, Jae Jung (1996) *Causatives and Causation: A Universal-Typological Perspective*, Addison Wesley Longman Limited, New York.

スプリング・ライアン（2015）「事象フレームの言語類型と第二言語習得 ― 移動と状態変化の表現を巡って ―」『語彙意味論の新たな可能性を探って』，由本陽子・小野尚之（編），408-431，開拓社，東京．

Talmy, Leonard (1985) "Lexicalization Patterns: Semantic Structure in Lexical Forms," *Language Typology and Syntactic Descriptions, Vol. 3: Grammatical Categories and the Lexicon,* ed. by Timothy Shopen, 36-149, Cambridge University Press, Cambridge.

Talmy, Leonard (1991) "Path to Realization: A Typology of Event Conflation," *Proceedings of the Seventeenth Annual Meeting of the Berkeley Linguistics Society* 17, 480-519, Berkeley Linguistics Society.

Talmy, Leonard (2000) *Toward a Cognitive Semantics, Vol. 2: Typology and Process in Concept Structuring*, MIT Press, Cambridge, MA.

Taylor, John R. (2003) *Linguistic Categorization*, 3rd ed., Oxford University Press, Oxford.

玉岡賀津雄・張婧禕・牧岡省吾（2018）「日本語自他対応動詞 36 対の使用頻度の比較」『計量国語学』第 31 巻 6 号，443-460.

Wolff, Philip (2003) "Direct Causation in the Linguistic Coding and Individuation of Causal Events," *Cognition* 88, 1-48.

八亀裕美（2008）『日本語形容詞の記述的研究 ― 類型論的視点から ―』明治書院，東京．

第 2 章

英語の状態変化表現

―〈着座〉，〈覚醒〉，〈開放〉，〈赤色化〉について―

眞野美穂・古賀裕章・松本　曜
大阪大学・慶應義塾大学・国立国語研究所／総合研究大学院大学

1.　はじめに[1]

本稿は，英語の状態変化事象の表現（状態変化表現）について，コーパスを用いた量的な研究を行い，そこに見られる選好表現パターンとそれを決めている要因を探ることを目的とする。状態変化の表現パターンは，しばしば移動の表現パターンと関連付けて議論され，共通の枠組みの中で類型論的な観点から議論されてきた（Talmy（1991, 2000），小野（2004），Croft et al.（2010），Acedo-Matellán（2016），Kawachi（2016），Ito（2018），松本・氏家（2024）など）。本稿は，松本の移動表現・状態変化表現の類型論（松本（2017a），松本・氏家（2024））に基づき，英語の状態変化の表現パターンを，コーパスを用いて数量的に考察する。その考察から，英語の状態変化表現の類型論的特徴を明らかにするとともに，英語の移動表現との並行性を検証する。

まず第 2 節で研究の背景と課題を示し，第 3 節で調査方法を示す。その上で第 4 節では，〈着座〉・〈覚醒〉・〈（ドアの）開放〉・〈赤色化〉の 4 種類の状態変化の表現に関する調査結果を報告し，状態変化の表現位置の分析を行う。第 5 節では，「共イベント（co-event）」の有無が状態変化表現にどのような影響を与えるかを検討する。第 6 節では，英語の移動表現（松本（2017b），Ito（2018）），さらに日本語および中国語の状態変化表現について行われた同様の

[1] 本稿で報告している研究のデータ収集と分類については，東京大学大学院の池辺早良氏と，総合研究大学院大学の印雨琪（YIN Yuqi）氏の協力を得た。また，工学院大学の野中大輔講師が初期の分析の一部を担当した。大阪大学の中嶌浩貴講師，神戸大学の岸本秀樹教授，および元神戸大学大学院の伊藤彰規氏からは，様々な時点で貴重なアドバイスをいただいた。ここにお礼を申し上げる。また，本稿は，科研費 19H01264 と国立国語研究所共同研究プロジェクト『述語の意味と文法』の成果である。

調査（松本・氏家（2024），小嶋・夏・印（本書））と比較し，英語の状態変化表現の特徴を探る。

2. 研究の背景と課題

2.1. 移動表現と状態変化表現の類型論

英語の状態変化の表現では，移動と同様の表現がなされる場合がある。Talmy（1991, 2000）は，空間移動事象の表現において，単一の節の中に，経路を中核とする「枠づけイベント」と，様態，原因，使役手段といった「共イベント」（副次的イベント）が統合されている場合，移動の経路がその節のどの形態統語要素で表現されるかを考察している（事象統合の類型論）。英語の移動事象の表現においては，（1a）や（1b）が例示するように，経路が不変化詞（あるいは前置詞）で表されることが多い。共イベントは主動詞で表されている（（1a）では様態，（1b）では使役手段）。

（1）a. Peter **ran** out.（ピーターは外に走り出た）
　　b. Bill **kicked** the ball out（of the room）.
　　　（ビルはボールを（部屋から）蹴り出した）

Talmy（1991, 2000）は，この事象統合の類型論が空間移動事象のみならず，状態変化事象の言語化などにも当てはまると主張する。（2a）では変化の結果状態が移動における経路と同じく不変化詞で表されている。そのほか，（2b）のように結果構文（Simpson（1983），McNulty（1988），Levin and Rappaport Hovav（1995），Goldberg（1995），Washio（1997），Boas（2003），Goldberg and Jackendoff（2004），Iwata（2020））における結果句（（2b）では形容詞句）によって表現される場合もある。結果句も Talmy のいう付随要素であり，移動の表現と並行的である。なお，共イベントはやはり主動詞で表現されている（（2a）では原因，（2b）では使役手段）。

（2）a. The candle **burned** out.（ロウソクの火が燃え尽きた）
　　b. Bill **kicked** the door open.（ビルはドアを蹴り開けた）

一方，日本語では，移動事象における経路と状態変化事象における変化が，共に主動詞（複合動詞後項も含む）によって表現されることが多い（Hasegawa（2000），松本・氏家（2024）も参照）。（3），（4）に示す通りである。また，共イベントである移動の様態，状態変化の原因，使役手段が表現される場合は，複合動詞前項，テ形動詞，後置詞句などによって表される。いずれも主動詞に従属する要素である。

(3) a. 太郎が（部屋から）**走り**出た。
　　b. 花子はボールを**蹴り**出した。
(4) a. ドアが**風で**開いた。
　　b. 花子はドアを{**蹴り**開けた／**蹴って**開けた}。

Talmy（1991, 2000）の移動表現・状態変化表現の類型論では，(1), (2) は「付随要素枠付け型」，(3), (4) は「動詞枠付け型」と呼ばれるタイプの表現である。松本は Talmy の類型論の改訂を提案し，(1), (2) を「主要部外表示型」，(3), (4) を「主要部表示型」と呼んでいる（松本（2017a），Matsumoto and Kawachi（2020），松本・氏家（2024））。

このように移動と状態変化に並行性が見られるケースもあるが，Talmy（2000: 240–241）自身が指摘するとおり，両者における並行性は完全ではない（Ito（2018）も参照）。状態変化は，移動とは異なる表現パターンで表される場合もある。たとえば英語の（5）では，変化が状態変化動詞を主動詞として表されている（状態変化動詞については Fillmore（1970），Haspelmath（1993），Levin（1993），McKoon and Mcfarland（2000），Levin and Rappaport Hovav（2006, 2013），Majid et al.（2007），Beavers et al.（2021）などを参照）。[2]（5a）には共イベントがないが，（5b）では使役手段が，使役手段動詞からの派生名詞を目的語とする前置詞句によって表されている。

(5) a. The glass broke.（ガラスが割れた）
　　b. Bill opened the door **with a kick**.（ビルはドアを蹴って開けた）

Talmy は英語について，移動表現では付随要素枠づけ型が支配的であるものの，状態変化表現においては付随要素枠づけ型の表現に加えて，（5b）のように主要部で変化を表す動詞枠づけ型の表現も可能であるとする。そして英語を，この両方のパターンが使われる混合型と特徴づける（Talmy（2000: 240–241））。[3] この2つの表現パターンのどちらが支配的なのかについては，経験的な調査が必要である。

本稿では，英語の状態変化表現において変化（移行と結果状態）が文のどの

---

[2] 状態変化動詞は結果動詞とも呼ばれる場合がある（Levin and Rappaport Hovav（2006, 2013））。

[3] Talmy の混合型には3つの種類があり，英語は2つの表現パターンが共存する並行システム（parallel system）とされる。しかし，本稿では移動と状態変化の表現の類似性を指して「並行性」という用語を使っている関係から，「並行システム」という用語は避ける。

要素で表現される傾向が強いのかを，コーパスを用いて量的に調査する。それにより，空間移動表現との並行性と相違点を明らかにし，さらに変化表現位置に差異をもたらす要因を考察する。松本（2017a, b），Matsumoto and Kawachi（2020），松本・氏家（2024）にしたがい，空間移動事象における経路および状態変化事象における変化が，文の主要部で表現されるのか，それ以外の要素（主要部外要素）で表現されるのかという区別を行い，「主要部表示型」と「主要部外表示型」という対立で分類を行う。主要部外要素には，不変化詞，形容詞句，前置詞句，分詞節などが含まれる。

本稿で採用する類型論は，Talmy の類型論といくつかの点で異なる。両者の相違の最も重要な点は，Talmy の枠組みでは，経路（移動）または変化（状態変化）と，様態・原因・使役手段などが，単一の節で両方表現された文のみが考察されるのに対し，主要部表示型対主要部外表示型の類型論ではその限りではない点である。すなわち，(5a) のように共イベントがない事例なども分析対象に含める。後に見るように，コーパスから得られた状態変化表現では，共イベントがない事例の方がはるかに多い。Talmy の枠組みにおいては多くの事例が分析の対象外とされてしまうが，本稿ではそのような例も含めて議論を行う。

なお，本稿では，状態変化を移行（transition）と結果状態（result state）に分ける（Talmy（1991, 2000），松本・氏家（2024）も参照）。動詞 *break* では，〈破壊されている〉という結果状態（構造体の物理的統合性や機能が失われている状態）とその状態への移行の両方が，1 つの形態素の中で表現されている。しかし，この 2 つは，*become happy* のような表現では分けて表現される（移行は動詞 *become*，結果状態はその補語 *happy*）。

2.2. 英語の状態変化表現に関する先行研究

英語の状態変化表現については，状態変化動詞や結果構文に関する多くの研究がある。ここでは本稿と直接関係するものとして 2 つの研究を取り上げる。

まず，本稿と同様に，英語の状態変化表現についてコーパスを用いて量的に分析した研究として，Ito（2018）がある。Ito は，松本（2017a, b）の枠組みを用い，英語の 4 種類の状態変化事象（DYING，BREAKING，OPENING，EXTINGUISHING）の表現に関して，British National Corpus（BNC）を使って調査を行った。そして，4 つの状態変化事象の表現を総合的に見ると，(6a) のような結果構文における結果句よりも，(6b) のように主動詞で変化が表されることが多いという結果を報告している。

(6) a. Susan trampled the poor ants to death.
　　(スーザンは哀れな蟻を踏み殺した)
　b. Matt rarely killed ants.（マットはめったに蟻を殺さなかった）

さらに，状態変化を表現するのに主動詞を用いるか，それ以外の要素を用いるかについては，状態変化の種類によって変異があるという。調査した 4 つの状態変化では，DYING > BREAKING > OPENING > EXTINGUISHING の順に主動詞で状態変化が表現されることが多いという。表 1，2 は，それを示す Ito（2018）の調査結果の一部である（用語は，本稿のそれに合わせて一部変更している)。「両方」とは，同じ文の中で主要部と主要部外要素の両方で状態変化が表されているケースである。[4]

表 1：DYING 事象の状態変化表現位置（Ito（2018: 66），一部改変）

	主要部のみ	主要部外要素のみ	両方	合計
自己状態変化	320(97.56%)	7(2.13%)	1(0.30%)	328(100%)
使役状態変化	155(90.12%)	17(9.88%)	0(0%)	172(100%)
合計	475(95.00%)	23(4.80%)	1(0.20%)	500(100%)

表 2：OPENING 事象の状態変化表現位置（同上：67，一部改変）

	主要部のみ	主要部外要素のみ	両方	合計
自己状態変化	65(58.56%)	46(41.44%)	0(0%)	111(100%)
使役状態変化	323(83.03%)	63(16.20%)	3(0.77%)	389(100%)
合計	388(77.60%)	109(21.80%)	3(0.60%)	500(100%)

表 1，2 から，状態変化の種類によって，主要部のみで移行と結果状態が表される率が大きく異なっていることがわかる。また表 2 から，OPENING 事象の表現については，自己状態変化表現と使役状態変化表現の間で，状態変化の主要部表示率が異なることがわかる。

Ito が指摘するもう 1 つの現象は，状態変化においては一部の種類のものを除いて，共イベントが表現されることが少ないことである。特に BREAKING 事象においては，ほんの数パーセントにすぎないとしている。

状態変化動詞に関するもう 1 つの重要な研究として，Beavers らの研究がある。Beavers et al.（2021: 446）は，英語の 2 種類の状態変化動詞を区別する

[4] Ito（2018）では，後に見る【分割】を表現パターンとして扱っていない。

ことを提案した。*enlarge* や *slow* (*down*) のような属性概念語根（*large*，*slow* が表す意味）を持つものと，*freeze* や *break* のように結果語根（*frozen*，*broken* が表す意味）を持つものである。この場合の語根とは，形態的な語根ではなく意味的な語根のことであり，状態変化動詞では結果状態を指す。Beavers らがあげている例の一部を（7）に示す。Beavers らは，（7a）については Dixon（1982）の形容詞分類を，（7b）については Levin（1993）の動詞類を参考にしている。

（7）a.　属性概念語根：*enlarge*，*shrink*，*shorten*，*lengthen*，*worsen*，*improve*，*redden*，*cool*，*dry*，*straighten*，*harden*，*clean*，*strengthen*，*speed up*

　　b.　結果語根：*burn*，*melt*，*grow*，*cook*，*break*，*bend*，*kill*，*destroy*，*ascend*，*differ*

属性概念語根を持つ状態変化動詞は，属性概念を表す形容詞が形態的に基本で，動詞はそれから形態的に派生されるとする。また，その形容詞は変化を含意しない（変化によって生じるものとは限らない）。それに対し，結果語根を持つものでは，状態変化を表す動詞が形態的に基本であり，形容詞はそれから派生した述語であるとする。また，その形容詞は変化を含意する（必ず変化後の状態を表す）。このような状態変化動詞の種類は状態変化表現のパターンと関係している可能性がある。

なお，松本・氏家（2024）によれば，必ず変化によって生じる状態かどうかという区別は，日本語において状態を形容詞で表すか動詞のテイル形などで表すかという区別にも関わっているという（氏家・松本（本書）も参照）。必ず変化によって生じる状態は形容詞として実現していないことが多く，そのような状態への変化については主要部外要素を用いた表現が限定的になるとしている。

2.3.　研究課題

本稿の研究課題は，英語において状態変化が表現される位置，およびそれに関わる要因を考察し，移動表現との差異を検討することである。考察事項は，次の通りである。

①　状態変化の表現位置
②　状態変化の種類と状態変化の表現位置との関係
③　共イベントの有無と状態変化の表現位置との関係

④　移動表現における経路表現位置と状態変化表現における変化表現位置の比較
⑤　日本語および中国語における状態変化の表現位置との比較

②との関連では，当該の結果状態を表現する形容詞または不変化詞の有無や，状態の結果性についても検討する。3節で調査方法を示した後，4節で①，②の課題について，5節で③，6節で④，7節で⑤の課題について検討する。

3.　コーパス調査の方法

3.1.　データ抽出方法

本節では，どのように調査を行ったかを説明する。本研究では，Corpus of Contemporary American English（COCA）ダウンロード版（1990–2012）のfiction，academicのサブコーパスを，コーパス検索ツールAntConcを用いて検索し，そのデータを考察する。[5] この2つのサブコーパスに絞ったのは，日本語研究（松本・氏家（2024））におけるBCCWJの書籍サブコーパスを用いた分析に合わせるためである。

本稿では，〈着座〉・〈覚醒〉・〈（ドアの）開放〉・〈赤色化〉の4種類の状態変化事象について，その自己状態変化表現と使役状態変化表現を取り上げる。これらについて，次のような手順で対象とする状態変化表現を抽出した。

1）　Levin（1993）および *Oxford Learner's Thesaurus*（Lea et al.（2008）），*Longman Collocations Dictionary and Thesaurus*（Mayor（2013））などの各種辞書から各状態変化を表す表現をリストする。
2）　リストされた表現について，COCA内の用例を検索ツールAntConcを用いて検索する。[6]〈（ドアの）開放〉など，一部では共起検索も活用する。
3）　得られた用例から一定の割合でランダムサンプリングを行う。また，得られた用例から手作業で該当する状態変化表現のみを抽出し，それをもって分析対象とする。

1）においてリストした表現は，表3の通りである。2）の段階の検索で得られ

[5] COCAの使用は，国立国語研究所との契約に基づくものである。AntConcは，Laurence Anthony氏が開発したコンコーダンスソフトウェアである（Anthony（2023））。
[6] 前後20語を取り出せるよう設定した。

た用例数を抽出割合と一緒に示す。[7]

表 3：検索キーと抽出割合

状態変化	検索キー	用例総数	抽出割合
〈着座〉	sit	87,495	自己 : 0.5% 使役 : 2.0%
	seat	26,471	
	{onto / into / to / on / in} {the / a / one's} chair	6,497	
〈覚醒〉	awaken	2,962	2.0%
	awake	6,512	
	wake	16,487	
	get up（get と up が 3 語以内に共起）	13,669	
	{out of / from} … {sleep / nap / slumber} （組み合わせが 3 語以内に共起）	498	
	up の左 5 語以内に出てくる動詞（上の動詞を除く）の共起検索により，V … up	703	
〈(ドアの) 開放〉	open と door が左右 5 語以内に共起	23,456	1.5%
〈赤色化〉	redden	690	10.0%
	blush	2,288	
	flush	3,953	
	red	41,878	

3）の段階においては，状態のみを表して変化を表していない例や，状態変化を表しているかどうか文脈から判断できない例などは除外した。(8）のような例である。[8]

(8) a. …we stayed in our seats. (fic_2004)（私たちは席にとどまった）

b. Several nights later Inman stood in front of the slanted house. It **sat** toadlike down in its swale, and the windows were all black. (fic_1997)

---

[7] 品詞のタグ付けのないデータを使用したため，複数の品詞のデータが含まれている。ここでは検索キーを語彙素形で示しているが，実際には可能性のある全ての品詞の活用形を検索に含めた。

[8] COCA から得られた用例についてはそれぞれ，サブコーパス情報（fic: fiction，aca: academic）と発行年を記載する。

（数夜後，インマンは傾いた家の前に立っていた。その家はヒキガエルのように湿原の辺に佇み，窓はすべて真っ黒だった）

c.　I knew I was **blushing**. (fic_2005)
（私は自分が赤面していることを知っていた）

(8b, c) は状態動詞としての *sit, blush* の例で，*sit* の用例総数の半数以上は (8b) のように状態を表すものだった。[9] また，調査対象ではない意味の用例も除外した（*get up* で，〈覚醒〉ではなく姿勢の変化のみを表している場合など）。

1) ～ 3) のプロセスによって得られた分析対象の状態変化表現は，自己状態変化表現と使役状態変化表現に分類された。[10]〈着座〉を表す使役状態変化については，0.5% 抽出時に 4 件しか該当する表現が得られなかったため，抽出割合を 2%にして使役状態変化表現を収集した。

その結果を含めた表現数は，表 4 の通りである。これらを分析対象とする。

表 4：分析対象とする状態変化表現数

状態変化事象	状態変化表現数		
	自己状態変化	使役状態変化	合計
〈着座〉	210	27	237
〈覚醒〉	272	86	358
〈(ドアの) 開放〉	97	185	282
〈赤色化〉	453	110	563

なお，この表からは，自己状態変化表現と使役状態変化表現の割合が，状態変化事象ごとに大きく異なることがわかる。[11]

3.2.　分類方法

得られた状態変化表現について，次のように分類し，分析を行った。

---

[9] *sit* が状態動詞と状態変化動詞の両方の意味を持つ点については Dowty（1979: 67, 69）を参照。*blush* が両方の意味を持つ点については Levin and Rappaport Hovav（1995: 160）を参照。

[10] 使役状態変化動詞が受身で使われている場合（*The wall was painted red*（その壁は赤く塗られた）など）も，使役状態変化表現と見なした。また，使役状態変化動詞が反使役化したとされる表現（*The door pushed open*（ドアが押されて開いた）など；Levin（to appear））は自己変化表現と見なした。

[11]〈着座〉については，自己状態変化と使役状態変化で抽出割合が異なるため，頻度の割合の単純比較はできないが，自己状態変化表現の方が多いことは明らかである。

1） 状態変化表現を，変化（移行＋結果状態）が文のどの位置で表現されているかによって分類
2） 共イベントの有無，あった場合はその種類（様態・使役手段・原因），およびその表現位置によって分類

変化表現位置による分類タイプは，以下の通りである。ここでは本稿に関係する分類タイプのみを示す。

(9) a. 【主要部のみ】She awoke on the grassy steppe. (fic_1996)〈覚醒〉
（彼女は草原で目を覚ました）
b. 【主要部外要素のみ】One of the sleeping men snored loudly and then started awake. (fic_1992) 〈覚醒〉
（寝ていた男の1人がいびきをかき，それから飛び起きた）
c. 【主要部外要素のみ（使役動詞補文）】They make prepubescent girls blush. (fic_2009)（彼らは思春期の少女達を赤面させる）〈赤色化〉
d. 【両方】He wakes up, and … (fic_1992)（彼は目を覚まし …）〈覚醒〉
e. 【両方（主要部外要素部分的）】The older woman sat down then, …. (fic_1997)（その高齢の女性は腰を下ろし，…）〈着座〉
f. 【両方（主要部部分的）】She's painting Carrie's toenails bright red. (fic_1993) 〈赤色化〉
（彼女はキャリーの足の爪を真っ赤に塗っている）
g. 【分割】In the fall every maple on the south hill would turn red …. (fic_1993)（秋には南の丘のカエデがみんな紅葉する）〈赤色化〉
h. 【間接的表現（主要部）】Marty felt a flush spread across his face. (fic_2007)（マーティは赤らみが顔に広がるのを感じた）〈赤色化〉
i. 【間接的表現（その他）】The commander … slid into the rear seat. (fic_2010)（指揮官は後部座席にすべり込んだ） 〈着座〉
j. 【その他】Chris inserts both keys, … and the second massive door opens inward. (fic_1995) 〈開放〉
（クリスが両方のキーを差し込むと，… 2番目の大きな扉が内側に開く）

(9a) の【主要部のみ】では，〈目が覚めている〉という結果状態とその状態への移行の両方が，合わせて主要部（主動詞）で表され，それ以外の要素では表されていない。(9b) の【主要部外要素のみ】では，〈覚醒〉が主要部では表されず，結果構文の中の結果句（形容詞句）のみで表されている（主要部ではその原因が表示されている）。結果構文において，動詞が当該状態変化の意味を含まない場合はこのタイプとなる。[12] (9c) の【主要部外要素のみ（使役動詞補文)】は，主要部に使役動詞の *make*（その他 *cause* など）が使用され，補文の動詞で移行と結果状態（この場合〈赤色化〉）が表現される例である。主要部では変化を表していないという意味で，主要部外要素での変化表示としている。(9d) の【両方】は，当該状態変化が主要部と主要部外要素の両方で表されたケースである。(9d) では主動詞 *wake* と不変化詞 *up* の両方で〈覚醒〉が表されている。不変化詞 *up* は単独で覚醒した状態を表すことが可能なため（*He is up now* など；Lakoff and Johnson (1980: 15)），【両方】の例である。結果構文で，結果句と主動詞の両方が当該状態変化を含む場合（*flush red* など）もこのタイプとなる。一方，(9e) のように重複が不完全な場合もある。主要部とそれ以外の要素がどちらも状態変化を表すが，どちらか一方が当該状態変化の結果を完全には表現していないケースである。(9e) の *sit down* では，不変化詞 *down* が単独では座った状態を表せず，姿勢変化の一部としての身体の移動方向を表すのみである。この場合は，主動詞の方が意味を完全に表しているので，【両方（主要部外要素部分的)】に細分類されるケースである。一方，主要部の方が部分的な【両方（主要部部分的)】もある。(9f) の *paint red* のような場合で，動詞は色の変化を含むが，具体的な色の指定が無い（Washio (1997))。(9g) の【分割】とは，移行と結果状態が別の要素によって完全に分けて表現される場合を指す。たとえば，*turn red* では，結果状態は形容詞の *red* で，その状態への移行は主要部である動詞 *turn* で表現されている。このタイプで使われる動詞は，*become*，*get*，*turn*，*grow*，*go*，*come*，*change* な

[12] 結果構文には結果句が形容詞句の場合と前置詞句の場合がある（Goldberg and Jackendoff (2004)，Iwata (2020) など）。*shoot ... to death* のように，結果句が前置詞 *to* を伴う場合は *to* が移行を明示的に表していると考えられるが，(9b) や (2b) のように結果句が形容詞句の場合は，結果句が表しているのは結果状態のみであって，その状態への移行は表していないとも考えられる。その場合，移行の意味はどの要素が担っているのかというと，それは形容詞結果構文という構文であると考えられる（Goldberg (1995))。つまり，移行は構文が，結果状態は結果句が担っているということである。その場合においても，主動詞以外のものが移行と結果状態を表していることから，変化が主要部外要素のみで表されていることは変わらない。

ど移行を表すが具体的な結果を表さない動詞であり，resulting copula (Quirk et al. (1985: 1172))，resultative linking verb (Leech and Svartvik (2013: 404))，resultative copular verb (Biber et al. (2021: 441))，lexical resultative verb (Goldberg and Jackendoff (2004: 559)) などと呼ばれるものが含まれる。[13]【間接的表現】は，メタファーやメトニミーなどによって状態変化を表すものである。移動表現が使われている場合は，経路が主要部で表されているかどうかで細分類する。(9h) の【間接的表現 (主要部)】では，状態名詞 *flush* が移動主体として表現され，経路が (補文) 主動詞 *spread* (および前置詞 *across*) で表現されている。他方，(9i) の【間接的表現 (その他)】では〈着座〉という状態変化が，〈着座〉と結びついた位置 (椅子) への空間移動として表現されており，経路が主要部外要素の前置詞 *into* のみで表示され，主要部では移動様態が *slide* により表示されている。また，これら以外に，上記に分類できない【その他】がある。(9j) は，使役状態変化表現を等位構造を用いて使役と変化に分けて表現したケースで，変化事象部分を等位節の主要部で表現している。これは，本来なら【等位節主要部のみ (状態変化事象部分)】とすべきものである。ほかにも変化事象部分を複文の主節の主要部で表現するケースや，主節・等位節内において主要部外要素や分割で表現するケースなどもある。しかし，例が少なかったので，ここではこれらを【その他】とする。

共イベントについては，種類として，「様態」「使役手段」「原因」を区別する。例は以下の (10)-(12) の通りである。

(10) 様態

a. My friend BB **slid** into the seat. (fic_2004) 〈着座〉
(私の友達の BB は席に滑り込んだ)

b. They turn as the door **flies** open … (fic_1993) 〈開放〉
(ドアがパッと開くと，彼らは振り返る)

(11) 使役手段

a. She **threw** open the car door. (fic_1996) 〈開放〉
(彼女は車のドアを開け放った)

b. The closet doors were **painted** red. (fic_1994) 〈赤色化〉
(クローゼットのドアは赤く塗られた)

---

[13] これは，【分割】の中でも【分割 (移行主要部)】に細分類されるものであるが，英語には (中国語にあるような)【分割 (結果主要部)】のケースがないので，不要な複雑化を避けるため，【分割】として議論をすすめる。

(12)　原因

a.　When he **fell** into the seat next to her … (fic_2011)　〈着座〉
(彼が彼女の隣の席に倒れ込んだ時 …)

b.　Every morning I woke **to the sound of her slurping tea** … (fic_1994)　〈覚醒〉
(毎朝私は彼女のお茶をすする音で目を覚ました)

これらの共イベントは，様々な表現位置で表される可能性がある。(10), (11), (12a) のように主要部で表される場合もあれば，(13a) のような副詞句や，(12b), (13b) のような前置詞句，または (13c) のような従属節で表される場合もある。[14]

(13) a.　… I sat there, **a bit gingerly** I admit. (fic_1992) (副詞句)〈着座〉
(私は正直なところちょっと恐る恐るそこに座った)

b.　She sat up **with a jolt**. (fic_2003)　(前置詞句)〈着座〉
(彼女は驚いて上半身を起こした)

c.　… when she woke him **by saying, "Baby."** (fic_1994)
(彼女が「あなた」と言って彼を起こした時 …)　(従属節)〈覚醒〉

これら共イベントの有無とその表現位置，そして状態変化表現位置の関係についても，分析を行う。

4.　変化表現位置

4.1.　変化表現位置の全体的傾向

まず，調査に基づき，状態変化表現位置の結果を示し，分析を行う。図 1 に自己状態変化表現と使役状態変化表現に分けて，各 4 事象の変化表現位置の平均比率をまとめた。

[14] 共イベントという用語には 2 つの使われ方がある。本来の使い方としては，中核スキーマと単一節を形成する場合に限って使われものと思われる (Talmy (2000: 200))。その一方で，比較の目的のために，統合されずに従属節に現れる場合も含めて使われる場合がある (Talmy (2000: 224))。ここでは，後者の使い方をする。

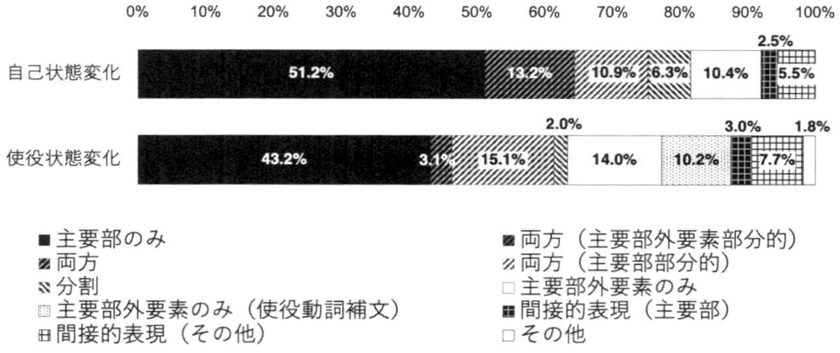

図 1：変化表現位置（自己状態変化・使役状態変化各 4 事象の平均）

ここからわかるように，自己状態変化表現と使役状態変化表現のいずれにおいても，【主要部のみ】の割合が最も多い（それぞれ，51.2% と 43.2%）。一方，【主要部外要素のみ】は，自己状態変化表現と使役状態変化表現のいずれにおいてもあまり多くないものの（10.4% と 14.0%），後者の方に前者より多くの例が観察された。主要部で少なくとも状態変化の一部を表している【主要部のみ】，【両方】，【両方（主要部部分的）】，【両方（主要部外要素部分的）】，【分割】，【間接的表現（主要部）】を合計すると，その割合は自己状態変化表現では全体の実に 84.1%，使役状態変化表現でも 66.4% にのぼる。これに対して，状態変化の少なくとも一部の表現を主要部外要素が担う【主要部外要素のみ】，【主要部外要素のみ（使役動詞補文）】，【両方】，【両方（主要部部分的）】，【両方（主要部外要素部分的）】，【分割】，【間接的表現（その他）】の合計は，自己状態変化表現では 46.3%，使役状態変化表現では 52.1% を占めるにすぎない。したがって，程度の差はあるものの，自己状態変化表現と使役状態変化表現の両方において，主要部がかかわる表現の方が優勢であることがわかる。

4.2. 状態変化事象の種類と変化表現位置

分析対象とした 4 つの状態変化事象の表現において，変化表現位置に差異はあるだろうか。状態変化の種類別の変化表現位置を，自己状態変化表現と使役状態変化表現のそれぞれで示したのが，図 2 と図 3 である。

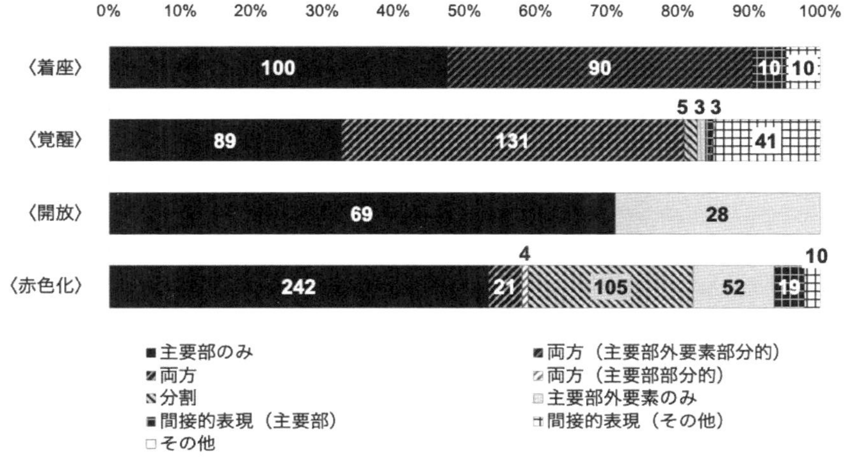

図 2：自己状態変化表現の変化表現位置

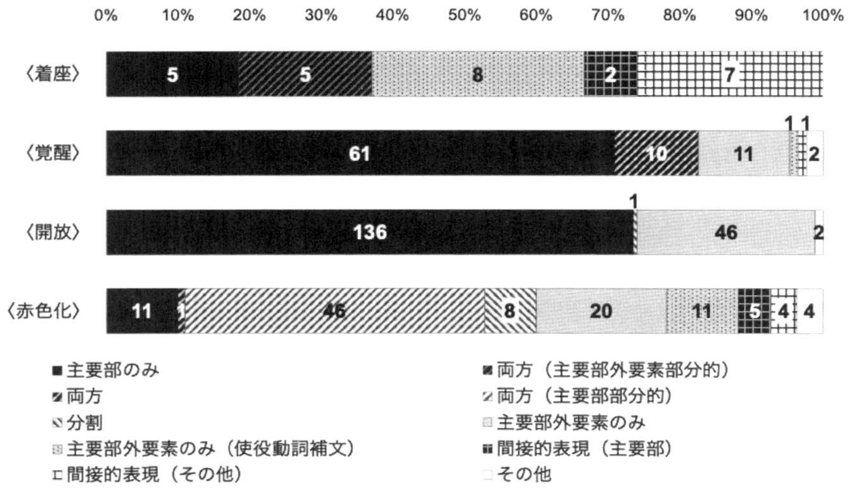

図 3：使役状態変化表現の変化表現位置

図 2, 3 が示すように，状態変化事象の種類によって変化表現位置は異なる。また，同じ状態変化事象でも，自己状態変化表現と使役状態変化表現で表現パターンが異なることがわかる。とりわけ，〈着座〉と〈赤色化〉においてその傾向が顕著に観察される。

次節以降では，〈着座〉，〈覚醒〉，〈(ドアの) 開放〉，〈赤色化〉の順に，状態変化の種類ごとに状態変化表現位置の傾向や特徴，およびそれを決定づける要因について詳しく見ていく。

4.3. 変化表現位置〈着座〉

まず，〈着座〉の状態変化事象の表現を見る。(14) に得られた表現を示す。

(14) 〈着座〉

a. 自己状態変化表現：

【主要部のみ】sit, seat oneself, be seated

【両方 (主要部外要素部分的)】sit up/down,[15] hunker down

【間接的表現(主要部)】{sink/slump/fall/land} {into/in} a {seat/chair}

【間接的表現 (その他)】take/have a seat, {slide/stumble} into a {seat/chair}

b. 使役状態変化表現：

【主要部のみ】seat

【主要部外要素のみ (使役動詞補文)】make/let/have … sit, take/get … to sit

【両方 (主要部外要素部分的)】sit … down

【間接的表現 (主要部)】settle … in the seat

【間接的表現 (その他)】prop … in the seat

これらの使用率は図 2, 3 に示した通りである。〈着座〉の自己状態変化表現では, 5 割弱において (15a) のように【主要部のみ】で状態変化を表しており，次に多かったのが (15b) のように【両方 (主要部外要素部分的)】で表すパターンだった (42.9%)。後者はすべて，*sit* と *down/up* が共起する例である。〈着座〉している状態とは，臀部が椅子や床などの水平な面に接して，上半身が直立している姿勢である。この姿勢への変化には身体の上半身の移動と腰の折曲げが伴う。*up/down* は，この変化の一部である上半身の移動しか表していない。そして，(15c) は，〈着座〉が行われる位置への移動によって，間接的に〈着座〉を表している例であり，その意味で【間接的表現 (その他)】である。このような例は少数であった。

[15] *sit up* は寝ている姿勢から起き上がって座る場合に用いられる。

（15）a.　She came and sat alongside him at the piano bench, interrupting, something she never did. (fic_1996)　【主要部のみ】
（彼女がやって来てピアノのベンチで彼の隣に座り，邪魔をした。これは彼女がこれまでしたことがなかったことだった）
b.　Would you like to sit down? (fic_2010)
（座りますか？）　【両方（主要部外要素部分的）】
c.　Spencer slides into the driver's seat … (fic_1998)
（スペンサーは運転席に滑り込み …）　【間接的表現（その他）】

〈着座〉という状態変化には空間における変化主体の身体または身体部位の移動がかかわっており，不変化詞 *down* の頻繁な使用はそれを反映している。

〈着座〉の使役状態変化表現では，(16a) のような間接的表現が見られた (25.9%)。そのほか，(16b) のように主動詞が使役動詞で，その補文の動詞で〈着座〉を表す【主要部外要素のみ（使役動詞補文)】が多く見られた (29.6%)（このパターンは補文が主要部外要素なので【主要部外要素のみ（使役動詞補文)】としているが，その補文の中では主要部で変化が表されている)。このような複文の表現が用いられるのは，〈着座〉が動作主的な動作であるため，その使役はかなりの場合に言語的な使役行為（たとえば命令など）によって行われる間接使役 (Shibatani (1976)) であるからだと思われる。

（16）a.　Mike opened the passenger side door of the Cord and propped his grandfather in the seat. (fic_2008)（マイクはコルドの助手席側のドアを開け，祖父の身を席にもたせかけた）　【間接的表現】
b.　The next day, Mr. Phillips made Anne sit next to Gilbert. (fic_2007)
（その次の日，フィリップさんはアンをギルバートの隣に座らせた）
【主要部外要素のみ（使役動詞補文)】

また，(17) のように，他動詞を用い，【主要部のみ】や【両方（主要部外要素部分的)】で〈着座〉を表す表現も見られた。

（17）a.　A waiter seated them, and … (fic_2000)　【主要部のみ】
（ウェイターは彼らを座らせ，…）
b.　Jasper … sat her down on a folding chair … (fic_2010)
（ジャスパーは彼女を折りたたみ椅子に座らせた）
【両方（主要部外要素部分的)】

重要な点として，〈着座〉の表現には，(16b) のような使役状態変化表現における使役動詞補文の場合を除いて，【主要部外要素のみ】のパターンが観察されない。これには2つの関連する要因が考えられる。まず1つ目は，〈着座〉の表現に使用可能な，座った状態を表す形容詞が存在しないという事実である (座った状態を表すのは，状態動詞用法の *sit* あるいはその現在分詞 *sitting* である)。このため，形容詞を結果句で使った結果構文を形成することができない。2つ目は，不変化詞 (主要部外要素) の *down* は下方向への移動を表すのみであり，それ単独で座った状態を表すことはできないことである。したがって，*down* を用いたとしても，〈着座〉は状態変化動詞用法の *sit* を主要部で使用して表現する必要があり，結局のところ【両方 (主要部外要素部分的)】のパターンになるわけである。これは自己状態変化表現 (e.g., (15b)) でも使役状態変化表現 (e.g., (17b)) でもそうである。主要部以外の要素のみを用いて〈着座〉を表そうとするならば，*into a chair* などを用いた (15c) のような【間接的表現】を使うか，使役状態変化表現において (主要部外要素である) 補文で動詞を使うかである。

4.4. 変化表現位置〈覚醒〉

次に，調査で得られた〈覚醒〉の状態変化表現を，(18) にあげる。

(18) 〈覚醒〉

a. 自己状態変化表現：
【主要部のみ】wake, awake, awaken
【主要部外要素のみ】{jolt/startle/shoot/start} awake
【両方】wake up
【分割】come awake
【間接的表現 (主要部)】{pass/come} out of sleep
【間接的表現 (その他)】get up, {drift/swim/slip} out of sleep

b. 使役状態変化表現：
【主要部のみ】wake, awaken, awake
【主要部外要素のみ】{shake/jolt/nudge/drag} … awake, {coax/startle} … out of sleep, startle … from one’s slumber
【主要部外要素のみ (使役動詞補文)】make … get up
【両方】wake … up
【間接的表現 (その他)】pull … out of sleep

get up は元々〈起き上がる〉という姿勢の変化を表すと考えられるが，*in the*

morning を伴う場合など，メトニミーによって〈覚醒〉を表していると考えられる例については，【間接的表現（その他）】として扱った。

〈覚醒〉では，自己状態変化表現と使役状態変化表現で変化表現位置が異なる傾向がある。自己状態変化表現では，図2からわかるように【主要部のみ】のパターンが3割強で，他の状態変化事象と比較すると，少ない結果であった。(19a) が【主要部のみ】の例である。最も多いパターンは，(19b) のように主動詞 *wake* と不変化詞 *up* の両方によって変化が表示される【両方】であり，全体の 48.2% を占める。また，(19c) に例示される【分割】の例も 1.8% 観察された。この *come* は正常な状態への移行を表すもの (Clark (1974)) である。

(19) a. You will wake and wonder if you should walk. (fic_2002)　【主要部のみ】
(あなたは目を覚まし，歩いていくべきかどうか迷うだろう)
b. Rafael woke up around 7:00 A.M. … (aca_2006)　【両方】
(ラファエルは朝7時頃に目を覚ました)
c. After that, he came awake slowly. (fic_2006)　【分割】
(その後，彼はゆっくりと目を覚ました)

一方，使役状態変化表現では，図3から分かるように【主要部のみ】による状態変化の表示 (e.g., *awaken*, *wake*) が約7割を占め，【両方】のパターンは1割程度だった。形容詞 *awake* などを使用した【主要部外要素のみ】による表示は 11.6% あり，自己状態変化表現よりも多い割合であった。

英語は〈覚醒〉を表現する語彙レパートリーが豊富であり，*wake*, *awake*, *awaken* という動詞に加えて，不変化詞 *up* や形容詞 *awake* も存在する。しかし，調査の結果，【主要部外要素のみ】のパターンは少なかった。不変化詞の *up* は *I'm up* のように，それのみで覚醒した状態を表すことができる (Lakoff and Johnson (1980: 150)) が，状態変化を表す表現を対象とした今回の調査では，*wake* 以外の動詞と共に使われる例はなかった。【主要部外要素のみ】で観察されたのは，*awake*, *out of sleep*, *from one's slumber* という表現であり，その場合，全てのケースにおいて，主要部では共イベント（使役手段・様態）が表されていた。*wake up* については自己状態変化表現として多用されるが，使役状態変化表現を表す他動詞として使われた例は少なかった。*wake up* が使役状態変化表現として使用された場合は，変化主体である目的語はほとんどの場合，代名詞であった。

このように，〈覚醒〉では，自己状態変化表現と使役状態変化表現で変化表現位置が異なる傾向があったが，いずれにおいても主要部がかかわる表現が大部分を占めていた。

4.5. 変化表現位置〈(ドアの) 開放〉

次に，〈(ドアの) 開放〉の状態変化事象の表現を見る。得られた表現を，(20) に示す。

(20) 〈(ドアの) 開放〉
　a. 自己状態変化表現：
　　【主要部のみ】open
　　【主要部外要素のみ】{swing / fly / clash / slide / edge / inch / ease / pop / creak / clang} open
　b. 使役状態変化表現：
　　【主要部のみ】open
　　【主要部外要素のみ】{push / pull / shove / yank / pry / wrench / force / throw / fling / sling / kick / swing / blow / nose / pop / bump / roll / slide / fly} … open[16]
　　【分割】get … open
　　【その他】hit … and the door opens，insert … and the door opens

〈開放〉では，自己状態変化表現と使役状態変化表現の変化表現位置は類似しており（図 2, 3 参照），自己状態変化表現・使役状態変化表現共に，(21a) のように【主要部のみ】で変化を表す例の割合が 7 割強を占めていた（Ito (2018) で見られたような，自己状態変化表現と使役状態変化表現の間の大きな差は見られなかった）。そして，両方に共通して，3 割弱の用例において，(21b, c) のように【主要部外要素のみ】で状態変化を表現するパターンが観察された。この場合，多様な様態動詞，使役手段動詞などが使われている。

(21) a. He stood aside as the door <u>opened</u> and … (fic_2012)
　　（ドアが開くと彼は脇に立って …）　【主要部のみ】
　b. … the door **slid** <u>open</u>, and … (fic_2003)　【主要部外要素のみ】
　　（ドアがすっと開くと …）
　c. We **rolled** the door <u>open</u> to let in the sun. (fic_2006)

[16] *open* は不変化詞のように他動詞と目的語の間に置かれる場合もある（Bolinger (1971: 73)）。ここではそのような文も含めている。

【主要部外要素のみ】
（私たちは日光を入れるため，（ロールアップ式の）ドアを巻き上げた）

このように，〈開放〉では【主要部のみ】と【主要部外要素のみ】の両方が使われるが，比率的には前者の方が多い。

その一方で，4 つの事象を比べると，この〈開放〉事象は【主要部外要素のみ】で表されることがもっとも多い。理由として考えられる要因は 2 つある。1 つは，ドアの開放という状態変化には，空間におけるドアの移動がかかわっているという事実である（Iwata（2008），Ito（2018））。したがって，（21b, c）や（2b）が例示するように，移動事象の表現と並行的に，ドアの移動の様態（（21b）の *slid*，（21c）の *rolled*）や使役手段（（2b）の *kicked*）といった共イベントが主動詞で表現され，概念的に経路に相当する「移行＋結果状態」が主要部外要素で表現される主要部外表示型（Talmy の枠組みでは付随要素枠づけ型）の表現が形成されやすい。もう 1 つは，そのような変化主要部外表示型の表現，すなわち結果構文の結果述語として使用されうる，〈開いた〉状態を表す形容詞 *open* の性質である。この形容詞は形態的に基本であり，状態変化を表す動詞 *open* はこの形容詞からの（ゼロ）派生形と考えられる（Marchand（1969: 301），Bauer（1983: 229），Gussmann（1987））。〈着座〉にはそのような形容詞が存在しないため，自己状態変化表現で【主要部外要素のみ】のパターンは観察されなかった。〈開放〉は，形容詞が存在する点では〈覚醒〉や次節の〈赤色化〉と共通しているが，*open* については *push open the door* のような語順も可能であり（Bolinger（1971: 73）），動詞との結びつきが強い。このような点が，〈開放〉事象で【主要部外要素のみ】が比較的多い理由と考えられる。

4.6.　変化表現位置〈赤色化〉

〈赤色化〉で観察された表現は，（22）のようなものだった。

（22）〈赤色化〉

a.　自己状態変化表現：

【主要部のみ】blush, flush, redden

【主要部外要素のみ】be veined with red（血管が赤く浮き出る），{blaze / blink / burn / flare / flash / flicker / gleam / glow / shine / sparkle / wink} red

【両方】{blush / flush} {red / crimson / scarlet}

【両方（主要部部分的)】tint（a delicate）red，stain（bright）red
【分割】{turn / grow / get / go / become / be} red，{change / turn} to red
【間接的表現（主要部)】a {blush / flush} spreads across one's face など
【間接的表現（その他)】feel a {blush / flush}，a tide of red creeps up，a flush creeps over one's body など

b. 使役状態変化表現：
【主要部のみ】blush，flush，redden
【両方（主要部部分的)】{paint / dye / tint / color / stain} … red，paint … in red
【主要部外要素のみ】{smear / streak / wash / scrunch / coat / mottle} … red，stripe … red and blue，upholster … in red，carpet … with red，{glow / burn / light / illuminate} … {red / crimson}，{impregnate / sprinkle / slash} … with red
【主要部外要素のみ（使役動詞補文)】cause … to {flush / redden}，make … {flush / blush}
【分割】turn … red，transform … to red，make … red
【間接的表現（その他)】bring a blush to …

図2からわかるように，〈赤色化〉では自己状態変化表現の 53.4% の用例において，(23a）が例示するように【主要部のみ】で状態変化が表されていた。その多くは *blush* や *flush* の用例であり，〈赤面する〉という意味を表す場合が多い。一方，興味深いことに，*red* という属性概念語根を表す形容詞が存在するにもかかわらず，(23b）のような {*turn / grow / go / become*} *red* といった【分割】の例は 23.2% にとどまる。

(23) a. I blushed and looked away.（fic_1998） 【主要部のみ】
（私は赤面して，顔を背けた）
b. All around her, the world was growing red.（fic_2009） 【分割】
（彼女の周辺一帯で，世界は赤色になっていった）

〈赤面する〉という意味を表す場合，単なる顔色の変化だけでなく，〈恥ずかしい〉といった感情も表す場合が多く，移行のみを表す *turn* や *grow* と，属性概念形容詞の *red* を組み合わせた【分割】の表現では，そのような感情の変化を表しきれないと考えられる。そのため，*blush* や *flush* の使用が好まれるの

であろう（日本語でも「赤らむ」や「赤らめる」は主に顔について用いられる）。

〈赤色化〉の自己状態変化表現でとりわけ興味深いのは，この状態変化を色の放出による結果として表現する (24) のような例である。

(24) a. … as Jerry and Ted passed by them, the deer's eyes glowed red in the headlights … (fic_2001)（ジェリーとテッドがそばを通り過ぎるとき，鹿の目がヘッドライトで赤く輝いた）
b. A metallic block at the bottom of the page flashed red three times. (fic_2007)
（ページの下の金属色のブロックが3回赤く光った）

これらの例では，*glow* や *flash* のような発光を表す動詞が主要部を占め，その結果生じた光の色が主要部外要素である形容詞 *red* で表現されている。その意味で結果構文（【主要部外要素のみ】）であると考えられる。このパターンが全体の 11.5% を占める。この表現パターンで観察された発光・発火を表す動詞は，*glow* や *flash* 以外にも *shine*，*flare*，*gleam*，*blaze*，*blink*，*flicker*，*wink* など実に多岐にわたる。これは英語に特徴的な表現パターンといえるだろう。

使役状態変化表現は，自己状態変化表現とは大きく異なる傾向を示す。図3からわかるように，【主要部のみ】のパターンが僅か1割しか存在せず，代わりに【両方（主要部部分的）】が実に全体の 41.8% を占める。この表現パターンは，*paint*，*stain*，*dye*，*color*，*tinge*，*tint* といった目的語の色の変化を含意する他動詞をその主要部に持つ結果構文である。これらの動詞は色の変化をその意味に含むものの，変化後の色は指定しない。つまり，主要部は〈赤色化〉の意味の一部しか含んでいない。この結果状態の色を指定するのが主要部外要素である結果述語 *red* である（Washio（1997）など参照）。(25) に *paint* と *tint* の例をあげる。

(25) a. She's painting Carrie's toenails bright red. (fic_1993)　(＝(9f))
（彼女はキャリーの足の爪を真っ赤に塗っている）
b. The blinking lights of arriving police cars tint windows red and amber. (fic_2004)（到着したパトカーの点滅するライトが，窓を赤と琥珀色に染めた）

〈赤色化〉の使役状態変化表現では，形容詞を主要部外要素として用いた表現（【両方】，【両方（主要部部分的）】，【分割】，【主要部外要素のみ】の総計）が 68.2% を占めている。これは，ほかの3つの状態変化の表現では見られない現象である。

このように〈赤色化〉では，自己状態変化表現と使役状態変化表現でかなり異なる傾向が観察された。また，特に使役状態変化表現で結果構文が多く観察されるのが，〈赤色化〉の表現の特徴といえる。

4.7. 状態変化の種類と変化表現位置

ここまで見たように，英語の状態変化表現は，主要部表示（【主要部のみ】）が優勢であった。この点では，Ito（2018）の結果と一致している。そして，結果構文の使用は〈(ドアの) 開放〉と〈赤色化〉の使役状態変化表現を除き，少ないこともわかった。変化表現位置は，状態変化の種類によって差異も見られた。この差異はどのような要因によるのだろうか。

状態変化表現位置に変異を生じさせる重要な要因の 1 つとしては，既に指摘したとおり，語彙のレパートリーがある。今回調査対象とした状態変化はすべて動詞で表すことが可能である。そして，当該の結果状態を表す形容詞や不変化詞（または前置詞句）が存在しなければ，動詞で表現せざるを得ない。〈着座〉の表現に【主要部外要素のみ】が極端に少ないのは，座った状態を表す形容詞および不変化詞が存在しないことによる。一方，〈覚醒〉の表現に【両方】が多いのは，目が覚めた状態を表す不変化詞 *up* が存在するためである。また，〈(ドアの) 開放〉の表現に自己状態変化・使役状態変化表現共に 3 割弱ではあるものの【主要部外要素のみ】が観察されるのは，形容詞 *open* の存在によるものであり，〈赤色化〉の自己状態変化表現に【分割】が比較的多く，使役状態変化表現に【両方（主要部部分的)】が非常に多いのは，形容詞 *red* の存在によるものである。しかしながら，〈覚醒〉〈(ドアの) 開放〉〈赤色化〉のように，動詞（主要部）と形容詞・不変化詞（主要外要素）のどちらを使っても表現することができる状態変化の場合に，どちらを使うことが多いかは，語彙レパートリーだけでは説明できない。

また，問題の状態変化に空間的な移動がかかわるかどうかも，表現パターンに影響を与える。4.5 節で指摘したとおり，〈(ドアの) 開放〉事象においては，ドアが空間的に位置を変える。このためドアの移動様態が主動詞で，結果状態が形容詞 *open* で表示される，移動表現と並行的な【主要部外要素のみ】の表現を形成しやすい（Ito（2018)）。〈着座〉事象にも変化主体の身体もしくは身体部位の空間的な移動がかかわるため，移動表現に使用される不変化詞 *down/up* が使用されることにより，【両方（主要部外要素部分的)】が非常に多く観察される。

状態変化の表現位置の事象間の相違に関して，Beavers らが述べているような語彙の派生の方向性は関係しているであろうか。今回考察している 4 つの状態変化については，〈(ドアの）開放〉と〈赤色化〉を表す動詞 *open* と *redden* は形容詞から派生した動詞であり，〈覚醒〉を表す *wake* は非派生動詞で，形容詞 *awake* を派生している（ただし，*awake* から動詞 *awaken* が派生しているなど複雑である)。ここでは派生方向が同じである *red/redden* と，*open* (A) / *open*（V）の使用頻度を考察する。まず，*red* は属性概念を表す形容詞であり，この形容詞から（動詞化接尾辞の *-en* の付加された）形態的に有標な動詞 *redden* が派生されている。本稿のデータにおいて基本形である *red*（およびその屈折形）のトークン数は 257 であり，主要部外要素として【分割】,【両方】,【両方（主要部部分的)】,【主要部外要素のみ】で使われている。対して，派生形 *redden* は 50 例で【主要部のみ】で使われている。一方，*open* については形容詞が基本形であり，動詞はそのゼロ派生形である（Marchand（1969: 301)，Bauer (1983: 229)，Gussmann（1987)）。*red/redden* のペアとは異なり，基本形である形容詞 *open* のトークン数は【主要部外要素のみ】で使われた 74 であり，そのゼロ派生形の動詞 *open* はそれを大幅に上回る 205 例で【主要部のみ】で使われている。つまり，〈赤色化〉の表現においては，基本形である属性概念形容詞 *red* の頻度が派生動詞 *redden* よりも大幅に高いものの，〈(ドアの）開放〉の表現においては，基本形の形容詞 *open* よりも派生動詞 *open* の頻度が大幅に高い。よって，基本形の語の方がよく使われるとは限らないことがわかる。

次に，状態変化事象間の違いは，意味的に変化を含意する状態への移行を表すかどうか (Beavers et al. (2021)，松本・氏家（2024)）という観点から説明できるだろうか。ここでは，必ず変化によって生じる状態への変化は動詞で表されやすい (主要部を用いて表されやすい) といえるかどうかを考察する。〈着座〉と〈覚醒〉は明らかに変化の結果生じる状態への移行を表す（起きた結果でなければ *awake* であるといえず，座ることがなければ *sit* という状態には通常ならない)。〈赤色化〉について，Beavers et al. (2021: 10）は，(26a）のようなテストに基づいて *red* が変化を含意しない属性概念としている。しかし，同じテストを *open* について行った (26b）の容認度は低い。

(26) a.　The red dirt has never reddened.
　　b.　?The open door has never opened.

この判断からすると，*open* は変化を含意しない属性概念だとは必ずしもいえない。何が開くかによるが，ドアなどについていえば，開くという変化がなければ，通常は *open* の状態にならないといえる。*open* は動詞の使用が優勢なので，変化を含意する状態への移行は動詞で表されやすいという一般化には合う。また，*red* については使役状態変化表現においては形容詞を用いた表現が多いので，変化を含意しない状態への変化は動詞で表されにくいという一般化と一致する。4.6 節で述べたように，〈赤色化〉の自己状態変化表現においては，〈赤面〉を表現する *blush* や *flush* を主要部（主動詞）で表示する例がかなり多く観察された。これは，赤面状態が必ず変化によって生じる（あるいは松本・氏家（2024）のいう通常の状態からの逸脱が関わる）からとも考えられる。

変化を含意する状態への移行かどうか，という観点から，Ito（2018）の結果を考察するとさらなる知見が得られる。Ito が考察した DYING, BREAKING, OPENING, EXTINGUISHING は，いずれも変化の結果生じる状態への移行を表す。たとえば，〈消えている〉という状態は，以前に火が付いていたことを前提とする。そして，DYING, BREAKING, OPENING では動詞の使用が多いが，EXTINGUISHING の表現の多くは動詞 *extinguish* ではなく，不変化詞の *out* を用いたものである。

表 5：Ito（2018）における【主要部のみ】による状態変化表示率[17]

	DYING	BREAKING	OPENING	EXTINGUISHING
自己状態変化	97.56%	88.71%	58.56%	0.88%
使役状態変化	90.12%	80.57%	83.03%	17.31%

不変化詞を用いた状態の表現には，*out* の〈消えている〉〈見えている〉〈壊れている〉〈露呈している〉，*in* の〈流行っている〉，*up* の〈気分が良い〉〈目覚めている〉〈終了している〉，*down* の〈機能していない〉〈病気である〉などがあるが（Bolinger（1971），Lakoff and Johnson（1980: 14–21），Lindner（1981），Dixon（2021）などを参照），これらは変化の結果としての状態である。この傾向は，これらの不変化詞がもともと経路を表す表現（位置変化の意味を表す表現）だからであると思われる。英語においては，変化の結果生じる状態への変化は，動詞か不変化詞を用いて表し，そうではない属性への変化には形容詞を用いた表現が多く使われるという一般化ができるかもしれない（不変化詞の使用は方向メタファー（Lakoff and Johnson（1980））の適用が可能な状態に限られると思われる）。

[17] Ito（2018: 65–68）の変化表現位置の結果を元に作成した。

5.　共イベントの有無と表出方法

本節では，共イベントの有無が状態変化表現位置に関わりを持つのかを検討する。第 3 節で考察事項の 1 つとしてあげた，共イベントとしての様態・原因・使役手段の表現の有無や表現位置が状態変化表現位置にどのように影響を与えているのかを検討する。

5.1.　状態変化の種類と共イベントの有無

分析対象とした 4 つの状態変化事象において，共イベントの表出頻度に差異はあるだろうか。状態変化の種類別の共イベントの有無を，自己状態変化表現と使役状態変化表現に分けて示したのが，表 6, 7 である。

表 6：共イベントの有無（自己状態変化表現）

	〈着座〉	〈覚醒〉	〈(ドアの) 開放〉	〈赤色化〉
共イベントなし	172(81.9%)	221(81.3%)	64(66.0%)	309(68.2%)
共イベントあり	38(18.1%)	51(18.7%)	33(44.0%)	144(31.8%)
合計	210(100%)	272(100%)	97(100%)	453(100%)

表 7：共イベントの有無（使役状態変化表現）

	〈着座〉	〈覚醒〉	〈(ドアの) 開放〉	〈赤色化〉
共イベントなし	20(74.1%)	60(70.0%)	127(68.6%)	44(40.0%)
共イベントあり	7(25.9%)	26(30.0%)	58(31.4%)	66(60.0%)
合計	27(100%)	86(100%)	185(100%)	110(100%)

表 6, 7 からわかるように，〈赤色化〉の使役状態変化表現を除くどの事象の表現においても，共イベントが表されないことの方が多い。次節以降で，状態変化事象ごとに，共イベントの有無と状態変化表現位置の関係について見ていこう。

5.2.　共イベントと状態変化表現位置の関係〈着座〉

まず，〈着座〉における共イベントの有無と状態変化表現位置の関係を，図 4 に示す。

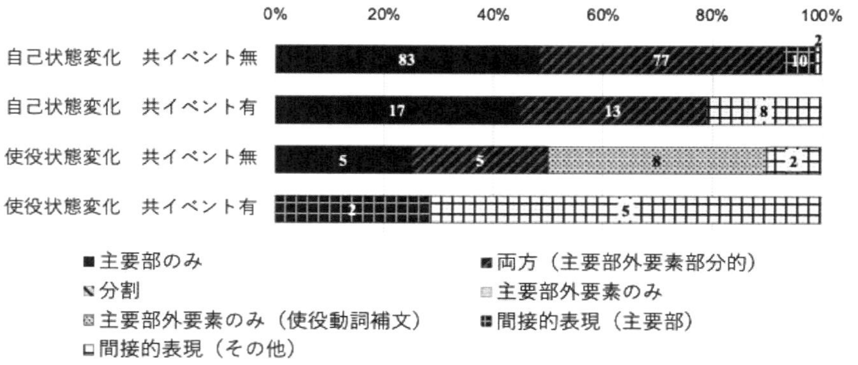

図 4：共イベントの有無と状態変化表現位置〈着座〉

〈着座〉の自己状態変化表現では，共イベントの有無で状態変化の表現位置に大きな差はない。一方，使役状態変化表現では，共イベントがあった場合，すべて間接的表現となっている。

図 5 に示すように，〈着座〉の自己状態変化表現では共イベントはさまざまな表現位置で表されるのに対し，使役状態変化表現ではすべて主動詞で共イベントが表されている。

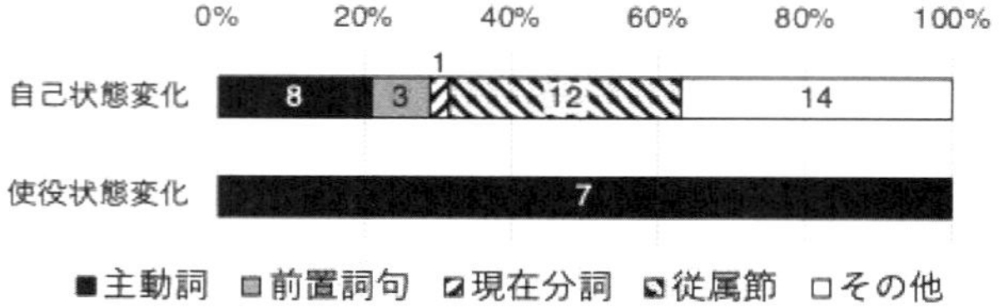

図 5：共イベントの表現位置〈着座〉

自己状態変化表現で共イベントが各表現位置で表されている例を（27）に，使役状態変化表現の例を（28）に示す。

（27） a.　My friend BB **slid** into the seat. (＝10a)　（様態：主動詞）
　b.　She sat up **with a jolt**. (fic_2003)　（原因：前置詞句）
　（彼女は驚いて上半身を起こした）
　c.　He **slowly** sat… (fic_2007)（彼はゆっくりと座った）
　（様態：副詞）

(28) a.　… she **threw** him into his seat. (fic_1992)　(使役手段：主動詞)
(彼女は彼を席へと投げとばした)
b.　… and **gestured** for the boy to seat himself across from her. (fic_1990) (少年に彼女の向かいに座るよう身振りで示した)
(使役手段：主動詞)

4.3 節で述べた通り，英語には座った状態を表す形容詞が存在しないため，【主要部外要素のみ】で〈着座〉を表すことが可能なのは，(27a) のような *into the chair/seat* などの前置詞句を伴う表現に限られる。つまり，それ以外の場合には共イベントが表されようが表されまいが，結局【主要部】で動詞 *sit* が使用されることになる。自己状態変化表現において，共イベントの有無により状態変化の表現変化位置に目立った差異が見られなかった理由は，このためだと考えられる。一方，使役状態変化表現でも同様に，(28a) のように *into his seat* のような前置詞句を伴うか，主要部以外の動詞で〈着座〉を表すほかないが，観察された共イベントはすべて使役手段を表すものであり，それが主要部で表され，状態変化はそれ以外で表されていた。

5.3. 共イベントと状態変化表現位置の関係〈覚醒〉

次に，〈覚醒〉の共イベントの有無と状態変化表現位置の関係を，図 6 にまとめる。

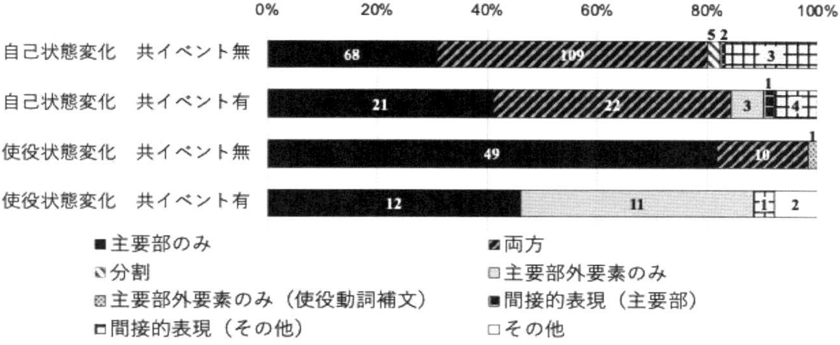

図 6：共イベントの有無と状態変化表現位置〈覚醒〉

特に使役状態変化表現では，共イベントの有無で状態変化の表現位置が異なることがわかる。共イベントが表されない場合は，(29a) のように【主要部のみ】で状態変化が表されるのが大半だが，共イベントが表現された場合，(29b) のように【主要部外要素のみ】で状態変化を表すことが多い (42.3%)。

(29) a. When the lamas awoke him … (fic_1990) 【主要部のみ】
(ラマ僧が彼を起こしたとき)
b. She knelt at Victor's side, trying to **shake** him awake … (fic_2009)
(彼女はビクターのそばで跪き，彼を揺り起こそうとした。)
【主要部外要素のみ】

共イベントの表現位置を見ると，図 7 に示すように，使役状態変化表現では主要部で表されることが最も多く，次いで前置詞句であった。

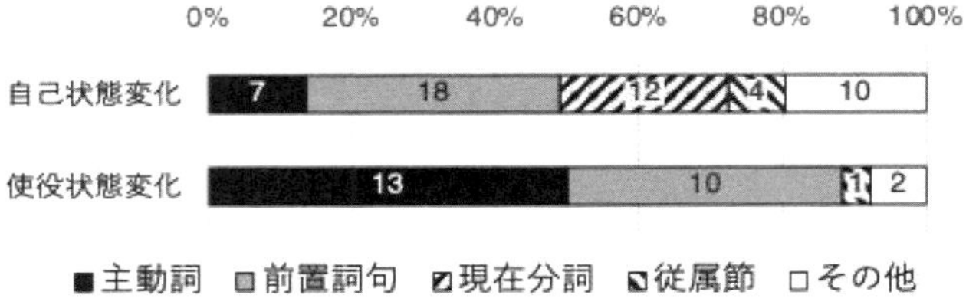

図 7：共イベントの表現位置〈覚醒〉

使役状態変化表現では，共イベントが主動詞で表されることが多かったために，それが変化表現位置に影響を与えたといえる。〈覚醒〉の使役状態変化表現では，共イベントとして主動詞で表されるものはすべて (29b) のような使役手段であり (他に *jolt*, *nudge*, *drag* など)，原因は前置詞句で表されることが多かった (e.g., *by the noise*)。

自己状態変化表現における共イベントの場合，原因や様態が主動詞ではなく前置詞句や現在分詞，過去分詞で表されたため，変化表現位置に共イベントの有無が大きく影響しなかったと考えられる。

5.4. 共イベントと状態変化表現位置の関係〈(ドアの) 開放〉

次に，〈(ドアの) 開放〉における共イベントの有無と状態変化表現位置の関係を，図 8 にまとめる。

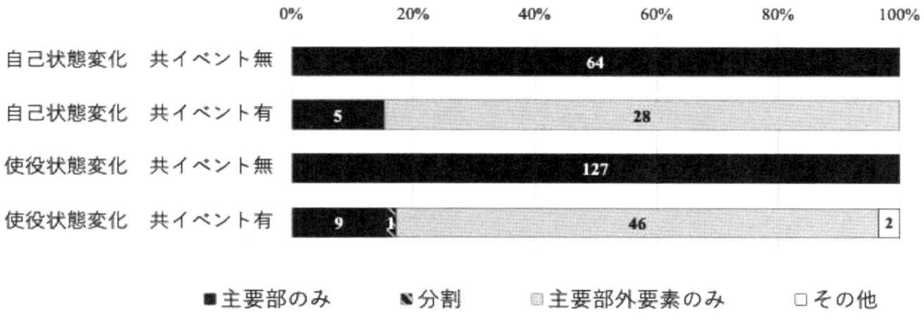

図8：共イベントの有無と状態変化表現位置〈(ドアの) 開放〉

図8から，共イベントの有無によって状態変化の表現位置が大きく異なることがわかる。共イベントが表されない場合は，(30a) のように状態変化は【主要部のみ】で表現されるが，(30b) のように共イベント（ここでは様態を表す *swing*）が表現されている場合は，【主要部外要素のみ】で表される割合が非常に高い。

(30) a.　The elevator doors open. (fic_1998)（エレベーターのドアが開く）【主要部のみ】

b.　The door **swings** open. (fic_2011)（ドアが急に開く）【主要部外要素のみ】

この理由は，共イベントの表現位置にある。図9は共イベントの表現位置を示したものだが，〈(ドアの) 開放〉では自己状態変化表現においても使役状態変化表現においても，(30b) のように主要部で共イベントが表される割合が高い。

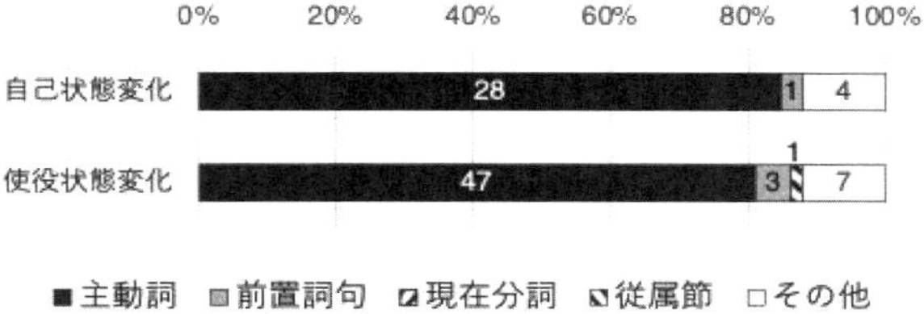

図9：共イベントの表現位置〈(ドアの) 開放〉

(31) のように，主要部 (*open*) で状態変化を表し，共イベントが別の位置で表現されている用例もあったが，数は少なかった。

（31）a. He hangs up and **slowly** opens the door. (fic_1997)（様態：副詞）
（ゆっくりドアを開ける）
b. He … opens the door **with his right hand** … (aca_2002)
（彼はドアを右手で開ける）（使役手段：前置詞句）

つまり，共イベントを主動詞で表す場合は，状態変化を主要部外要素で表すほかないため，そして〈開放〉事象では形容詞 *open* の存在によりそれが可能なため，共イベントが表現されている場合は，【主要部外要素のみ】による状態変化の表示が多く観察される。

5.5. 共イベントと状態変化表現位置の関係〈赤色化〉

〈赤色化〉では，他と異なり，自己状態変化表現・使役状態変化表現共に共イベントが表される例が多く観察された。図 10 に共イベントの有無による状態変化表現位置の結果をまとめる。

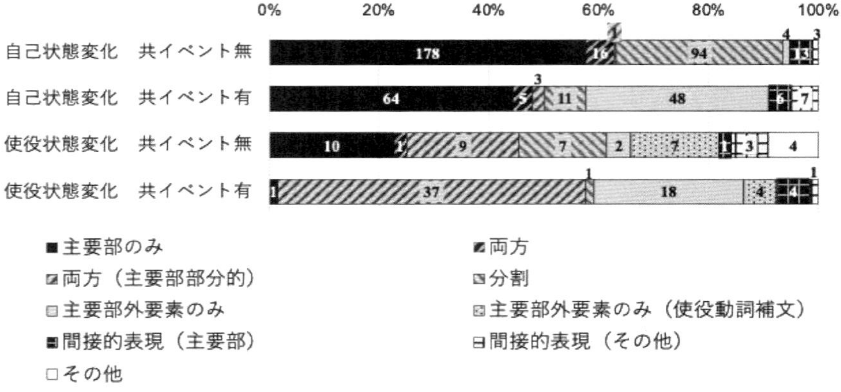

図 10：共イベントの有無と状態変化表現位置〈赤色化〉

まず，自己状態変化表現を見てみよう。図 10 に見るように，共イベントが表現されていない場合には，6 割弱の用例において，先にあげた（23a）のように【主要部のみ】で，約 3 割の用例で（23b）のように【分割】で状態変化が表されていた。一方，共イベントが表されている場合にも，【主要部のみ】による状態変化の表示は，4 割強を占める。これは，自己状態変化表現においては，図 11 からわかるように，（32a, b）のような前置詞句や従属節によって共イベントが頻繁に表示されることに起因する。

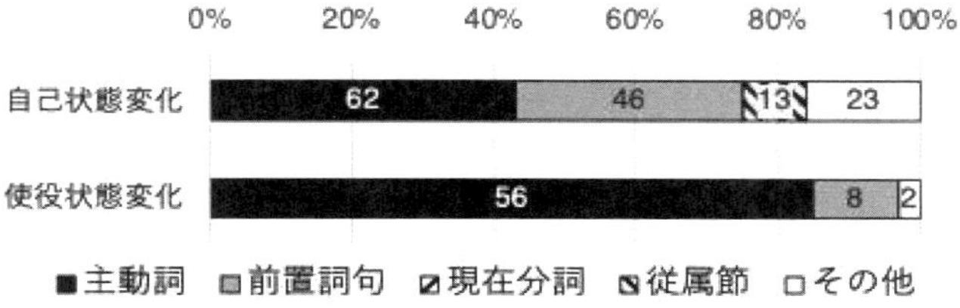

図 11：共イベントの表現位置〈赤色化〉

(32) a. The man at the counter flushed **in pleasure**. (fic_2012)
(カウンターの男は喜びに顔を赤らめた)　(原因：前置詞句)
b. She blushes **as he touches her cheek**. (fic_2005)　(原因：従属節)
(彼が彼女の頬に触れると，彼女は顔を赤らめる)

共イベントが表示された自己状態変化表現に観察された最も際立った特徴は，33.3% に及ぶ【主要部外要素のみ】による状態変化の表示である。このパターンは，発光・発火という〈赤色化〉の原因を表す動詞を主要部に，形容詞 *red* を結果句に取る結果構文である（4.6 節参照）。(33) に *flicker* と *burn* の例をあげる。

(33) a. Outside the window, a buzzing neon sign flickers red and blue. (fic_1998)
(窓の外で，ブーンと音を立てるネオンサインが赤と青に点滅した)
b. The full moon had burned blood red, lighting the streets with a warm crimson glow … (fic_2005)
(満月が血のように赤く燃え，通りを暖かな深紅色に照らした)

使役状態変化表現では，共イベントの有無による状態変化表現位置の変異がより顕著に見られる。図 10 に見られるように，共イベントが表示されない場合には様々な位置で状態変化が表現され，どれか 1 つが突出して多く使用されることはなかった。一方，共イベントが表示された場合，その 56.1% において【両方（主要部部分的)】で状態変化が表現されている。これは，前掲 (25a) の *paint* や *stain* といった使役手段を表す他動詞を主要部とした結果構文の使用によるものである。動詞 *paint* はとりわけ頻繁に使用され，27 トークン観察された。*paint* は塗料の使役移動を含むため，色の使役変化と共に，その変化の使役手段も表していると考えられる。[18] これを反映し，使役状態変

[18] *color*, *tint*, *tinge* は，結果構文に使われるものの，色づけの手段の意味を含んでいない

化表現における共イベント表現位置の 84.8% が主動詞という結果になっている（図 11）。このように，共イベントを含む使役状態変化表現には，主要部外要素を使用した表現パターンが数多く観察された。

5.6. 共イベントの有無と状態変化表現位置

ここまでの議論から明らかなように，共イベントの有無と状態変化表現位置の関係については，〈着座〉を除いて，共イベントが表出されると主要部外要素で変化が表される傾向が観察された。これは，変化表現位置における共イベント依存性を物語っている（移動表現における類似の現象については Nagaya (2025) を参照のこと）。また，共イベントが文のどの位置で表されるかが大きく関わることもわかった。移動表現とは異なり，英語の状態変化表現では主要部での状態変化の表出が大きな割合を占めるため，共イベントが主要部で表現された場合には，状態変化の表現位置に影響があるのは自然なことといえる。

5.7. 枠付け類型に関する考察

2 節で紹介したように，Talmy（2000）は様態や使役手段などが状態変化と同一節内に共起している例に基づいて，枠付け類型を判断する。そして，英語を状態変化表現においては混合型であるとする。つまり，(5b) のような動詞枠付け型と (2b) のような付随要素枠付け型のいずれの表現もごく自然に使用されるとする。この主張を，〈(ドアの）開放〉を表す使役状態変化表現のデータに照らして検証しよう。

単一の節に共イベントと状態変化の両方が統合されている場合に限定すると，図 8 からわかるように，そのような使役状態変化表現は，〈(ドアの）開放〉では 58 例あった。このうち，付随要素枠づけ型の表現である結果構文が使用されている例（e.g., *push the door open*）は 46 例であり，79.3% を占める。一方，動詞枠づけ型の表現は 9 例のみであり，15.5% を占めるにすぎない。しかもこの中に，動詞から派生された名詞を含む前置詞句によって使役手段を表し，主動詞で [移行＋結果状態] を表す表現（e.g., *open the door with a {push/shove/kick}*）は，1 例も観察されなかった。データに見られた動詞枠づけ型の表現は，(31b) のような *with his right hand*（右手で）のような前置詞句，または (31a) の *slowly* のような副詞句を伴う例である。（なお，複文を使って，主動詞で移行と結果状態の両方を表し，使役手段を従属節で表すパ

ので，共イベントを表しているとは見なさない。

ターン（e.g., *open the door by pushing/shoving/kicking it*）も観察されなかった。）このように，共イベントが同一節に現れる文においては，英語には付随要素枠付け型のパターンが数多く見られ，Talmy が自然に使用されるとしている動詞枠づけ型のパターンは，頻度が非常に低いことがわかる。

ここで見逃してはならないのは，付随要素枠づけ型の表現の絶対数は実はかなり少ないという事実である（Ito (2018) も参照）。〈（ドアの）開放〉を表す使役状態変化表現は全体として 185 例あったが，このうち付随要素枠づけ型の表現は，24.9% に過ぎない。また，動詞枠づけ型の表現に至っては，わずかに 4.9% を占めるに過ぎない。共イベントが変化と共に単一節に統合された例が少ないという事実は，Talmy の類型論が英語の状態変化表現の実態を捉えられないことを示している。Talmy の類型論におけるこの問題点は，Koga (2025) が日本語の移動表現について主張していることと共通している。

英語で状態変化が主要部で表現される場合に共イベントが表現されない傾向は，日本語のような主要部表示型言語の場合と似ている。日本語の（主体）移動表現において，様態は文の成立に必須ではない付加的な要素によって表現されるために省略されやすい（Talmy (2000: 128–133)，Slobin (2006)）。それと同様に，英語の（使役）状態変化表現において (5b) のように状態変化を主要部で表す場合，文の成立に必須ではない付加的な要素で使役手段を表現することになり，認知的コストの観点から使役手段の表現が避けられると考えて良いだろう。つまり，英語の状態変化表現においても，主要部表示型言語に典型的に観察される傾向が見られるのである。

6.　英語の移動表現との比較

英語の状態変化表現における変化表現位置やその他の特徴は，移動表現のそれと，どの程度並行している，または相違しているのだろうか。前述したように，Talmy (2000: 241) は英語について移動表現と状態変化表現の並行性を指摘しつつも，状態変化表現については付随要素枠づけ型と動詞枠づけ型の両方を使う混合型だと述べている。以下，松本 (2017b) と Ito (2018) によるコーパス調査に基づく英語の移動表現の分析結果と，本稿の状態変化表現の分析結果を比較することで，英語における移動表現と状態変化表現の並行性を検証する。

松本 (2017b) は Cobuild Corpus のアメリカ書籍のサブコーパス (usbooks) から，1644 例の主体移動表現と 641 例の客体移動表現を抽出し，その経路表現位置を調査している。表 8 にその結果をまとめる。用語は本稿のものに合わせて一部変更した。

表 8：主体移動表現と客体移動表現の経路表現位置（松本（2017b: 29, 34））[19]

表現位置 / 表現タイプ	主要部のみ	主要部外要素のみ	両方	表示なし	合計
主体移動	253(15.4%)	844(51.3%)	161(9.8%)	386(23.5%)	1664(100%)
客体移動	71(11.1%)	294(45.9%)	87(13.6%)	189(29.5%)	641(100%)

前掲の図 1 と表 8 の比較から明らかなように，移動表現においては主体移動と客体移動の別にかかわりなく，経路の【主要部外要素のみ】による表示が約 50%(主体移動表現では 51.3%，客体移動表現では 45.9%）を占める。対して，状態変化表現では，[移行＋結果状態] の【主要部外要素のみ】による表示は，自己状態変化表現では僅かに 10.4%，使役状態変化表現においても 14.0% にとどまり，移動表現におけるそれと比較してかなり少ないことがわかる。むしろ，移動表現における【主要部外要素のみ】の割合は，状態変化表現の【主要部のみ】のそれに近似する（自己状態変化表現では 51.2%，使役状態変化では 43.2%)。一方，移動表現における【主要部のみ】による経路表現は，主体移動表現では 15.4%，客体移動表現では 11.1% であり，状態変化表現のそれと比べて大幅に割合が低いことがわかる。

Ito（2018）は，British National Corpus から，経路 INTO がかかわる事象の主体移動表現 360 例，客体移動表現 140 例を抽出し，その経路表現位置を分析している。表 9 にその結果をまとめる。

表 9：INTO 事象の主体移動表現と客体移動表現の経路表現位置
（Ito（2018: 50)，一部改変）

表現タイプ	主要部のみ	主要部外要素のみ	両方	合計
主体移動	18(5.00%)	342(95.00%)	0(0%)	360(100%)
客体移動	2(1.43%)	108(77.14%)	30(21.43%)	140(100%)

Ito（2018）の調査結果では，松本（2017b）の結果よりも【主要部のみ】による経路表現はさらに少ない。また，【主要部外要素のみ】による経路表現が目立って多いことがわかる。図 1 にまとめられた本研究の状態変化表現位置の

[19] 松本（2017b: 34）では，客体移動表現の使役手段別に経路表現位置を提示しているが，ここではまとめて提示している。

結果と比較すれば，【主要部のみ】と【主要部外要素のみ】の使用頻度の違いは一目瞭然であろう。

これらの差は，経路と結果状態の違いを反映していると考えられる。移動事象における経路は，概念的にスキーマ性が高く，閉じたクラスを形成する (Talmy (2000))。一方で，状態変化事象における結果状態には概念的に具体的なものも多く含まれ，その種類も経路とは異なり様々なものが存在する。よって，経路が接辞や不変化詞，格助詞や側置詞などの閉じた類の要素で表現されうるのに対し，状態変化は，開いた類である動詞や形容詞を使って表現されやすい。この観点から，移動表現における経路の表示よりも，状態変化表現における [移行 + 結果状態] の表示に，どの言語でも動詞がより大きな役割を果たすものと思われる。形容詞を使った表現も使えるが，その場合は，【分割】型で主要部の変化動詞の補語として使うか，結果構文の結果句で使うことになる。ただし，【分割】の場合は主要部が移行を表すので，主要部外要素のみで変化が表現されるわけではない。また，結果構文の場合は，共イベントを表現する必要がなければ，あまり使われない。このように，純粋に【主要部外要素のみ】で変化を表すケースは，限定的になると考えられる。

つまり，移動表現と状態変化表現に並行性が見られるか否かには，主要部外要素のみで変化を表せるかどうかが影響している。状態変化表現ではそれが可能であっても移動表現ほど主要部外要素のみで表示する頻度は高くない。これには共イベントの表出頻度が関わっている。移動表現における様態や使役手段ほど，状態変化表現における共イベントの出現頻度は高くなく，それもこの差につながっている。

7．日本語・中国語の状態変化表現との比較

次に，本稿で得られた英語の状態変化表現の特徴を，同様にコーパスを対象として行われた松本・氏家 (2024) による日本語の状態変化表現の調査結果，および本書 3 章の中国語の結果と比較する。[20] 移動表現について日本語は経路主要部表示型言語であり，経路主要部外表示型言語である英語とは異なる特徴を持つことが知られている。しかし，前節で述べたように，英語は，経路主要外表示型言語であるにもかかわらず，状態変化表現については，主要部のみで状態変化を表す割合が高かった。このような状態変化表現において，日英語間の差異はどのような点にどのくらい観察されるのだろうか。また，英語と同様

[20] 各調査の詳細については，松本・氏家 (2024)，小嶋・夏・印 (本書) を参照のこと。

に経路主要部外表示型言語である中国語とは，共通する結果を示すのだろうか。

まず，日本語の状態変化表現との比較を行う。図 12 は松本・氏家（2024）による日本語の自己状態変化表現における変化表現位置，図 13 は使役状態変化表現における変化表現位置の調査結果である。なお，変化表現位置の分類は，本稿の分類と同様の基準で行われたものである。

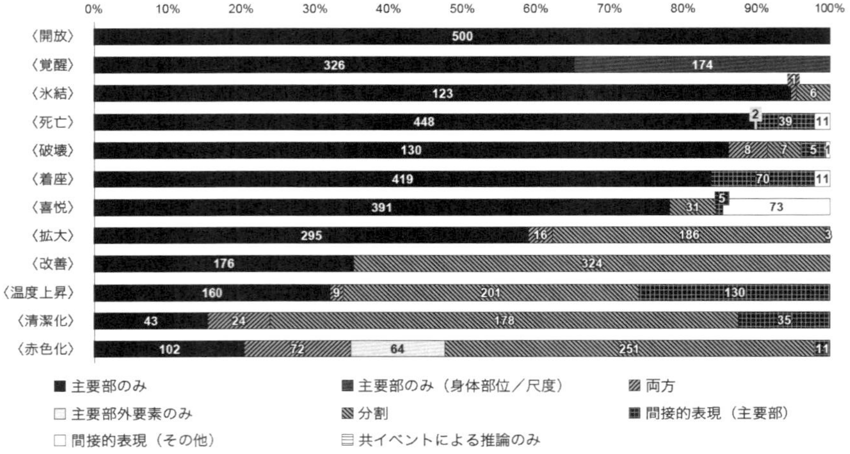

図 12：12 種類の変化を表す自己状態変化表現における変化表現位置
（松本・氏家（2024: 41））

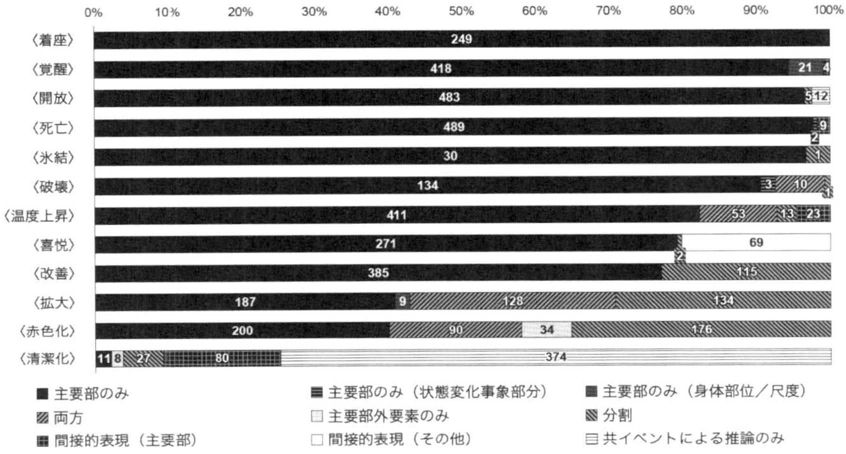

図 13：12 種類の変化を表す使役状態変化表現における変化表現位置
（同上：41）

これらと本稿の英語の結果（図 2, 3）を比較すると，英語の状態変化表現は日本語の状態変化表現ほどは主要部への依存度が高くないことがわかる。特に，英語でも調査を行った〈着座〉〈覚醒〉〈開放〉の表現に注目すると，日本語では自己状態変化と使役状態変化の違いにかかわらず，【主要部のみ】による状態変化表示が大半を占める。これは，日本語にはこれらの変化の結果状態を表す一般的な形容詞が存在せず，結果構文や【分割】による表現が不可能であるという，語彙レパートリーに関連する要因による。先述の通り，英語では〈着座〉を除く〈覚醒〉〈開放〉〈赤色化〉の事象の描写に使用可能な形容詞が存在するため，これらの事象の表現に日本語ではほとんど観察されない【主要部外要素のみ】の表示パターンがある程度観察された。日本語にも〈赤色化〉の表現には，形容詞（「赤い」）が存在するものの，英語とは異なり結果構文の結果補語として使用されるよりは，【分割】の表現の一部として使用される傾向が強いことがわかる。

次に，〈覚醒〉〈清潔化〉〈開放〉〈破壊〉の 4 種類の状態変化事象を調査対象とした中国語の結果（小嶋・夏・印（本書））と比較する。英語と中国語の両方において，自己状態変化表現の全体的な傾向として，状態変化を主要部が関わる表現で表す割合が非常に高く，その点では類似した結果が観察された。使役状態変化表現については，英語と中国語のいずれにおいても【主要部外要素のみ】の表示が観察され，この点で主要部外表示型言語の特徴が観察される。しかし，【主要部外要素のみ】による状態変化表示は，英語よりも中国語に目立って多く観察される。

具体的に本稿と共通する状態変化事象として〈開放〉と〈覚醒〉の結果を比較してみよう。中国語の変化表現位置を，図 14，15 に示す。図 2，3 と比較されたい。

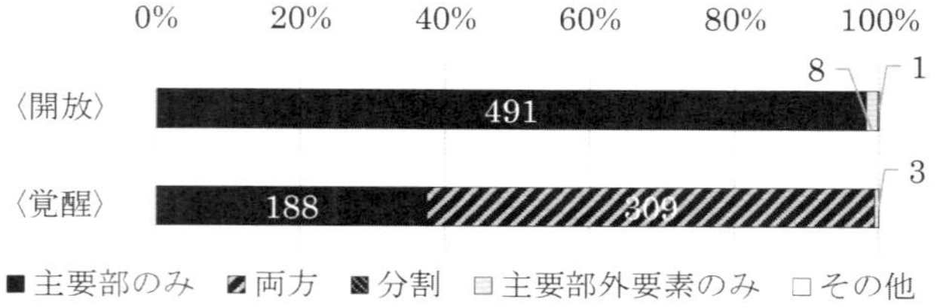

図 14：中国語における〈開放〉と〈覚醒〉の自己状態変化表現における変化表現位置（本書：83，一部抜粋）

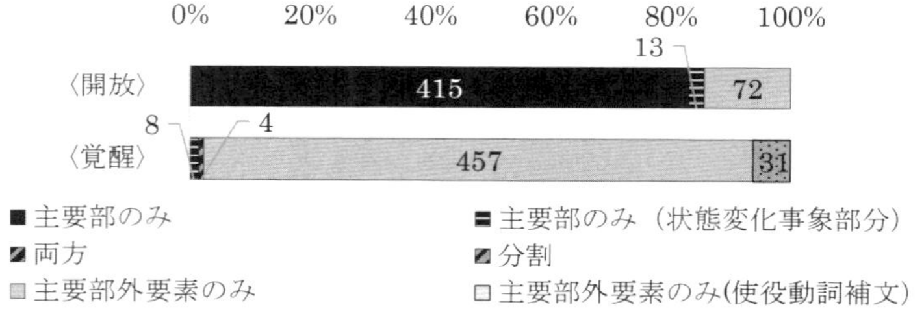

図 15：中国語における〈開放〉と〈覚醒〉の使役状態変化表現における変化表現位置（本書：84，一部抜粋）

〈開放〉については，中国語と英語の表現パターンは，自己状態変化表現，使役状態変化表現共に類似しており，【主要部のみ】の表示が大半を占める傾向が見られた。これには，それぞれの言語の語彙レパートリーが影響している。〈開放〉の状態変化を表す中国語の動詞“开”（開く／開ける）と英語の *open* はいずれも自他両用であるため，これらの語を主動詞として使用する表現が大部分を占めることで，【主要部のみ】の表示の割合が高かった。しかし，共イベントの有無とその影響については，中国語と英語では違いが観察され，それには中国語の音節構造の影響が指摘されている。

また，〈覚醒〉については，中国語と英語の表現パターンに差が見られた。英語と比べると，中国語では【主要部のみ】で状態変化を表示する率が低く，特にそれは使役状態変化表現で顕著だった。使役状態変化表現では，大部分が

【主要部外要素のみ】の表示であり，［動詞／形容詞＋結果補語］構造（verb-resultative complement compound，VR 構造）を取り，[21] V が共イベントを表し，R には“醒”（目が覚める）が置かれるパターンだった。これは，“醒”が自動詞であり，主動詞として使役的には使えないことに起因している。一方，英語では，〈覚醒〉を表現する語彙レパートリーが豊富であり，*wake* や *awake* という自他両用の動詞に加えて，不変化詞 *up* や形容詞 *awake* も存在し，取ることのできるパターンの自由度は高い。そのため，このような差が生じたと考えられる。

8.　結論と今後の課題

本稿では，英語の状態変化表現について，コーパスを用いた量的調査を行い，その特徴を明らかにした。英語の状態変化表現は，指摘されているほどには移動表現との並行性は見られず，状態変化は主要部のみで表されることが多いという結果であった。これは，Ito（2018）の観察と一致する。それと同時に，いくつかの点で，変化表現位置には変異が見られた。まず，状態変化の種類によって，その変化表現位置の傾向は異なっていた。その種類の差は，状態変化を表す語彙のレパートリーによるところがあり，また動詞の使用には変化を含意する状態への変化かどうかが関係していることを示した。さらに，〈赤色化〉事象の表現における形容詞 *red*（基本形）と動詞 *redden*（派生形），および〈(ドアの）開放〉事象の表現における *open* の形容詞用法（基本形）と動詞用法（ゼロ派生形）の頻度の比較から，語彙の派生の方向性と形式の使用頻度の間に相関関係がないことが明らかになった。そして，Ito（2018）と本研究の調査結果の考察を通して，英語においては変化の結果生じる状態への移行には動詞や不変化詞を用いた表現が多く使用されるのに対し，変化を含意しない状態への移行には形容詞を用いた表現が多く使用されるという一般化ができる可能性を提示した。もう 1 つの変異として共イベントの有無による変化表現位置の変異があり，共イベントが表出されると主要部外要素で変化が表される傾向が複数の状態変化において観察された。

Talmy（2000: 241）は，英語の状態変化表現は付随要素枠づけ型と動詞枠づけ型の両方が併存する混合型であると特徴づけた。しかし，Ito（2018）の調査と同様に，今回の調査においても，Talmy が研究対象とする表現（単一節の中に共イベントが状態変化とともに表されている表現）の割合は低かった。

---

[21] 中国語の VR 構造については，小嶋・夏・印（本書）を参照のこと。

そのため，Talmy の枠組みでは英語の状態変化表現の実態を捉えることは困難であると言える。

最後に，英語の状態変化表現においては，主要部表示型の表現パターンが優勢ではあるものの，日本語と比較すると，英語は主要部外表示型の特徴をある程度は保持していることも明らかになった。

今後，他言語における状態変化表現との比較などを通し，英語の状態変化表現の特徴が移動において主要部外表示型をとる言語に共通したものなのかを検証し，またその表現形式に関わる要因の普遍性などを考察していく必要がある。

参考文献

Acedo-Matellán, Victor (2016) *The Morphosyntax of Transitions: A Case Study in Latin and Other Languages*, Oxford University Press, Oxford.

Anthony, Laurence (2023) AntConc (Version 4.2.3) [computer software]. Waseda University, Tokyo, Japan. (https://www.laurenceanthony.net/software/Antconc.)

Bauer, Laurie (1983) *English Word-formation*, Cambridge University Press, Cambridge.

Beavers, John, Michael Everdell, Kyle Jerro, Henri Kauhanen, Andrew Koontz-Garboden, Elise LeBovidge and Stephen Nichols (2021) "States and Changes of State: A Crosslinguistic Study of the Roots of Verbal Meaning," *Language* 97, 439–484.

Biber, Douglas, Stig Johansson, Geoffrey N. Leech, Susan Conrad and Edward Finegan (2021) *Grammar of Spoken and Written English*, John Benjamins, Amsterdam.

Boas, Hans C. (2003) *A Constructional Approach to Resultatives*, CSLI Publications, Stanford, CA.

Bolinger, Dwight (1971) *The Phrasal Verb in English*, Harvard University Press, Cambridge, MA.

Clark, Eve V. (1974) "Normal States and Evaluative Viewpoints," *Language* 50, 316–332.

Croft, William A., Jóhanna Barðdal, Willem B. Hollmann, Violeta Sotirova and Chiaki Taoka (2010) "Revising Talmy's Typological Classification of Complex Event Constructions," *Contrastive Studies in Construction Grammar*, ed. by Hans C. Boas, 201–236, John Benjamins, Amsterdam.

Dixon, R. M. W. (1982) *Where have All the Adjectives Gone? and Other Essays in Semantics and Syntax*, Mouton, Berlin.

Dixon, R. M. W. (2021) *English Prepositions: Their Meanings and Uses*, Oxford University Press, Oxford.

Dowty, David R. (1979) *Word Meaning and Montague Grammar: The Semantics of Verbs and Times in Generative Semantics and in Montague's PTQ*, Reidel, Dordrecht.

Fillmore, Charles (1970) "The Grammar of *hitting* and *breaking*," *Readings in English Linguistics,* ed. by Roderick Jacobs and Peter Rosenbaum, 120–133, Ginn, Waltham, MA.

Goldberg, Adele E. (1995) *Constructions: A Construction Grammar Approach to Argument Structure,* University of Chicago Press, Chicago.

Goldberg, Adele E. and Ray Jackendoff (2004) "The English Resultative as a Family of Constructions," *Language* 80, 532–569.

Gussmann, Edmund (1987) "The Lexicon of English De-adjectival Verbs," *Rules and the Lexicon: Studies in Word-formation,* ed. by Edmund Gussmann, 79–101, Redakcja Wydawnictw, Katolickiego Uniwersytetu Lubelskiego.

Hasegawa, Nobuko (2000) "Resultatives and Language Variations: Result Phrases and VV Compounds," *Japanese/Korean Linguistics* 9, 269–282.

Haspelmath, Martin (1993) "More on the Typology of Inchoative/Causative Verb Alternations," *Causatives and Transitivity*, ed. by Bernard Comrie and Maria Polinsky, 87–120, John Benjamins, Amsterdam.

Ito, Akinori (2018) *A Corpus-based Study of Linguistic Encoding of Motion and Change-of-state Expressions,* Doctoral dissertation, Kobe University.

Iwata, Seizi (2008) "*A door that swings noiselessly open may creak shut:* Internal Motion and Concurrent Changes of State," *Linguistics* 46, 1049–1108.

Iwata, Seizi (2020) *English Resultatives: A Force-Recipient Account*, John Benjamins, Amsterdam.

Kawachi, Kazuhiro (2016) "Introduction: An Overview of Event Integration Patterns in African Languages," *Asian and African Languages and Linguistics* 10, 1–36.

Koga, Hiroaki (2025) "Motion Event Descriptions in Japanese: The Use of Verbal Complexes and Its Impact on Typological Issues," *Motion Event Descriptions across Languages, Vol. 1: Case Studies of Linguistic Representations of Motion*, ed. by Yo Matsumoto, 507–547, De Gruyter Mouton, Berlin.

小嶋美由紀・夏海燕・印雨琪（2025）「中国語の状態変化表現―〈覚醒〉，〈清潔化〉，〈破壊〉，〈開放〉について―」（本書）

Lakoff, George and Mark Johnson (1980) *Metaphors We Live By*, University of Chicago Press, Chicago.

Leech, Geoffrey and Jan Svartvik (2013) *A Communicative Grammar of English*, 3rd ed., Routledge, London.

Levin, Beth (1993) *English Verb Classes and Alternations,* University of Chicago

Press, Chicago.

Levin, Beth (to appear) "An Unusual English Resultative Construction," *Projecting Voices: Studies in Language and Linguistics in Honour of Jane Simpson*, ed. by Carmel O'Shannessy, James Gray and Denise Angelo, Asia-Pacific Linguistics, Australian National University, Canberra.

Levin, Beth and Malka Rappaport Hovav (1995) *Unaccusativity: At the Syntax-Lexical Semantics Interface,* MIT Press, Cambridge, MA.

Levin, Beth and Malka Rappaport Hovav (2013) "Lexicalized Meaning and Manner/Result Complementarity," *Studies in the Composition and Decomposition of Event Predicates,* ed. by Boban Arsenijević, Berit Gehrke and Rafael Marín, 49–70, Springer, Dordrecht.

Lindner, Susan (1981) *A Lexico-semantic Analysis of English Verb-particle Constructions with* up *and* out, Doctoral dissertation, University of California, San Diego.

Majid, Asifa, Melissa Bowerman, Miriam van Staden and James S. Boster (2007) "The Semantic Categories of Cutting and Breaking Events: A Crosslinguistic Perspective," *Cognitive Linguistics* 18, 133–152.

Marchand, Hans (1969) *The Categories and Types of Present-Day English Word-Formation,* Verlag C. H. Beck, München.

松本曜（2017a）「移動表現の類型に関する課題」『移動表現の類型論』，松本曜（編），1–24，くろしお出版，東京.

松本曜（2017b）「英語における移動事象表現のタイプと経路表現」『移動表現の類型論』，松本曜（編），25–38，くろしお出版，東京。

Matsumoto, Yo (2003) "Typologies of Lexicalization Patterns and Event Integration: Clarifications and Reformulations," *Empirical and Theoretical Investigations into Language: A Festschrift for Masaru Kajita*, ed. by Shuji Chiba et al., 403–418, Kaitakusha, Tokyo.

Matsumoto, Yo and Kazuhiro Kawachi (2020) "Introduction: Motion Event Descriptions in Broader Perspective," *Broader Perspectives on Motion Event Descriptions*, ed. by Yo Matsumoto and Kazuhiro Kawachi, 1–22, John Benjamins, Amsterdam.

松本曜・氏家啓吾（2024）「日本語における状態変化の表現 ― 認知的類型論の数量的研究 ―」『言語研究』166, 29–57.

McKoon, Gail and Talke Macfarland (2000) "Externally and Internally Caused Change of State Verbs," *Language* 76, 833–858.

McNulty, Elaine (1988) *The Syntax of Adjunct Predicates,* Doctoral dissertation, University of Connecticut.

Nagaya, Naonori (2025) "Motion event descriptions in Tagalog," *Motion Event Descriptions across Languages, Vol. 1: Case Studies of Linguistic Representations of Motion*, ed. by Yo Matsumoto, 711–746, De Gruyter Mouton, Berlin.

小野尚之（2004）「移動と変化の言語表現：認知類型論の視点から」『対照言語学の新展開』，佐藤滋・堀江薫・中村渉（編），3–26，ひつじ書房，東京.

Quirk, Randolph, Sidney Greenbaum, Geoffrey Leech and Jan Svartvik (1985) *A Comprehensive Grammar of the English Language*, Longman, London.

Shibatani, Masayoshi (1976) "The Grammar of Causative Constructions: A Conspectus," *The Grammar of Causative Constructions*, ed. by Masayoshi Shibatani, 1–41, Academic Press, New York.

Simpson, Jane (1983) "Resultatives," *Papers in Lexical-Functional Grammar,* ed. by Lori Levin, Malka Rappaport and Annie Zaenen, 143–157, Indiana University Linguistics Club, Bloomington.

Slobin, Dan I. (2006) "What Makes Manner of Motion Salient? Explorations in Linguistic Typology, Discourse, and Cognition," *Space in Languages: Linguistic Systems and Cognitive Categories*, ed. by Maya Hickmann and Stéphane Robert, 59–81, John Benjamins, Amsterdam.

Talmy, Leonard (1991) "Path to Realization: A Typology of Event Conflation," *Proceedings of the Seventeenth Annual Meeting of the Berkeley Linguistics Society*, 480–519, The Berkeley Linguistics Society.

Talmy, Leonard (2000) *Toward a Cognitive Semantics, Vol. 2: Typology and Process in Concept Structuring*, MIT Press, Cambridge, MA.

氏家啓吾・松本曜（2025）「状態変化の言語表現とその類型論的考察」（本書）

Washio, Ryuichi (1997) "Resultatives, Compositionality and Language Variation," *Journal of East Asian Linguistics* 6, 1–49.

［使用辞書］

Lea, Diana, Jennifer Bradbery, Richard Poole, and Helen Warren, eds. (2008) *Oxford Learner's Thesaurus: A Dictionary of Synonyms*, Oxford University Press, Oxford.

Mayor, Michael (2013) *Longman Collocations Dictionary and Thesaurus*, Pearson Education, Harlow.

第3章

中国語の状態変化表現*

—〈清潔化〉,〈覚醒〉,〈破壊〉,〈開放〉について—

小嶋美由紀・夏　海燕・印　雨琪
関西大学・神奈川大学・総合研究大学院大学［院］

1. はじめに

本稿は，様々な状態変化事象のうち，特に4つの状態変化事象タイプ，〈清潔化〉〈覚醒〉〈(物理的) 破壊〉〈(ドアの) 開放〉に注目し，これらの概念を中国語でどう表現するかについて，大規模コーパスを用いた数量的研究を手法とし考察するものである。

コーパスから抽出した中国語の状態変化表現の，その全体的な特徴を探ると同時に，状態変化事象のタイプによる表現の違いが，状態変化を表現するための他動詞や自動詞，形容詞の有無といった語彙レパートリーと関係していることを示す。また，移動表現及び状態変化表現のパターンを，「付随要素枠づけ型」と「動詞枠づけ型」に大別し，言語を類型論的視点で分類した Talmy (1991, 2000) の中国語に関する考察を踏まえた上で，松本（松本 (2017)，松本・氏家 (2024)）に代表される新たな枠組み（「主要部表示型」「主要部外表示型」）に基づき，中国語における移動表現と状態変化表現との関連性も検討する。

第2節では研究背景と研究課題と称し，Talmy (2000) が主張する中国語の移動表現，及び状態変化表現の類型と，中国語の状態変化表現の形態統語的特徴を紹介する。第3節では，コーパスを使用した調査方法を具体的に提示する。第4節では調査結果に基づきまとめた，4タイプの状態変化事象の全体的な表現傾向を，第5節では状態変化事象のタイプ別にみた個別の表現特徴を

* 本稿は科研費 19H01264，23K21955 と国立国語研究所共同プロジェクト『述語の意味と文法』の成果である。執筆にあたって，氏家啓吾氏，古賀裕章氏，陳奕廷氏，眞野美穂氏，松本曜氏，Christine Lamarre 氏に有益なコメントをいただいた。また本稿の一部は第74回日本中国語学会（2024年11月2日，関西外国語大学）のワークショップで発表した内容を含んでいる。その際に貴重なご意見を下さった諸先生方にもこの場を借りてお礼申し上げる。

述べる。第6節では移動表現との関連も含め，中国語の状態変化表現を考察する。

2.　研究背景と研究課題

2.1.　Talmy の移動表現と状態変化の類型論について

Talmy（1991, 2000）は，空間移動事象の表現に関して，経路（path）と共イベント（co-event，様態，原因，使役手段など）のいずれも単一の節内で表現されている場合，経路がどの形態統語的要素で表現されるかに着目し分類を行っている。経路が主要部（主動詞）で表現される言語を「動詞枠づけ型言語」，主動詞以外の要素で表現される言語を「付随要素（サテライト）枠づけ型言語」としている。以下，例を挙げながら説明する。

（1a）は中国語の自律移動（self-motion），（1b）は使役移動（caused-motion）の表現例である。Talmy は中国語学で方向補語（directional complement，（1）では“进”（‘入る’））と呼ばれる経路を表す要素を文法的要素，すなわち付随要素とみなし，中国語は経路を付随要素で表現することから，「付随要素枠づけ型言語」であるとする。（1a）の“走”（‘歩く’）と（1b）の“踢”（‘蹴る’）はそれぞれ，様態（manner）と使役手段（means）を表す共イベントである。[1]

（1）a.　她　走 进　了　教室.
3SG walk_enter PFV classroom
彼女は教室に歩いて入った。

---

[1] 本稿で用いるグロスは以下の通りである。

1: first person 一人称，3: third person 三人称，Adj: adjective 形容詞，BEN: beneficiary 受益者マーカー‘给’，CAUS: causative 使役動詞，CL: classifier 量詞，COME/GUOLAI: ‘来/过来’［（意識が正常な状態に）戻る］，COMP: complementizer 補語標識，COP: copula コピュラ‘是’，DIAO: ‘掉’［（元の形状の）消失］，DUR: durative 継続相マーカー‘着’，GEN: genitive 所有物と所有者をつなぐ助詞‘的’，LOC: locative‘在’，NEG: negative 否定詞‘不’，‘没’，NML: nominalizer 形容詞や連体節を主要部の名詞につなぐ助詞‘的’，OM: object marker 目的語マーカー‘把’，‘将’，PASS: passive 受け身マーカー‘被’，PFV: perfective 完了相マーカー‘了’，PL: plural 複数，PN: person's name 人名，PRT: particle 新事態の出現や変化（change of state）を表す文末助詞‘了’，Q: question marker 文末疑問助詞‘吗’，QILAI: ‘起来’始動相，SG: singular 単数，Vi: intransitive verb 自動詞，Vt: transitive verb 他動詞

なお，例文内の［動詞＋結果補語］，［動詞＋“来/过来”］，［形容詞＋“起来”］，［動詞＋方向補語］は，動詞と補語の間に半角スペースを入れ，“打 开”“醒 过来”のように，グロスでは“hit_open$_{Vi}$”“wake.up$_{Vi}$_GUOLAI”のように表す。

b. 她　把　球　踢　进　了　球门里.
3SG OM ball kick_enter PFV goal-inside
彼女はボールをゴールに蹴り入れた。

このTalmyの枠づけの是非については，これまで多くの先行研究によって活発に議論されてきたが（cf. Tai (2003), Slobin (2004), Lamarre (2008a), Shi and Wu (2014), Kojima (2025) など），現在では中国語が「付随要素枠づけ型」に属するという点で概ね意見の一致をみている。

Talmy (2000) は，更に移動表現と状態変化表現の類型の並行性についても議論しており，中国語は移動表現同様，状態変化表現でも付随要素枠付け型であると主張している（Talmy (2000: 240–241)）。その際，移動表現においては中国語同様「付随要素枠づけ型」である英語と比較し，英語の状態変化表現は，付随要素枠づけ型と動詞枠づけ型の両方の性質を併せ持っているが，中国語の状態変化表現は，徹底した付随要素枠づけ型の特徴を有すると示唆する。例えば，〈破壊〉を表す状態変化表現では，英語は動詞枠づけ型表現のみ可能であるが（例 (2)），中国語は付随要素枠づけ型の表現が可能である（例 (3)）とする（Talmyはその判断基準を明確にしていないが，主動詞は“踢”（‘蹴る’）であり，“碎”（‘割れる’）は付随要素であることを前提にしている）。

(2) a. I broke the window with a kick. (verb-framed type)
b. *I kicked the window broken. (satellite-framed type)

(3) 我　踢　碎　了　窗户.
1SG kick_break$_{Vi}$ PFV window
私は窓を蹴って割った。

確かにこの例だけをみれば，中国語は移動表現と状態変化表現が並行しているようにみえる。だが，Talmy (2000) は，(3) のような使役状態変化表現[2]のみを取り上げており，自己状態変化表現が「付随要素枠づけ型」に相当するかどうかは述べていない。また，Talmyの枠づけ論は，言語における移動表現と状態変化表現の並行性を探る上で示唆的で興味深いが，移動表現，状態変化表現のいずれも，同節内に「共イベント」が含まれているもののみを分析対象とするため，節内に共イベントを含まない移動表現や状態変化表現は議論の対象とならず，言語事実の多くを取りこぼしてしまう可能性が出てくる（cf. 松

[2] どういったものを使役状態変化表現，自己状態変化表現と分類するかについては，2.2.1を参照されたい。

本（2017），松本・氏家（2024））。よって本稿では，共イベントの有無が状態変化表現の位置にどう関わるかに着目しながらも，共イベントの有無を問わずにすべての状態変化表現を対象に日本語を分析した松本・氏家（2024）の手法に倣い，中国語の状態変化表現を考察し，更には移動表現との比較も試みたい。[3] なお，中国語の状態変化表現の類型に関する先行研究は他言語との比較も含め，Chen（2007），杜静・李福印（2015, 2016, 2019），邓宇（2020），洪春子（2020），李家春・邓宇（2021）などがあるものの，その多くは，例えば，中国語における〈破壊〉事象や「切る・割る」（CUT and BREAK）事象に特化した考察（Chen（2007），洪春子（2020），邓宇（2020））や，中国語の小説とその英訳の使役状態変化表現のみを比較対照としたもの（李家春・邓宇（2021），李家春（2022）），同じく使役状態変化に関するビデオや絵の内容を説明する口述実験を行い考察したもの（杜静・李福印（2015））であり，Talmy の枠づけを考える上では重要な共イベントの有無と状態変化表示位置との関連性や，状態変化の種類による表現の違いなどには考察が及んでいない。また，大規模コーパスを用いた数量的研究も管見の限り見当たらない。本稿はこれらの先行研究に関して，必要に応じて適宜言及し議論したい。

2.2.　中国語の状態変化表現について

2.2.1.　自己状態変化表現と使役状態変化表現

本研究の特徴の 1 つとして，状態変化表現を，自己状態変化表現と使役状態変化表現に分けて，その両方を考察している点が挙げられる。氏家・松本（本書）はこの 2 つの違いを以下のように述べている。

> 自己状態変化表現は使役者が関与せずに状態変化が起こるものとして表現されたもの，使役状態変化表現は使役者が関与して状態変化が起こるものとして表現されたものである。前者は，基本的には主語（あるいはトピック）が変化の主体であり（「嬉しくなる」など），後者は，主語が使役者，目的語が変化の主体となる場合が多い（「彼を喜ばせる」など）。

---

[3] Talmy は，「共イベント」（移動の様態，状態変化の原因，使役手段などの副次的イベント）を，経路と同じ節内で表現されているものに限定する一方（Talmy（2000: 220）），従属節などで表現される共イベント相当表現も「共イベント」として論じることがあり（Talmy（2000: 224）），共イベントが表す範囲が曖昧である。本稿では「共イベント」を同じ節内で表現されているものに限定せず，共イベント相当表現を含めて議論することにする。具体的には，同文内（より厳密にいえば，中国語の場合，状態変化表現が現れている節の直前の節）に現れていれば認める（cf. 例（5）（20）（23）（28）（33））。

受動態の場合（「ガラスが壊された」など）は，動詞の性質としては使役者が関与しているので，後者に分類される（これは使役者が文法的に省略されずに表現されているかどうかによらない）。

これを〈(ドアの) 開放〉という状態変化概念に当てはめて，中国語表現を考えてみれば，主語指示物“门”（‘ドア’）の位置変化を表す“门开了”（[door + open_{Vi} + PFV]‘ドアが開いた’）は自己状態変化表現であり，使役主（主語）である“他”（‘彼’）が動作対象（目的語）である“门”（‘ドア’）に変化をもたらす“他开门了”（[3SG + open_{Vt} + door + PRT]‘彼がドアを開けた’）は使役状態変化表現である。そして，処置構文（把構文）と呼ばれる一種の使役文[4] はもちろん，形態的受身標識（PASS）が含まれている受動文も使役状態変化表現とみなす（例：“玻璃被敲碎了。”[glass + PASS + $\text{hit\_break}_{\text{Vi}}$ + PFV]‘ガラスは叩き壊された’）。また，動作対象（変化主体）が主語に立ち，具体的な動作行為とその結果状態が動詞述語に表現されている文（例：“地板已擦干净”[floor + already + $\text{wipe\_clean}_{\text{Adj}}$]‘床はすでに拭いてきれいになった’）は，そこに動作主[動作主マーカー（PASS）+ 人] を挿入することができれば（例：“地板已被人擦干净。”[floor + already + PASS + person + $\text{wipe\_clean}_{\text{Adj}}$]‘床はすでに誰かに拭かれてきれいになった’），使役主が介在しているとみなし，使役状態変化表現とする。[5] なお，使役主の意志性は問わない。自然現象，無生物が主語に置かれた場合でも，動作対象に変化をもたらす表現であれば，自然現象や無生物も使役主として表現されていると考え，使役状態変化表現とみなす。

2.2.2. 中国語における状態変化表現の文法的特徴

ここでは，中国語における状態変化表現にはどのようなタイプがあるか，状態変化を移行（transition）と結果状態（result state）に分けてみてみよう（cf. Talmy (1991, 2000)，松本・氏家 (2024)）。例えば，中国語の“醒”（‘目を覚ます’）は，目が覚めているという結果状態とその状態への移行の両方が 1 つの

---

[4] “把”（目的語マーカー，OM）を用いて目的語を動詞に前置させ，[S 把 O + VR] の形式で表す。動作者（主語 S）が特定（definite）の動作対象（目的語 O）に動作行為（V）をし，その対象（O）に位置変化や状態変化（R）を加えることを表す。木村 (2000) は把構文を執行使役文と位置付ける。

[5] 変化主体が主語に立つ（形式 / 意味上の）受身文，受動者主語文（受事主语句）（例：“绳子被砍断了。”‘縄が叩き切られた’，“蜡烛吹灭了。”‘蝋燭が吹き消された’）について，先行研究では“非施事类状态变化”（使役主のない状態変化）に分類するものや（cf. 邓宇 (2020)），“致使事件”（causative-change）と，“自变事件”（self-change）のどちらのタイプでもない第 3 分類“非致使事件”（noncausative-change）の表現とするものがある（cf. 倪涛 (2022)）。

形態素で表現されている。一方，“变红”（[change$_{Vi}$_red]‘赤くなる’）は，移行を表す動詞“变”（‘なる’）と結果状態を表す形容詞“红”（‘赤い’）の組み合わせで赤くなる状態変化が表され，移行と結果状態が異なる形態素で表現されている。本稿は，移行と結果状態が文内のどこで表現されているか（主要部か主要部外か，詳細は2.2.3参照）に注目して分類する。表1に，中国語の自己状態変化と使役状態変化の主な表現方法を，移行と結果状態に注目してまとめる。

自己状態変化	例
自動詞1語 （移行と結果状態を含む）	醒‘目を覚ます’，开‘開く’
移行を表す動詞“变”＋結果状態（形容詞）[VR構造]	变干净 [change$_{Vi}$_clean$_{Adj}$]‘きれいになる’
結果状態を表す形容詞＋移行を表す標識：[形容詞＋助詞“了”][6] 及び [形容詞＋“起来”；VR構造][7]	干净了 [clean$_{Adj}$＋PRT]‘きれいになる’ 干净起来 [clean$_{Adj}$_QILAI]‘清潔になり始める’
自動詞（移行＋結果状態を含む）＋“来”/“过来”[8] [VR構造]	醒来 [wake.up$_{Vi}$_COME]‘目を覚ます’ 醒过来 [wake.up$_{Vi}$_GUOLAI]‘目を覚ます’

6 木村（1997）は形容詞を動態形容詞と静態形容詞に分類する张国宪（1995）の考えに基本的に賛同しつつ，[主語＋形容詞＋“了”] が成立するかどうかは，主語に置かれた変化主体が，形容詞が表す状態に自ら変化する特徴を有しているかどうかに関わるとしている。例えば，自然に赤く色づく葉を主語に置いた“叶子红了”（‘葉が赤くなった’）はいえるが，外界の力で色が変化する信号機が主語である“信号灯红了”（‘信号機が赤くなった’）はいえないとする（“信号灯变红了”なら可）。そして，このように変化主体が自ら変化する特徴を持つ [形容詞＋“了”] の構造は，自立的な‘変化’の完了を表す構造であり，ここでの“了”は完了相を表すアスペクト辞（“完成体的词尾或时态助词”）であるという（木村（1997: 194））。この考えに基づけば，本稿のデータ上にみられる [形容詞＋“了”]（例：“干净了”）の形容詞（例：“干净”）には「移行」と「状態変化」の両方が含まれるということになる。しかし，状態変化を表す際には，いかなる形容詞でも，文中に“变”や“起来”といった移行を表す要素もしくは，形容詞の直後に“了”が必要であるという事実を鑑みると，単独でも状態変化を表すことができる自動詞（例：“醒”“碎”）とは区別する必要がある。よって本稿では [形容詞＋“了”] の形容詞は結果状態を，“了”は移行を表す助詞として論じる。

7 元来，“起来”は，〈垂直方向へ上がる〉意味を有する経路動詞及びそこから派生した方向補語（垂直方向への移動）である。そして更に始動の意味（〜し始める）を獲得した始動相標識だと考えられている（刘月华（1998），高顺全（2005），马玉汴（2005），吕晓军（2007），丸尾（2014），方迪（2018），周卫东（2019），刘月华他（2019）など）。形容詞に“起来”が後続する [形容詞_“起来”] の場合，〈ある性質の取得あるいはある種の新しい状態に入る〉という意味を表す（周卫东（2019: 103））。

8 “醒来”の“来”は，〈目覚める状態を実現する〉（刘月华（1998: 58）），〈意識の獲得〉（王

使役状態変化	例
他動詞（使役状態変化動詞）1 語（移行と結果状態を含む）	杀‘殺す’，开‘開ける’[9]
他動詞 / 自動詞（手段・原因）+ 結果補語（自動詞）（結果補語が移行と結果状態の両方を表す）［VR 構造］	摇醒［shake_{Vt}_$\text{wake.up}_{\text{Vi}}$］‘揺らして起こす’
他動詞 / 自動詞（手段・原因）+ 結果補語（形容詞）（VR 構造全体で移行，R が結果状態を表す）［VR 構造］	擦干净［wipe_$\text{clean}_{\text{Adj}}$］‘拭いて清潔にする’

表 1：中国語における主要な状態変化表現形式

中国語の状態変化表現を論じる際にまず述べておかなければならないのは，中国語には使役状態変化動詞が存在はするものの，その数は少なく使用頻度も高くないということである（Chen（2007: 274–275））。このことは，中国語の一般動詞が通常，動作行為の結果として受け手側（動作対象）が被る変化を含意しにくい，すなわち達成動詞が少ない（荒川（1982），Tai（1984, 2003），Talmy（2000: 272–277））こととも関連している。

むしろ，中国語の状態変化表現として典型的なのは，状態変化を引き起こす原因や手段など（共イベント）を表す動詞（他動詞，自動詞ほか一部の形容詞）と非意志性を意味特徴とする自動詞や形容詞を並べた［動詞 / 形容詞 + 結果補語（自動詞 / 形容詞）］構造（verb-resultative complement compound，以下，VR 構造とする）である。[10]

宜广（2016: 65-66））という意味を表し，“醒过来”の“过来”は，〈状態の正常化〉という意味を有する（吕叔湘（1999），马庆株（1997），王宜广（2016: 176），周红（2019: 299））。

[9] ここに挙げた動詞も，時に結果状態を含意しないことがある（cf. 例（34））。

[10] 中国語の VR 構造は，石村（2011）によれば，以下の 4 つに分類される。

（1） 動作主が主語，動作対象が目的語に置かれる〈他動型（transitive）〉
例：“孩子撕破了书皮儿”［child + tear_split + PFV + book.cover］‘子供が本の表紙を引き裂いて破った’

（2） 主語に立つ動作主が状態変化の主体でもある〈自動型（intransitive）〉
例：“张三喝醉了”［PN + drink_drunk + PFV］‘張三は飲んで酔っ払った’

（3） 他動型の動作主項が降格する（もしくは省略される）ことによって派生した〈受動型（passive）〉
例：“书皮儿撕破了”［book.cover + tear_split + PFV］‘本の表紙が引き裂かれて破れた’

（4） 自動型が「原因主語」を導入することで派生した〈原因型（causative）〉
例：“那瓶酒喝醉了张三”［that + CL + alcohol + drink_drunk + PFV + PN］lit. その酒は（飲むことで）張三を酔っぱらわせた。意訳：張三はその酒を飲んで酔っ払った。

本稿は，〈清潔化〉，〈覚醒〉，〈(物理的）破壊〉，〈(ドアの）開放〉という 4 つの状態変化事象タイプについて，その表現が動詞 1 語で表されるか，［形容詞 +“了”］の形式をとるか，VR 構造で表現されるかといった表現形式に注目しながら，自己状態変化と使役状態変化の両方を調査する。そして 1 つの状態変化を表す表現に複数の形式が存在する場合，その変化を主要部で表示する割合が高いか，それとも主要部外で表示する割合が高いのか，その傾向を探る。ここで問題となるのは主要部とは何か，主要部はどう決定づけられるかである。次の 2.2.3 で説明する。

2.2.3.　主要部と主要部外要素について

本稿は，状態変化を表す言語表現について，その変化（移行と結果状態）が表示される文中での位置に着目して分類を行うが，その位置は，主要部 (head) と主要部外要素 (head-externals) に大別される（松本 (2017)，Matsumoto (2003, 2025))。主要部は通常，文の主動詞が担う。[11] 主要部外要素とはそれ以外の要素のことを指す。この分類に基づいて，状態変化が主要部で表されることが多い言語は「変化主要部表示型言語」，主要部外で表されることが多い言語は「変化主要部外表示型言語」と位置づけられる。また，状態変化が同じ文の中で主要部と主要部外の両方の位置で表されることが多い言語は，「変化両位置表示型言語」と呼ばれる（松本・氏家 (2024)，氏家・松本（本書))。

先の表 1 に示した中国語の状態変化表現において，主要部と主要部外は容易に判断できるものと，そうでないものがある。例えば，移行と結果状態を表す動詞と正常な状態になることを表す“来”が組み合わされた“醒来”では，

---

(4) に挙げられる例では，項構造を決めているのは動詞“喝”でも結果補語“醉”でもなく，VR 構造であるといえる。よって，この例は「主要部外表示型」に分類される。

また，中国語における VR 構造の V と R の組み合わせは比較的自由であり，動作者の他動的な動作（V）によって必然的にもたらされる結果（R）を伴う組み合わせ（例：“洗干净”［wash_clean$_{Adj}$］‘洗って清潔になる’）のほか，“洗脏”（‘洗って汚くなる’）や，“洗破”（‘洗って破ける’）なども可能である（朱德熙 (1998))。ただし，たとえ V が他動詞であっても，後者の VR 構造は他動詞相当の機能をもたない，つまり，VR 構造の直後に目的語を置くことができない（例：“*她洗脏了衣服”）（杉村・木村 (1995: 168))。このような VR 構造は，多くの場合，中国語学でいう「把構文」（処置構文）の有する他動性の力を借りて成立させることができる（例：“她把衣服洗脏了”）（把構文と VR 構造との関係については，张伯江 (1998, 2016)，木村 (2000) を参照)。

なお，本稿は便宜上，中国語学でいう様態補語や可能補語を有する［V 得 + 補語］（例：“洗得很干净”［wash + COMP + very + clean$_{Adj}$］‘洗ってとても清潔になる’，“叫得醒”（例 16)）も VR 構造に含める。

[11] 形容詞が主要部になることもある（例:“干净起来”［clean$_{Adj}$_QILAI］‘清潔になり始める’)。

“来” が移動の意味〈来る〉を表すのではなく，“醒”（目を覚ます）という状態変化の実現を表現する文法的要素であるため，“醒” が主要部である。しかし，中国語の VR 構造の多くは，V も R も語彙的要素（lexical items）であるため，どちらを主要部（head）とみなすかについては，先行研究において未だ結論が出ていない。V を主要部だとする立場には，Li（1990, 1993, 1995），Cheng and Huang（1994），Sybesma（1999），袁毓林（2000），王玲玲（2001），沈家煊（2003）などがあり，R を主要部とみなすものには，李临定（1984），马希文（1987），Gu（1992），沈力（1993），Tai（2003）などがある。また，石村（2011）のように，VR 構造を動詞連続構文（serial verb construction）とみなし，統語論的な意味での「主要部」を想定することはできないという立場をとるものもある。本稿ではこれらの先行研究の主張の是非を論じる余裕はないが，本研究のいう主要部は，文の項構造を決定する要素，すなわち項構造主要部と位置づけられる。基本的には VR の V を主要部（head）とみなし，結果補語 R を非主要部（non-head），すなわち主要部外要素（head-externals）とする立場をとる。その理由は，通常 R は使役性・他動性については中立であり，V に生起する動詞が文全体の使役性・他動性を決定するからである。言い換えれば，V は VR 構造の主語の選択を決定づける要素であるということである。例えば，“他摇醒了我”（[3SG + shake$_{\text{Vt}}$_wake.up$_{\text{Vi}}$ + PFV + 1SG]‘彼は私を揺らして起こした’）であれば，R に置かれた “醒”（‘目を覚ます’）はそれ単独で目的語（“我”）をとって，「私の目を覚まさせる」事態を表すことができない（*他醒我。[3SG + wake.up + 1SG]）。つまり，“我”（‘私’）を起こす主語は “他” であり，これは R の “醒” ではなく，V である “摇”（‘揺らす’）の主語と一致する。文全体の項構造を決定する要素が主要部であるという考え（松本（2017））に基づけば，V が主要部ということになる。また，R は，自己状態変化表現と使役状態変化表現の両方に使用することができるという点で R が非主要部であることが認められる。例えば，自己状態変化表現の “玻璃摔碎了” [glass + fall_break$_{\text{Vi}}$ + PFV]‘ガラスが落ちて割れた’の “碎”（‘割れる’）は，使役状態変化表現 “敲碎了玻璃” [hit_break$_{\text{Vi}}$ + PFV + glass]‘ガラスを叩き割った’にも使用できる。この考えは，主要部外要素が使役性から独立して，諸構文に共通して用いられる要素だという Matsumoto（2020）の考え方と一致する。

2.3. 研究課題の整理

本稿の目的は，中国語における状態変化の表示位置，及びそれに関わる要因を考察し，状態変化表現の類型と移動表現の類型とを比較検証をすることである。詳細は以下の通りである。

(1)　中国語の状態変化（自己状態変化，使役状態変化）の表示位置に関する全体的な傾向（変化主要部表示型か変化主要部外表示型か）
(2)　状態変化の種別にみた，状態変化表示位置（自己状態変化表現，使役状態変化表現）と語彙レパートリーとの関係
(3)　共イベントの有無と変化表示位置との関係
(4)　移動表現の類型と状態変化表現の類型の比較

(1) については，コーパス調査の結果に基づき 4 節で，(2) と (3) は 5 節及び 6 節で，(4) については 6 節で論じる。

3.　コーパス調査の方法

3.1.　データの抽出方法

本研究では，大規模中国語コーパスである『北京語言大学中国語コーパス』（BCC, https://bcc.blcu.edu.cn）を用い，中国語の状態変化表現における変化表示位置を調査する。[12] 当該コーパスの総文字数は約 95 億字に及び，新聞雑誌（20 億字），文学（30 億字），総合（19 億字），古漢語（20 億字），口語（6 億字，SNS 微博または映像作品の字幕）など，内容も多岐にわたる大規模なデータベースである。[13] 本研究では，「文学」のサブコーパス（30 億字）に限定して検索した。日本語のコーパス調査（松本・氏家（2024））では 12 種類の状態変化概念を調査対象としているが，中国語は今回，そのうちの 4 種類（〈清潔化〉〈覚醒〉〈（物理的）破壊〉〈（ドアの）開放〉）に限り，その自己状態変化表現及び使役状態変化表現を調査対象とした。

---

[12] 中国語の大規模コーパスには，BCC のほか，北京大学の CCL（Center for Chinese Linguistics）がある。今回 CCL ではなく BCC を用いたのは，検索式（例：[开*门]，[玻璃*碎]。検索式の詳細は 5.3，5.4 参照）を用いた用例収集において，BCC では離合マーク（*）を用いた簡略検索が可能である一方，CCL では用いる語と語の間の形態素数を設定する必要があるからである。また，CCL では，“开” と “门”，“玻璃” と “碎” が異なる文に出現するもの抽出されてしまうが（以下の例参照），BCC では検索結果にヒットせず，分析候補文を効率的に抽出できる点が利点として挙げられる。
例：… 自己便跳上一等车坐了，即刻开车。午后换船过了门司海峡 …　　（向恺然 / 留东外史）
上記のような利点がある一方で，BCC は検索結果の著者名をみる限り，海外の作品の翻訳がおよそ 7 割を占めていることが予想される。翻訳も中国語の一部であるという考えもあるが，小説の原本の言語特性が中国語翻訳に与える影響も否めない。

[13] https://bcc.blcu.edu.cn/help#intro.

データ抽出の手順は以下の通りである。

1） 検索対象の予備調査：各状態変化を表す言語表現を特定化するため，状態変化を表す動詞や形容詞などを，辞書と内省によってリストアップした。[14]
2） 検索：上記の方法でリストされた状態変化表現の用例を収集するため，BCC のウェブサイトにて検索を実施した。検索式は状態変化タイプごと異なる制約を設けた。例えば〈開放〉は“门”（‘ドア / 門’）が開く変化主体になる事態の表現のみに絞り，〈(物理的）破壊〉は〈ガラスを割る／ガラスが割れる〉事象に限定した（〈清潔化〉や〈覚醒〉を含む詳細は 5 節を参照)。
3） 分析対象として採用する用例の決定：上記の方法で得られた分析候補文には分析対象の変化を表さないもの，例えば“门开着”［door + open_{Vi} + DUR］（‘ドアが開いている’）などのような状態を表す例も含まれているため，それらを手作業で除外した。そのようにして得られた分析候補文の数が，自己状態変化表現と使役状態変化表現でそれぞれ 500 例を超えていた場合は，ランダムサンプリングを実施し，500 例を抽出採用した。500 例に満たなかった場合はすべての例を採用した。500 例に達しなかったのは，自己状態変化表現では〈破壊〉と〈清潔化〉であり，それぞれ 116 例と 41 例，使役状態変化表現では〈破壊〉の 262 例であった。〈覚醒〉と〈開放〉については，自己状態変化表現，使役状態変化表現ともに，それぞれ 500 例に達した。

3.2. 分析の観点

3.1 の方法で収集した状態変化文（分析対象）について，状態変化が表示される位置に基づき分類を行った。以下，分類に使用した状態変化の表示位置について説明する。

a）【主要部のみ（head only)】:“门开了”［door + open_{Vi} + PFV］‘ドアが開いた’（自己状態変化表現）や“他开了门”［3SG + open_{Vt} + PFV + door］‘彼がドアを開いた’（使役状態変化表現）のような文は，文の主要部をなす動詞（“开”）

[14] コーパスを使用した研究手法は，通常，はじめに「表現」があり，それをコーパスで検索して用例を収集するタイプのものである。今回我々がとった手法は，調査対象となる「概念」が先にあり，その概念を表す表現を，内省や辞書を頼りに特定し，それをコーパスで検索するプロセスを踏むタイプのものである。

が変化主体の状態変化（移行と結果状態の両方）を表しており，さらにほかの要素では変化が表示されていないため，【主要部のみ】として扱う。

b）【主要部外要素のみ（head-external only）】：主要部外要素で状態変化を表現する最も典型的なものは，VR 構造の R である。例えば，自己状態変化表現 “摔碎”［fall_{Vi}_break_{Vi}］‘落ちて砕ける’ の場合，主要部 “摔”（‘落ちる’）[15] が共イベント（原因）を表しており，主要部外要素である結果補語の “碎”（‘砕ける’）が状態変化〈破壊〉を表す。使役状態変化表現で “推开”［push_open_{Vi}］‘押し開ける’ は，主要部である “推”（押す）が共イベント（手段）を，結果補語の “开”（‘開く’）が状態変化〈開放〉を表す。なお，“擦干净”［wipe_$\text{clean}_{\text{Adj}}$］（拭いてきれいになる）のように，VR 構造で状態変化を表す場合にも，主要部外要素とみなす。[16]

c）【（主要部と主要部外要素の）両方（both）】：【両方】は b）【主要部外要素のみ】同様，基本的に VR 構造で表される。【両方】は更に，完全と部分的の 2 種類に大別される。“破成碎片”［break_{Vi}_become + shard］（‘砕けて破片になる’）のような場合，主動詞 “破”（‘砕ける’）と，非主要部 “成碎片”（‘破片になる’）のいずれにも，当該変化の〈破壊〉が含まれているため，【両方（完全）】と分類する。一方，“变成碎片”［$\text{change}_{\text{Vi}}$_become + shard］（‘破片になる’）の場合，主要部の “变”（‘なる’）は移行のみを表し，非主要部の “成碎片” が移行と結果状態の両方を表すため，【両方（主要部部分的）】に分類する。また，“醒来”［$\text{wake.up}_{\text{Vi}}$_COME］と “醒过来”［$\text{wake.up}_{\text{Vi}}$_GUOLAI］（‘目を覚ます’）のように，主動詞 “醒”（‘目覚める’）が移行と結果状態の両方を，非主要部の “来” “过来” が〈（正常な状態に）変化する〉という移行のみを表すようなものは，【両方（主要部外部分的）】に分類する。

d）【（移行と結果状態の）分割（split）】：【分割】は，移行と結果状態がそれぞれ異なった位置で表されるタイプである。c）【両方】と違うのは，【分割】は移行と結果状態の両方が 1 つの形態素で表されないことである。【分割】は更に，移行主要部と結果主要部の 2 種類に分けられる。1 つ目のタイプ【分割（移行主要部）】は，“变干净”［$\text{change}_{\text{Vi}}$_$\text{clean}_{\text{Adj}}$］，“变得干净”［$\text{change}_{\text{Vi}}$ + COMP + $\text{clean}_{\text{Adj}}$］（‘清潔になる’）のように，主動詞 “变”（‘なる’）が結果状態への移行を表し，主要部外要素である “干净”（‘清潔である’）が結果状態を特

[15] “摔碎” の “摔” は，他動的意味〈落とす〉〈投げる〉を表すこともある。
[16] R（“干净”）は結果状態のみを表し，VR の構文で移行を表すと考えられる。

定化しているものである。2つ目のタイプ【分割（結果主要部）】は，“干净了”［clean$_{Adj}$＋PRT］，“干净起来”［clean$_{Adj}$_QILAI］のように，主要部である“干净”が結果状態のみを表し，主要部外要素である“了”や“起来”がその移行を表すものである。

e）【主要部のみ（状態変化事象部分）（head only（state-change part））】：使役事象と状態変化事象が異なる節で表現される場合がある。例えば，“我轻轻亲了她一下，她就醒了”（［1SG＋lightly＋kiss＋PFV＋3SG＋one.CL，3SG＋then＋wake.up$_{Vi}$＋PFV］‘私が彼女に軽くキスをしたら，彼女は目覚めた’）や，“鞭子打在玻璃上，玻璃碎了”（［whip＋hit＋LOC＋glass-surface，glass＋break$_{Vi}$＋PFV］‘ムチがガラスに当たり，ガラスが割れた’）のように，状態変化を引き起こす手段・原因が前節で明示され（上記の例では，軽くキスをする，ムチがガラスに当たる），移行と結果状態がその後の節の主動詞（自動詞）で表されている場合である。これを，【主要部のみ】の下位分類として【主要部のみ（状態変化事象部分）】と分類する。なお，このタイプは，前節で表されている使役事象が，意図的に引き起こされたと判断できる場合に限定する。

f）【主要部外要素のみ（使役動詞補文）】：“让”，“使”といった使役動詞（主動詞）の補文に自己状態変化が表現されるケースもある。例えば，〈覚醒〉の例“使他醒了”［CAUSE＋3SG＋wake.up$_{Vi}$＋PFV］，“使他醒了过来”［CAUSE＋3SG＋wake.up$_{Vi}$＋PFV＋GUOLAI］（いずれも‘彼を起こした’）では，主動詞“使”が使役を表し，“醒了”“醒了过来”（いずれも‘目を覚ました’）が自己状態変化を表す。[17]

以上 a）～ f）のうち，主要部が状態変化かその一部（結果か移行）を表しているのは【主要部のみ】【主要部のみ（状態変化事象部分）】【両方】【分割】であり，その合計の頻度が高ければ，松本・氏家（2024）に倣い，「変化主要部表示型言語」と呼ぶ。一方，主要部外の要素が変化かその一部を表しているのは【両方】【分割】【主要部外要素のみ】【主要部外要素のみ（使役動詞補文）】であり，その頻度の合計が高ければ，「変化主要部外表示型言語」と呼ぶ。[18]

本研究では，変化表示位置が共イベントの有無に応じてどのように変わるか

---

[17] さらに，補文内の主要部で自己状態変化が表されるもの（例：〈清潔化〉“让它干净一些”‘それを少し綺麗にする’）や，補文内で分割によって表されるもの（例：〈清潔化〉“使自己的身体变得清洁”‘自分の身体をきれいにする’）もあるが，本稿はこれ以上の細分化はしない。

[18]【両方】【分割】は主要部と主要部外要素ともに変化かその一部を表すため，「変化主要部表現型」，「変化主要部外表示型」の両方にカウントされる。詳細は松本・氏家（2024）参照。

についても考察する。

3.3. 共イベントについて

共イベントの種類は，「様態」「使役手段」「原因」に大別され，また，様々な統語的位置（主語，副詞句，VR 構造の V，前節）で表される。具体例は，5 節の各状態変化の例文，及び例文に付記されている《　》を参考にされたい。

4. 調査結果

4.1. 全体的な傾向

4 種類の状態変化に関する自己状態変化表現と使役状態変化表現において，変化が表示される位置の全体的な傾向を図 1 に示す。ここでは，得られた表現を，【主要部のみ】【主要部外要素のみ】など 8 種類に分けて示している。4 つの状態変化表現の分析例数が異なるため，各状態変化表現における変化表示位置の割合（具体的な数は図 2 と図 3 を参照）を平均した値[19] を提示する。

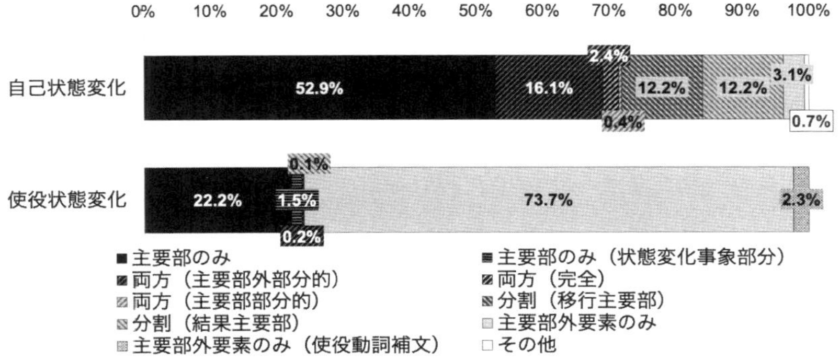

図 1：中国語 4 つの状態変化表現における変化表示位置（平均）

顕著なのは，自己状態変化表現では【主要部のみ】が約半数（52.9%）を占めるということである。主要部で状態変化を表す割合は，【主要部のみ】の 52.9% と【両方】（完全と部分的）の 18.9%（2.4%＋16.5%），【分割】（移行主要部と結果主要部）の 24.4%（12.2%＋12.2%）を足すと，96.2% にも及ぶ。一方，主要部外で表現する割合は，【主要部外要素のみ】の 3.1% に，【両方】の 18.9% と【分割】の 24.4% を足して，46.4% である。このことから，4 種の状態変化

[19] 各状態変化の変化表示位置の百分率を足して 4 で割った数値である。

の表現を合わせた自己状態変化表現は，圧倒的に「変化主要部表示型」が多い。

一方，使役状態変化では【主要部外要素のみ】が最も多く（73.7%），主要部外で表現する割合は【主要部外要素のみ】の 73.7% と，【両方】の 0.2%，【主要部外要素のみ（使役動詞補文)】の 2.3% を合わせた 76.2% である。このことは，中国語では状態や状態変化を形容詞や自動詞が表し，使役事象を表す手段や原因を主動詞 V で表す VR 構造を使用するという事実を考えれば，容易に想像できる。しかし一方で，【主要部のみ】の割合も 22.2% ある。また，【主要部のみ(状態変化事象部分)】の 1.5%，【両方】の 0.2% を加えた主要部で状態変化を表す割合は 23.9% である。このことから，使役状態変化表現については「変化主要部外表示型」が常に用いられるわけではないが，それが優勢であるとはいえる。

上記のことから，自己変化表現では「変化主要部表示型」の様相を呈し，使役状態変化表現では「変化主要部外表示型」が優勢である，と結論づけられる。この傾向は，状態変化のタイプによって差異がみられるかどうか，4.2 で考察する。

4.2. 状態変化の種類と変化の表示位置

ここでは 4 種類の状態変化別に，その表示位置について，類似点と相違点を考察する。自己状態変化表現は図 2 に，使役状態変化表現については図 3 に示す。数字は用例数を表す。

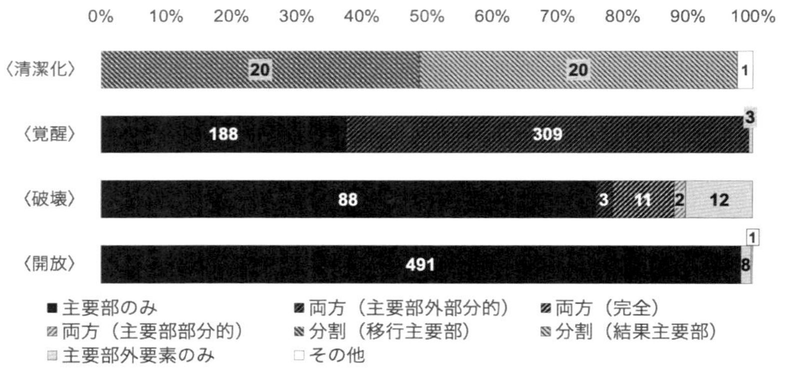

図 2：4 種類の変化を表す自己状態変化表現における変化表示位置

自己状態変化表現では【主要部のみ】で表現されている割合が高かったが（cf. 4.1），それを状態変化種別にみると，〈開放〉が最も多く，全体の 98.2%（491/500），続いて〈破壊〉が 75.9%（88/116）であり，〈覚醒〉が 37.6%（188/

500)，〈清潔化〉では 0.0% である。しかし，状態変化（移行と結果状態）の一部でも主要部で表す【主要部のみ】【両方】【分割】を足した割合をみれば，〈開放〉は 98.2%，〈破壊〉は 89.7%，〈覚醒〉は 99.4%，〈清潔化〉は 97.6% で，ほぼ 9 割以上が主要部で変化の一部，もしくはすべてが表現されていることになる。〈清潔化〉は【主要部のみ】で表現されるものはなかったものの，1 例を除いてすべて【分割】で表現された。自己状態変化の一部，もしくはすべてを主要部外（【主要部外要素のみ】【両方】【分割】）で表す割合は，〈開放〉が 1.6%，〈破壊〉は 24.1%，〈覚醒〉は 62.4%，〈清潔化〉が 97.6% と，〈清潔化〉が最も多い。以上のことから，自己状態変化表現は，〈開放〉〈覚醒〉〈破壊〉については「変化主要部表示型」で，〈清潔化〉については「変化主要部表示型」であり，「変化主要部外表示型」でもある。主要部と主要部外要素に，同時に移行か結果状態の役割を担わせるという意味で，「変化両位置分割型」ともいえよう。

続いて，使役状態変化表現における変化表示位置（図 3）をみてみよう。

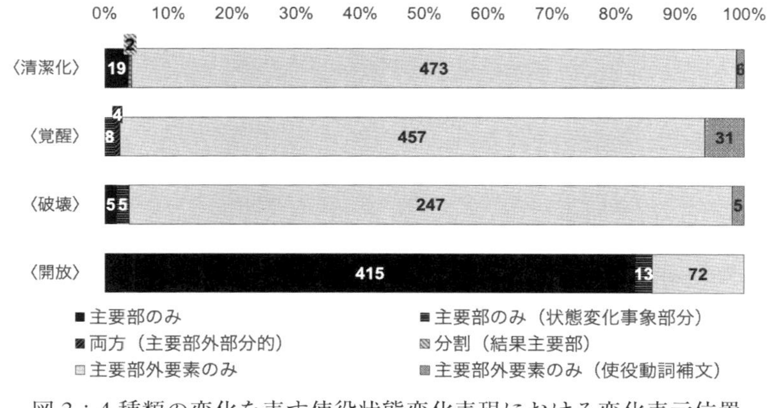

図 3：4 種類の変化を表す使役状態変化表現における変化表示位置

すでに図 1 で，4 種の使役状態変化表現の変化表示位置（平均）は，【主要部外要素のみ】が 76.2% という高い割合を占めていることをみた。このような全体的な傾向がある中でも，図 3 にみるように，〈開放〉とほかの状態変化の違いが顕著である。〈開放〉は，自己状態変化同様，使役状態変化においても【主要部のみ】で状態変化を表す割合が圧倒的に高い（83.0%）。

種別の状態変化表現の特徴については，共イベントの有無や共イベントの表現位置を考慮にいれ，次の 5 節にて詳述する。

5. 状態変化の種類別特徴

以下では，4 種の状態変化〈清潔化〉〈覚醒〉〈(ガラスの) 破壊〉〈(ドアの) 開放〉にみられる表現パターンの特徴を種類別に取り上げる。

5.1. 〈清潔化〉

〈清潔化〉は，一般に不衛生な状況から衛生的な状況の変化を表す。よって，今回の調査では，除去された後明らかに衛生的になるような，“碎屑”(‘クズ’)，“血”(‘血’)，“尘土”(‘ほこり’)，“污迹”(‘汚れ’) や，PM2.5 のような空気中の物質，すなわち〈汚物〉が除去される状況に限定して例を収集した。また，“干净”“洁净”“清洁”(‘清潔な’) を検索キーワードにした。“干净”は〈清潔〉の意味のほかに，“吃干净”［eat_clean$_{Adj}$］(‘食べ切る’) の例にみるような，「対象物を完全になくす」意味にも使用されるが，こうした例も収集対象からは除外した。自己状態変化表現は検索によってヒットした用例数が少なかったため，3 つのキーワード“干净”“洁净”“清洁”で得られた 41 例すべてを採用した。[20] 一方，使役状態変化では検索ヒット数が 500 例を超えたため，そこから 500 例をランダムサンプリングによって抽出した。表 2 は，抽出した用例中の各対象語の総数を示したものである。

状態変化種類	対象語	抽出数
自己状態変化（41 例）	干净	29
	洁净	7
	清洁	5
使役状態変化（500 例）	干净	472
	洁净	7
	清洁	21

表 2：〈清潔化〉における対象語の抽出数

以下は，収集した〈清潔化〉の具体例である。

[20] 〈清潔化〉の状態変化では，物が自然に清潔になることは稀であり，意志を持った動作主や雨や風といった自然現象によってもたらされた変化である（cf. 木村（1997））。そのため，自己状態変化表現とはなじまず，用例数が少ないことが考えられる。

自己状態変化表現

自己状態変化では，【分割（移行主要部）】と【分割（結果主要部）】（3.2節のd）を参照）がほとんどである（図2参照）。[21] なお，共イベントの有無と共イベントの種類，及びその表示位置を，作品情報の後に《　》を用いて付記する（以後，すべての状態変化タイプも同様）。

【分割（移行主要部）】

（4）　天空 变 得 洁净。
sky change$_{Vi}$ COMP clean$_{Adj}$
空がキレイになった。（帕斯捷尔纳克/日瓦戈医生）《共イベントなし》

【分割（結果主要部）】

（5）　一阵 大雨 过后，屋瓦 彻底 干净 了，……
one.CL rain after house.roof completely clean$_{Adj}$ PRT
大雨がひとしきり降った後，家も屋根も完全にキレイになり…
（冰心/冰心全集第八卷）《共イベントあり・原因，前節》

（6）　今天 怎么 又 干净 起来 了？
today how.come again clean$_{Adj}$_QILAI PRT
今日はなんでまた，キレイになったの。
（冰心/冰心全集第二卷）《共イベントなし》

〈清潔化〉の自己状態変化表現は，【分割】タイプが最も多かった。この点で後に述べる〈覚醒〉〈（ガラスの）破壊〉〈（ドアの）開放〉と大きく異なる。これは，“干净”が形容詞であるため，単独で自己状態変化を表すことができず，変化を表す文末助詞“了”や起動相を表す補語“起来”の力を借りて初めて状態変化を表すことに起因する。その証拠に，“干净”を使用した用例で最も多かったのは，“了”を伴う形式であった（例（5））。また，“洁净”“清洁”は自己状態変化表現では形容詞として使用されていた。

使役状態変化表現

〈清潔化〉の使役状態変化表現には【主要部のみ】と【分割（結果主要部）】と【主要部外要素のみ】がある。【主要部のみ】（例（7））はすべて，“洁净”“清洁”が他動詞として使用されている例である。【分割（結果主要部）】は全部で

21　日本語でも，〈清潔化〉の自己状態変化表現で【分割】タイプが多い（cf. 松本・氏家（2024））。

2例あり，2例とも[越～越 …]（'～すればするほど，ますます…'）という構文を用いたものである。この場合，"越"が状態変化の移行を表す（例（8））。9割以上の文が【主要部外要素のみ】であり（図3参照），その大多数は，Vに共イベントを，Rに"干净""洁净""清洁"（清潔な）を置いたVR構造である（例（9））。VR構造のRが形容詞である場合，結果状態はRで表現されるが，状態変化はVR構造全体で表している。つまり，主動詞以外であり，【主要部外要素のみ】となる。VR構造のVに"弄"を置くタイプもある（例（10））。"弄"は，もともと〈手による動作〉（'いじる'）という意味であるが，"弄干净"ではその意味がほとんどなくなり，何等かの動作を表すためのダミー動詞として使われている。使役動詞の補文を用いた例もあった（例（11））。

【主要部のみ】

(7) …先是 清洁 了 地面，然后 去 对付 那些 鞋。
first clean$_{Vt}$ PFV ground then go deal.with those shoe
まずは地面をキレイにしてから，あれらの靴をなんとか対処しに行く。
（王小波/怀疑三部曲）《共イベントなし》

【分割（結果主要部）】

(8) …只 会 越 烧 越 新，越 烧 越 干净。
only will more burn$_{Vt}$ more new more burn$_{Vt}$ more clean$_{Adj}$
（聖草は）燃やせば燃やすほど新しく，燃やせば燃やすほど清潔になる。
（弗朗索瓦・拉伯雷/巨人传）《共イベントなし》

【主要部外要素のみ】

(9) 又 沾 了 一回 唾沫，才 完全 擦 干净。
again dab PFV one.CL spit not.until fully wipe_clean$_{Adj}$
もう一度唾をつけて（拭いたら），ようやく完全にキレイに拭き取れた。
（老舍/赶集）《共イベントあり・手段，VR構造のV》

(10) 你 把 这儿 弄 干净， 再 给 我 做
2SG OM here do.something_clean$_{Adj}$ and BEN 1SG make
一顿 可口 的 早餐。
one.CL delicious NML breakfast

ここをキレイにしてから，私に美味しい朝食を作って。
（内尔森・德米勒/小城风云）《共イベントなし》

【主要部外要素のみ（使役動詞補文）】

（11）我们 修 这个是 为了 让 水 更 洁净。
1PL build this COP for CAUS water more $\text{clean}_{\text{Adj}}$
私たちがこれを作ったのは，水をもっとキレイにするためだ。
（特威西格耶・杰克逊・卡古瑞/那卡的曙光）《共イベントなし》

特筆すべきは，"洁净""清洁"が他動詞として使用される例のほとんどが，翻訳作品にみられたということである。使役状態変化表現で"洁净""清洁"が使用された29例のうち他動詞用法は14例であり，この14例中の13例（92.9%）が翻訳作品であった。[22] "洁净""清洁"の他動詞用法は，原著である外国語書籍に出現した他動詞（例えば，英語のclean）を中国語に翻訳するために使用された可能性がある。

では次に，〈清潔化〉における変化表示位置と共イベントの有無との関係を，図4に示しながら自己状態変化表現と使役状態変化表現別に述べる。棒グラフ内の数字は，用例数である。

すでに4.2でも言及したように，〈清潔化〉の自己状態変化表現はほぼすべて【分割】で表される。[23] 図4にみるように，それは共イベントの有無に影響を受けない。

使役状態変化表現については，共イベントが共起する場合としない場合の状態変化表示位置が異なる。「共イベントあり」がほとんどであり（97.4%，487/500例），その大多数（97.1%，473/487例）がVR構造のVで表現され，「変化主要部外表示型」である。共イベントがない場合は「変化主要部表示型」となる。

[22] 〈清潔化〉の表現全体（自己状態変化と使役状態変化）の541例のうち，370例（68.4%）が翻訳作品であった。

[23] 「その他」に属する1例は，"干净干净"（清潔にする）という重ね型である。中国語の形容詞はもともと変化を表すことができないが，重ね型にすることによって状態変化を表すことが可能になる（cf. 沈家煊（1997））。

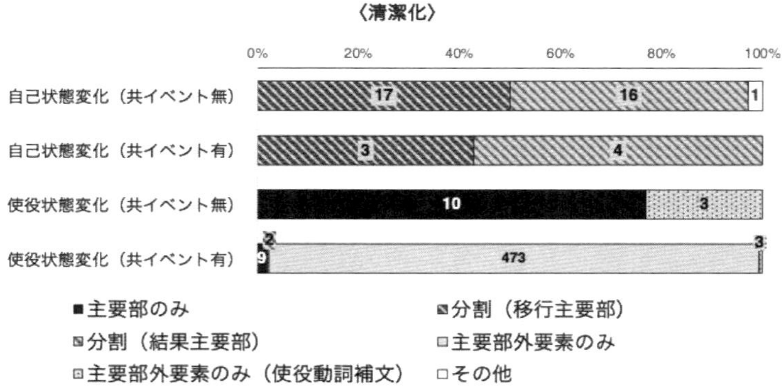

図 4：〈清潔化〉の表現における共イベントの共起と変化表示位置

5.2. 〈覚醒〉

今回の調査では，〈覚醒〉すなわち〈(眠りから）目が覚める〉ことを意味する検索ワードを“醒”に限定した。“睁开眼”（‘目を見開く’）は一般的に目を見開く様を表し，“起来”（‘起きる’），“起床”（‘起床する’）は，身体を起こすことを表すため，厳密な意味での〈(眠りから）目が覚める〉ことを表さない。また，中国語の“觉醒”（‘悟る’）は〈思考の正常化〉を表し，〈眠りからの意識の回復〉を意味しない。

得られた合計 13376 例のうち，まず 27%[24] をランダムサンプリングし，次に〈酒の酔いなどから醒める〉，〈起きている状態〉，〈悟る〉，〈(パンなどの）生地の発酵〉など〈覚醒〉を意味しない“醒”を用いた例を除き，最後に残った 3207 例から自己状態変化表現と使役状態変化表現それぞれを 500 例ずつ抽出した。3207 例のうち自己状態変化表現の用例数（2704 例）は，使役状態変化表現の用例数（503 例）の約 5.8 倍であり，〈覚醒〉においては自己状態変化表現が多いという特徴がみられた。以下，検索で収集した具体例を示す。

自己状態変化表現

自己状態変化では，【主要部のみ】と【両方（主要部外部分的)】が大部分を占めた（図 2 参照)。

[24] 27% という数字は，自己状態変化と使役状態変化のどちらも 500 例以上抽出可能なサンプリングの割合である。

【主要部のみ】

(12)　婆婆　醒　了。[25]
grandmother wake.up$_{Vi}$ PFV
お婆さんが目を覚ました。
(史铁生 / 秋)《共イベントなし》

【両方（主要部外部分的）】

(13)　费费 从 睡梦 中 醒 了 过来。
PN from dream middle wake.up$_{Vi}$ PFV GUOLAI
フェイフェイちゃんは夢から目を覚ました。
(毕淑敏 / 紫花布幔)《共イベントなし》

使役状態変化表現

使役状態変化表現では主に【主要部外要素のみ】が使われていた（図 3 参照)。【主要部外要素のみ】の例では大多数が VR 構造であり，V には共イベントを表す動詞，R には“醒”が置かれている（例（14)(16))。VR 構造の V にはダミー動詞“弄”を置くタイプもあった（例（15))。[26] VR 構造と使役動詞補文の中間的な表現である連動文もみられた（例（17)“推我醒来”‘私を揺り起こす')。[27] 使役動詞“使”と“让”を主動詞に置くタイプの文も多くみられた（例（18)(19)，3.2 の f）参照)。(18) と（19）は主語で共イベント（原因）を，(20）は前節で共イベント（使役手段）を表す。

---

[25] 〈清潔化〉の表現で用いられた“干净”はそれ自体に変化の意味がないため，変化を表す文末助詞“了”（中国語学でいう了$_2$）と共起して初めて状態変化を表す。一方，〈覚醒〉で用いられる自動詞“醒”はこれ自体で状態変化を表しうる。“醒了”の“了”は動作が完了したというアスペクト助詞（動詞接辞，中国語学でいう了$_1$）と判断し，移行の意味がないと分析した。自己状態変化表現の中で“醒了”は 105 例あった。

[26] “弄”は，客体に手で何等かの行為をすることを表し，“弄醒”で〈触って起こす〉，〈揺らして起こす〉などの意味を表しうるが，ここの“弄”には〈手による動作〉という意味がほとんどなく，ダミー動詞として使用されている（〈清潔化〉の例（10）も参照)。

[27] “推我”（‘私を揺らす'）ことで，“我醒来”（‘私が目覚める'）事態を引き起こす。第 1 動詞“推”の目的語と第 2 動詞“醒来”の主語が一致しているため兼語文でもある。“推”は元来の意味を留めているという点で，(18) と（19）にみられる“使”“让”のような使役動詞とは異なり，また“推”の直後に目的語をとるという点で，VR 構造の特徴（目的語は V の直後に置かない）とも衝突する。よって，本稿では VR 構造ともみなさない。

このタイプは，一人の作家（郁达夫）の作品（《小春天气》，《迷羊》，《血泪》）のみに現れており，一般的とは言いがたい。

【主要部外要素のみ】

(14) 蒙眬 中， 父亲 推 醒 了 我。
sleepy middle father push_wake.up$_{Vi}$ PFV 1SG
朦朧としている中，父は私を揺り起こした。
（譚恩美/喜福会）《共イベントあり・手段，VR 構造の V》

(15) 到 了 深夜， 他 被 一道 光芒 弄 醒
arrive PFV late.night 3SG PASS one.CL light do.something_wake.up$_{Vi}$
了……
PFV
深夜になったとき，彼は一筋の光に起こされた。
（托尔金/魔戒全集（指环王 1，2，3））《共イベントなし》

【主要部外要素のみ（使役動詞補文）】

(16) 每 一 个 要 费 五 分钟 才 叫得 醒。
every one CL need spend five minutes until call_COMP_wake.up$_{Vi}$
一人一人を呼び起こすのに 5 分もかかる。
（狄更斯/匹克威克外传）《共イベントあり・手段，VR 構造の V》

(17) ……有人 在 那里 推 我 醒 来。
someone LOC there push 1SG wake.up$_{Vi}$_COME
誰かが今私を揺すって起こしている。
（郁达夫/血泪）《共イベントあり・手段，前節》

(18) 电话铃 使 他 全 醒 了。
phone.ring CAUS 3SG fully wake.up$_{Vi}$ PFV
電話のベルが彼を完全に起こした。（電話のベルによって彼は起こされた）
（阿瑟・黑利/烈药）《共イベントあり・原因，主語》

(19) 阳光 让 她 醒 过来……
sunshine CAUS 3SG wake.up$_{Vi}$_GUOLAI
太陽の光が彼女を起こした。（太陽の光によって彼女は目を覚ました）
（维多利亚・希斯洛普/岛）《共イベントあり・原因，主語》

【主要部のみ（状態変化事象部分）】

(20)　她　小心翼翼地　去　碰　她　的　丈夫　的　背，
3SG　carefully　go　touch　3SG　GEN　husband　GEN　back
丈夫　醒　了。
husband　wake.up$_{\text{Vi}}$　PFV
彼女はおそるおそる夫の背中を触ると，夫は目を覚ました。
（王旭烽/茶人三部曲）《共イベントあり・手段，前節》

続いて，〈覚醒〉における変化表示位置と共イベントの有無の関係を，図5に示す。

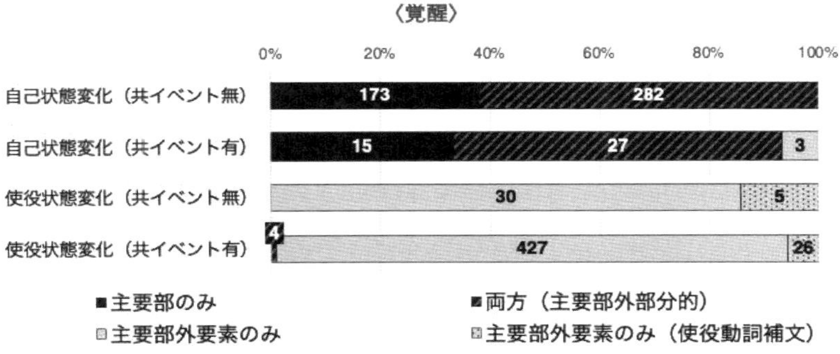

図5：〈覚醒〉における共イベントの共起と変化表示位置

図5からわかるように，自己状態変化表現と使役状態変化表現では，変化表示位置は異なっているが，それぞれ共イベントの有無による大きな差はない。自己状態変化では，共イベントなしの場合，【主要部のみ】と【両方（部分的）】[28] で100%を占めることから，主要部で状態変化を表す「変化主要部表示型」である。共イベントがある場合でも傾向は似ている。ただし，【主要部外要素のみ】のパターンに属するVR構造の例が，用例数は少ないものの，存在する。例えば，“冻醒”（[freeze$_{\text{Vi}}$_wake.up$_{\text{Vi}}$] ‘凍えて目覚める’）のようにVが原因を，Rが状態変化を表す。

使役状態変化表現では，共イベントの有無にかかわらず，【主要部外要素のみ】が圧倒的に多く，9割以上を占める「変化主要部外表示型」である（共イベントなしでは100%，共イベントありでは98.3%）。共イベントありはもちろん，共イベントなしでも，例（15）のように，Vに“弄”を置いたVR構造

[28] 〈覚醒〉では，【両方】の用例すべてが「主要部外部分的」であった（cf.（13））。

を用い，非主要部R（主要部外要素）で状態変化を表す。このため，〈覚醒〉においてはVR構造を多く用いる，最も典型的な中国語の使役状態変化表現を有する状態変化タイプといえよう。

〈覚醒〉も，〈清潔化〉同様，使役状態変化表現では共イベントありが大多数（全体の91%，455/500例）であった。一方の自己状態変化表現は共イベントのある例がたった7.0%（35/500例）であった。

5.3. 〈(物理的) 破壊〉

〈(物理的) 破壊〉は，変化主体を“玻璃”（‘ガラス’）に限定しデータ収集を行った。まず，コーパス調査を始める前の予備調査では，〈(ガラスの) 破壊〉を表す表現に，“碎”（v.‘砕く，砕ける’，adj.‘ばらばらである’），“破”（v.‘割る，割れる’，adj.‘破れている’），“坏”（v.‘壊れる’，adj.‘壊れている’），“烂”（adj.‘ぼろぼろである’）などが挙がった。そこで，変化主体“玻璃”（‘ガラス’）と“碎”“破”“坏”“烂”が共起する例をコーパスで収集するために，検索式を使用して検索を行った。例えば，“玻璃”と“碎”は，[玻璃碎] [玻璃*碎] [碎玻璃] [碎*玻璃] という4つの検索式を用いた。検索式にある「*」は離合マークといい，「A*B」はAとBの間に1つ以上の形態素が入ることを意味する。この方法で検索した結果，二音節語の“破碎”（v.‘こなごなに砕く’，adj.‘こなごなである’），“粉碎”（v.‘こなごなに砕く’，adj.‘こなごなである’），“破坏”（v.‘壊す’）などもヒットした。

検索でヒットした808例のうち，状態変化ではなく，状態のみを表すもの（‘割れたガラス’を意味する“碎玻璃”など）や，“有人用玻璃割破血管”（[someone + use + glass + cut_break$_{Vi}$ + blood.vessel]‘誰かがガラスで血管を切った’）などといった変化主体がガラスではない表現を除外した結果，378例が分析対象となった。そのうち，自己状態変化表現は全部で116例(30.7%)，使役状態変化表現は全部で262例（69.3%）である。収集された用例で使用されている動詞（または形容詞）及びその数は表3の通りである。“碎”“破”“坏”“烂”の用例数にはばらつきが認められる。“碎”が最も多く，“烂”はわずか1例である。

状態変化種類	対象語	分析対象数	対象語	分析対象数
自己状態変化（112 例）[29]	碎	47	碎裂	22
	破	7	粉碎	9
	破碎	22	破裂	5
使役状態変化（262 例）	碎	210	粉碎	19
	破	21	破坏	2
	坏	8	碎裂	1
	烂	1		

表 3：〈（ガラスの）破壊〉における対象語の抽出数

これら対象語の品詞に関しても，述べておきたい。検索語として用いた“碎”と“破”については，《现代汉语词典（第七版）》では他動詞用法もあるとされているが（例：“破个西瓜”［break$_{\mathrm{Vt}}$ + CL + watermelon］‘スイカを割る’），今回のコーパス調査では 1 例も抽出されなかった。また，これらの語については形容詞用法も確認されなかった（形容詞は“烂”の 1 例のみである）。[30] 二音節語“粉碎”“破坏”の他動詞用法は，それぞれ 1 例と 2 例抽出されたのみである。このことから，今回収集された用例においては，自己状態変化表現，使役状態変化表現において使用された“碎”と“破”はいずれも自動詞であり，“粉碎”，“破碎”といった二音節動詞も基本的には自動詞として用いられていることがわかる。

続いて，〈（ガラスの）破壊〉の変化表示位置を具体例とともに示す。図 2 に示したとおり，〈破壊〉の自己状態変化表現における変化表示位置は，主に【主要部のみ】だったが，ほかに【主要部外要素のみ】【両方】も観察された。

---

[29] 合計数が 116 に満たなかったのは，自己状態変化においてのような，“碎”や“破”などが主動詞以外の位置に現れる例もあったためである（例：“变成碎片”［change$_{\mathrm{Vi}}$_become + shard］‘破片になる’）。

[30] VR 構造の R に位置する“碎”や“破”の品詞について，先行研究では意見が分かれている。例えば，“破”については，马真・陆俭明（1997）などの研究では形容詞としており，《现代汉语词典（第七版）》，《现代汉语八百词》，徐丹（2005）（“破”已由典型的动词变成了非典型的动词（“破”は典型的な動詞から非典型的な動詞に変わった）），Chen（2007），杜静・李福印（2019）では動詞としている。本研究では VR 構造の R の品詞が自動詞かそれとも形容詞かを判断するために，［V 得 + 很 + 形容詞］（中国語学では，“得”の後の形容詞句は様態補語と呼ぶ。動作 V をした結果 AP という状態になる意味を表す）に変換し，成立すれば VR の V は形容詞と判断した。例えば，“玻璃打碎了”［glass + hit_break$_{\mathrm{Vi}}$ + PFV］（‘ガラスが打ち砕かれた’）は“??玻璃打得很碎”［glass + hit + COMP + very + broken］（‘ガラスがひどく打ち砕かれた’）とはいえないため，この例における“碎”は形容詞ではなく自動詞である。

自己状態変化表現

【主要部のみ】

(21) 不 到 半 个 钟点，玻璃 碎 了 三 块。
NEG reach half CL hour, glass break$_{Vi}$ PFV three CL
30分も経たないうちにガラスが3枚割れた。
(王火/战争和人)《共イベントなし》

【主要部外要素のみ】

(22) 不 小心 把 手电筒 掉 地上 了，玻璃 摔 碎 了。
NEG carefully OM flashlight drop ground PRT, glass fall_break$_{Vi}$ PFV
うっかり懐中電灯を地面に落とし，ガラス部分が落ちて割れた。
(史铁生/奶奶的星星)《共イベントあり・原因，VR構造のV》

【両方】

【両方】はさらに，【両方（完全）】（例（23）），【両方（主要部部分的）】（例（24）），及び【両方（主要部外部分的】（例（25））の3種類に分けられる。

(23) …海水 灌 进 房子，窗玻璃 迸 成 无数 碎片。
seawater pour$_{Vi}$_enter house, window.glass burst$_{Vi}$_become countless shard
海水が家の中に流れ込み，窓ガラスが無数の破片に破裂した。
(莫言/岛上的风)《共イベントあり・原因，前節》

(24) …薄壁 玻璃杯 变 成 了 非常 粗糙 尖利 的 碎片。
thin.wall glass change$_{Vi}$_become PFV extremely rough sharp GEN shard
薄いグラスが，ひどく粗く鋭い破片になった。
(埃尔弗里德・耶利内克/钢琴教师)《共イベントなし》

(25) 尽管 她 必定 暗自 高兴，因为 玻璃 没有 碎 掉。
although 3SG certainly secretly happy because glass NEG break$_{Vi}$_DIAO

彼女はひそかに喜んでいるに違いない。だって，ガラスが割れなかったのだから。
(君特・格拉斯/铁皮鼓)《共イベントなし》

(23) では，主動詞の“迸”(‘破裂する’) と，主要部外要素 (動詞 (結果補語) ＋名詞) の“成无数碎片”(‘無数の破片になる’) のいずれにも〈破壊〉の状態変化が含まれているため，【両方 (完全)】に分類した。一方，(24) の“变”(‘変わる’) は特定の結果状態を含まず，結果状態への移行のみを表し，主要部外要素“成了非常粗糙尖利的碎片”(‘ひどく粗く鋭い破片になった’) は移行及び特定化された状態の両方が表現されているため，【両方 (主要部部分的)】とした。また，(25) のように，“破”(‘破れる，割れる’)，“拆”(‘取り壊す，取り外す’)，“毁”(‘壊す’)，“塌”(‘崩れ落ちる’) などの破壊や崩壊を表す動詞とともに用いられる場合，“掉”は〈(元の形状の) 消失〉(朴奎容 (2000)，丸尾 (2017)) を意味するが，具体的にどのような状態に変化するかは主動詞の“碎”が指定するため，【両方 (主要部外部分的)】と分類した。このように，【両方】は【主要部外要素のみ】と同様，主に VR 構造である。

次に，使役状態変化の表現パターンを具体例とともに示す。〈(ガラスの) 破壊〉に関連する使役状態変化表現では，図 3 に示したように，主に【主要部外要素のみ】が使われるが，【主要部のみ】【主要部のみ (状態変化事象部分)】【主要部外要素のみ (使役動詞補文)】も観察された。

使役状態変化表現

【主要部外要素のみ】

(26) 他　‘乒’　的　一　拳　打碎　了　玻璃窗。
3SG ‘ping’ NML one fist strike_break$_{Vi}$ PFV glass.window.
彼はピンという音を立てながら拳で窓ガラスを打ち砕いた。
(王火/战争和人)《共イベントあり・手段，VR 構造の V》

【主要部外要素のみ (使役動詞補文)】

(27) 不是　有时候　光是　空气　振动　就　能　让　玻璃　碎裂　吗？
NEG sometimes merely air vibrate then can CAUS glass shatter$_{Vi}$ Q
ただ空気の振動だけでガラスが割れることもあるでしょう。
(大江健三郎/万延元年的足球队)《共イベントあり・原因，主語》

【主要部のみ（状態変化事象部分）】

（28）石头　掷　　过　　去，车窗　　　　玻璃　破　　　了。
stone throw_over_go car.window glass break$_{Vi}$ PFV
石が投げつけられ，車の窓ガラスが割れた。
（茅盾 / 虹）《共イベントあり・手段，前節》

〈（ガラスの）破壊〉を表す使役状態変化表現においては，（26）のような VR 構造が最もよく用いられる。

続いて，〈破壊〉における共イベントの有無による変化表示位置の相違を示す。

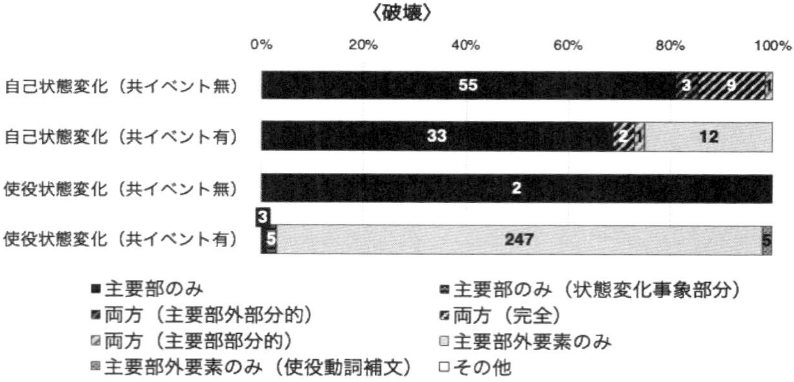

図 6：〈破壊〉における共イベントの共起と変化表示位置

図 6 に示されている通り，自己状態変化において，共イベントがない場合は，【主要部のみ】が 80.9%（55/68）にも達している。【両方（完全）】の 13.2%（9/68），【両方（部分的）】の 5.9%（4/68）を合わせると，主要部で状態変化（の一部）を表現する割合は実に 100.0% である。一方，共イベントがある場合は【主要部のみ】の割合が 68.8%（33/48）となり，【両方（完全）】の 4.2%（2/48）と【両方（部分的）】の 2.1%（1/48）を合わせると，主要部で状態変化を表現しているのは 75.0%（36/48）になる。共イベントがある場合はない場合に比べて，主要部で状態変化を表す割合は減少するが，大部分が主要部で状態変化を表現しているという点は変わらない。一方，使役状態変化においては，自己状態変化と異なる結果が観察される。共イベントがあるのはたった 2 例であり，いずれも【主要部のみ】である。使役状態変化表現の大部分が共イベントを有し，【主要部外要素のみ】が 95.0%（247/260）を占め，【主要

部外要素のみ（使役動詞補文）】の 1.9%（5/260）を合わせると，96.9%（252/260）が主要部外要素で表現されている。

このように，〈(ガラスの）破壊〉については，自己状態変化表現において，状態変化が主要部で表現されることが一般的であり，「変化主要部表示型」といえる。使役状態変化表現においては，状態変化が主要部外要素で表現されることが圧倒的に多いため，「変化主要部外表示型」である。

次に共イベントの有無及びその表現手段の位置について述べる。〈(ガラスの）破壊〉における共イベント言及率は，自己状態変化では 41.4%，使役状態変化では 99.2% である。

共イベントの表示位置については，自己状態変化表現では，VR 構造の V（例（22））や前節で原因を表すもの（"眼镜掉在地上，玻璃碎了"）［glasses + $drop_{Vi}$ + LOC + ground, glass + $break_{Vi}$ + PFV］'眼鏡が地面に落ちて，ガラスが割れた'，さらに副詞を用いた様態表現（"窗玻璃劈里啪啦地连续碎裂"［window. glass + cracklingly + continuously + shatter］'窓ガラスが次々とパリパリと割れた'）が一般的である。一方，使役状態変化表現においては，共イベントの共起率が非常に高い（99.2%）。このうち，VR の V で共イベントを表すものが圧倒的に多く，全体では 94.7%，共イベントが存在する場合では 95.4% に達する。V のスロットには，"敲"（'叩く'），"打"（'打つ'），"摔"（'投げつける'），"砸"（'強く打ち付ける'），"踏"（'踏む'），"踢"（'蹴る'），"拍"（'叩く'）などの動詞がみられ，〈破壊〉という状態を引き起こす手段や原因を表している。このように，中国語では，〈(ガラスの）破壊〉の使役状態変化を表現する際には，〈破壊〉動詞の他動詞用法はまれであり，VR 構造の V で破壊の手段や原因を，後項で結果状態を示すパターンが一般的であると考えられる。[31]

5.4. 〈開放〉

まず，用例の収集方法について述べる。〈開放〉は，変化主体を "门"（'ドア，門'）に限定し，「ドア/門が開く」（自己状態変化）と「ドア/門を開ける」（使役状態変化）を意味する中国語の用例を収集した。その際，検索式を［门开］，［门*开］，［开门］，［开*门］に設定した。［门开］を用いた検索で予想される例は，最も単純なもので "门开了"（'ドアが開いた'，自己状態変化表現）がある。そのほかにも "门" に修飾成分が付加されたものや（例："那扇门" 'あのドア'，"卧室的门" '寝室のドア'，"电梯门" 'エレベータのドア' など），'開く' を意

31　VR 構造が多用されることは，「切断と破壊イベント（cutting and breaking events）」に関する Chen（2007）や「切る・割る」事象に関する洪（2020）などの研究でも指摘されている。

味する動詞として“开”だけではなく“开启”が用いられた，“城堡的门开启了”［castle＋NML＋door＋open$_{\text{Vi}}$＋PFV］（‘城の門が開いた’，自己状態変化表現）といった例も収集された。また，“门”の前に目的語マーカー（OM）である“把”や“将”が使用された処置構文“把门开了”（‘ドアを開けた’，使役状態変化表現）もこの検索式で収集された。検索式内にある“*”は，〈破壊〉の検索式同様，任意の文字列が入ることを意味するが，［门*开］や［开*门］によって収集された例として，例えば，“前堂的门砰的一声开了”［living.room.in.the.front＋NML＋door＋a.bang.sound＋open$_{\text{Vi}}$＋PFV］‘前堂の門がバタンと開いた’や“他开了后花园门”［3SG＋open$_{\text{Vt}}$＋PFV＋back.garden＋door］‘彼は裏庭の門を開けた’がある。［开门］は“开门”（‘ドアを開ける’，使役状態変化表現）のほかに，“开”の前に手段や原因を表す動詞を置いてVR構造にした“撞开门”［hit_open$_{\text{Vi}}$＋door］‘ドアをぶち開ける’がある。しかし，後でみるようにこのタイプの収集用例数は少ない。

上記4種の検索式を用いてヒットした例は全部で8045例であった。この中には，自己状態変化表現と使役状態変化表現の両方が含まれるが，その比率が異なることから，異なる比率でランダムサンプリングを行い，それぞれ500例ずつ抽出することにした。まず，合計から15%をランダムサンプリングし，その中から分析対象になるものとそうでないものを分別した。その結果，使役状態変化表現を688例得た。これを更にランダムサンプリングし，500例を抽出した。一方，自己状態変化表現は先の15%サンプリングした際には200例程度であったため，8045例の40%をランダムサンプリングすることにした。その結果618例を得たため，更にランダムサンプリングを行い，自己状態変化表現500例を抽出し，分析対象とした。なお，〈開放〉以外の事象を表しているもの（例えば，“开门”［open$_{\text{Vt}}$＋door］‘一日の営業を開始する’）は収集対象から外した。

では続いて，コーパスで収集された〈開放〉を表す表現とその分類を，3.2で述べたタイプ別に提示する。〈開放〉で使われるのは，図2と図3が示すように主に【主要部のみ】のタイプであり，ほかに【主要部のみ（状態変化事象部分）】，【主要部外要素のみ】がある。【分割】や【両方】に該当する例は，ランダムサンプリング後の500例にはなかった。以下に共イベントの有無とその種類及びその表示位置を《　》に示しながら例を挙げる。

自己状態変化表現

【主要部のみ】

(29)　小客厅　的　门　开　了，…
small.livingroom NML door open$_{Vi}$ PFV,
小さなリビングルームのドアが開き，…
(茅盾 / 子夜)《共イベントなし》

(30)　忽然　门　砰的一声　开　了，
suddenly door (with) a.bang.sound open$_{Vi}$ PFV
突然ドアがバタンと開いて，
(王小波 / 黑铁时代)《共イベントあり・様態，副詞》

【主要部外要素のみ】

(31)　而后 车房　的　门　滑 开　了。
and garage NML door slide$_{Vi}$_open$_{Vi}$ PFV
そしてキャンピングカーのドアがスライドしながら開いた。
(辛克莱・刘易斯 / 巴比特)《共イベントあり・様態，VR 構造の V》

使役状態変化表現

【主要部のみ】

(32)　我　穿　上　外衣 去 开　门。
1SG put.on_get.attached coat go open$_{Vt}$ door
私はコートを着てドアを開けに行った。
(路遥 / 你怎么也想不到)《共イベントなし》

【主要部のみ（状態変化事象部分）】

(33)　我　用　力　推　门，门　开　了。
1SG use strength push door, door open$_{Vi}$ PFV
私は力を込めてドアを押すと，ドアが開いた。
(莫言 / 蛙)《共イベントあり・手段，前節》

【主要部外要素のみ】

(34)　将 店门　开 开[32]，…
OM shop.door open$_{Vt}$_open$_{Vi}$

[32] VR 構造の V に生起した“开”に open$_{Vt}$ のグロスをあてているが，この“开”は開けよ

店のドアを開けてみたら，…
(蒋光慈/少年飘泊者)《共イベントなし》

(35) 我 终于 敲 开 了 那 扇 门。
1SG finally knock_open$_{Vi}$ PFV that CL door
私はついにあのドアをノックしてそしてドアが開いた。
(张炜/你在高原)《共イベントあり・原因，VR 構造の V》

注目すべきは，使役状態変化表現においても【主要部のみ】が多いことである。この点で〈開放〉はほかの3つの状態変化とは決定的に異なる。

次に，共イベントの有無による変化表示位置の違いに注目する。

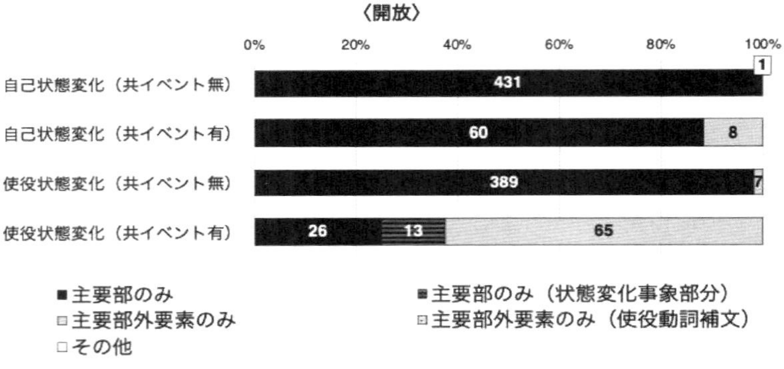

図7：〈開放〉の表現における共イベントの有無と変化表示位置

〈開放〉の使役状態変化表現では，共イベントがある場合，62.5% (65/104 例) が【主要部外要素のみ】である。共イベントなしの場合には【主要部のみ】の割合が圧倒的に高い (98.2%, 389/396 例)。共イベントがある場合に【主要部外要素のみ】の割合が高くなる理由は，〈覚醒〉〈破壊〉で述べてきたように，VR の V で共イベントが表現されれば，状態変化が R，すなわち主要部外要素で表現されるためである。しかし，〈清潔化〉〈覚醒〉〈破壊〉の使役状態変化表現では，【主要部外要素のみ】の割合が 93 ～ 98% であったことと比較すると，〈開放〉の 62.5% は非常に低いといえる。この最大の要因は〈開放〉の使役状態変化表現において共イベントが共起する割合が低いことである。

共イベントの言及率は自己状態変化表現ではたった 13.6% (68/500 例) で

うとする試みを表すものであり，結果を含んでいない。つまり“开”には，状態変化を含意するものと含意しないものがあり，文脈によって判断せざるを得ないことがある。

あり，使役状態変化表現においても 20.8%（104/500 例）と低い。ほかの状態変化表現が，使役状態変化表現においては 93% を超える割合で共イベントが表しているのとは大きく異なる（〈覚醒〉93.0%，〈清潔化〉97.4%，〈破壊〉96.1%）。なぜ，中国語の〈開放〉の状態変化表現には共イベントがあまり言及されないのであろうか。ドアを開けるという行為は手段を言語化する必要性がないということではない。同じように大規模コーパスで数量的研究を行った英語（眞野・古賀・松本（本書））では，(〈開放〉の自己変化表現，使役変化表現の共イベント言及率はいずれも 3 割程度であったとしているが，これはほかの状態変化（例：〈赤色化〉）と比べて高い。[33] 中国語の〈開放〉の共イベント言及率が低い要因については，6.2 で考察する。

6.　考察

この節では，5 節で提示した調査結果をもとに，2.3 で述べた研究課題の（2）語彙レパートリーと状態変化表示位置との関係（6.1），（3）共イベントの有無と変化表示位置との関係（6.2），（4）移動表現の類型と状態変化表現の類型の比較（6.3）を考察する。

6.1.　語彙レパートリーと変化表示位置との関係

今回調査した 4 種の状態変化において，その変化を表現するために通常使用される語彙レパートリー（他動詞か自動詞か，形容詞か）と図 2 と図 3 に示した変化表示位置との関係を参考に，各状態変化概念においてどの表現方法が好まれたかを考察したい。主に使用された語彙の品詞タイプ，及び主要な表示位置は表 4 のようにまとめられる。なお，あまり使用されなかったものは網掛けし，使用された割合が低いものほど濃色で表現する。

---

[33] 眞野・古賀・松本（本書）は，〈開放〉の状態変化表現に共イベント言及率が高い理由を 2 つ挙げている。そのうちの 1 つは，〈(ドアの）開放〉はドアの位置変化すなわち空間移動と関わっているため，移動表現のパターンに類似するのではないか（すなわち，経路主要部外表示型［様態（共イベント）+ 経路］）という点，2 つ目は英語の open が形容詞用法を有するため，結果構文の結果述語として使用されうる，という点である。しかし，中国語の〈(ドアの）開放〉表現の場合，移動表現と同じパターン（経路主要部外表示型）にはならないという点で，〈(ドアの）開放〉を移動と同じような概念化が行われていないといえる。

概念	品詞	主要な状態変化表示位置	
		自己状態変化	使役状態変化
〈清潔化〉	形容詞 （干净，清洁）	【分割（移行主要部）】 （变干净，变得清洁）	【主要部外要素のみ】 （擦干净，弄干净，洗得很干净）
		【分割（結果主要部）】 （干净了，干净起来）	
	他動詞 （清洁）		【主要部のみ】 （清洁牙齿）
〈覚醒〉	自動詞 （醒）	【主要部のみ】 （醒）	【主要部外要素のみ】 （叫醒）
		【主要部外要素のみ】 （冻醒）	
		【両方】 （醒过来）	【主要部外要素のみ】 （让～醒过来）
〈破壊〉	自動詞 （碎，破）	【主要部のみ】 （碎）	【主要部外要素のみ】 （敲碎）
		【主要部外要素のみ】 （摔碎）	【主要部外要素のみ】 （让～碎，打得粉碎）
		【両方】（碎成碴儿，碎掉）	
〈開放〉	自動詞 （开，启开）	【主要部のみ】 （门开）	【主要部外要素のみ】 （推开）
		【主要部外要素のみ】 （滑开）	
	他動詞 （开）		【主要部のみ】 （开门）

表 4：語彙レパートリーと変化表示位置との関係

状態変化のタイプ別に，主に使用された語彙の品詞に注目すると，〈清潔化〉は形容詞，〈覚醒〉と〈破壊〉は自動詞，〈（ドアの）開放〉は自他両用動詞である。[34] まず，自己状態変化の表示位置を品詞別にみると，形容詞（結果状態）

[34] 〈清潔化〉で用いられる他動詞“清洁”“洁净”は，ほぼ翻訳作品に限定され（5.1 参照），〈破壊〉には一部形容詞“烂”が使用される例もあったが，たった 1 例であったということ，また〈（ドアの）開放〉では一部自動詞“开启”（開く）を用いる例が見られたものの，数が少ないということから，ここでは考察の対象にしない。また，“碎”と“破”を自動詞用法に限定

(cf.〈清潔化〉) は，移行を表す別の形態素とともに【分割】で表す。自動詞 (cf.〈覚醒〉と〈破壊〉) は，【主要部のみ】と【主要部外要素のみ】と【両方】の3パターンを有する。ただし，自動詞の中でも違いがみられる。〈覚醒〉の“醒”(‘目を覚ます’) は，【両方】のパターンが最もよく好んで使用され，[35]〈破壊〉の“碎”(‘割れる’) は，【主要部のみ】のパターンがよく使用される傾向がみられた。自他両用動詞“开”(‘開く’) は，【主要部のみ】が好まれる。一方，使役状態変化の表示位置は，〈清潔化〉で用いられた一部の他動詞 (“清洁”) と自他両用動詞 (“开”) が【主要部のみ】を用いるが，そのほかの形容詞や自動詞は，【主要部外要素のみ】でほぼ統一している。

以上のことから，語彙レパートリー (品詞のタイプ) が，状態変化の表示位置を決定づけているといっても過言ではない。また，特によく使用される変化表示位置としては，自己状態変化は【両方】【分割】【主要部のみ】といったようにパターンが豊富であり，使役状態変化はワンパターンであることも注目すべき点であろう。

6.2.　共イベントの有無と変化表示位置の関係

共イベントの有無による変化表示位置の変異を考察する。図8は，自己状態変化と使役状態変化において，共イベントの有無別に4つの状態変化の平均を示したものである。

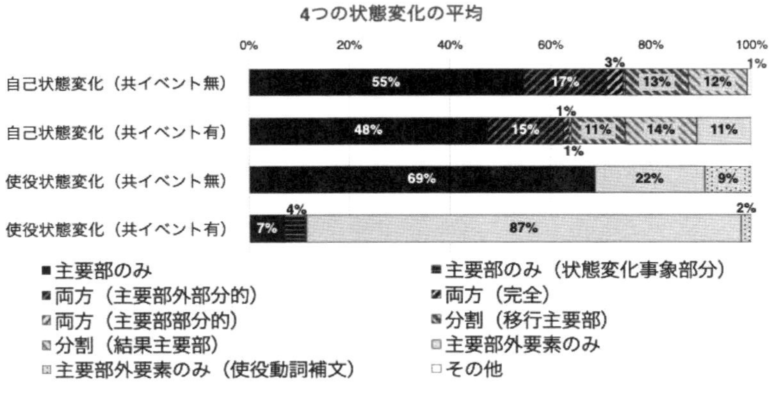

図8：4種の状態変化における共イベントの有無と変化表示位置の関係

する理由については，5.3〈破壊〉を参照のこと。

[35] このようなパターンは「立つ」「座る」といった姿勢の位置変化を伴う状態変化事象 (〈着

特筆すべき特徴としては，自己状態変化表現においては共イベントの有無が表示位置にさほど影響しない，という点である。この点についてはすでに4種すべての状態変化タイプそれぞれの説明で述べてきたことである。ここで，自己状態変化表現における共イベントの表示位置に注目しよう。共イベント（様態，原因）の言及率は全用例数の20.3% であり，その表示位置は副詞が34.4%，前節が44.1%，VR 構造の V がたった10.9% である。[36] 共イベントが副詞や前節で表される場合には，主要部の位置が空いているため，状態変化がそこで表される。VR 構造の V で共イベントが表現される場合には，主要部 V のスロットがすでに埋まってしまうため，状態変化は R もしくは VR 構造全体（いずれも，主要部外要素）で表現される。今回調査を行った4種の自己状態変化については，共イベント言及率がそもそも低いのに加え，共イベントが言及されていても，その多くの表示位置が主要部以外（前節，副詞など）であるために，共イベントがない場合と変わらず，状態変化を主要部で表現することができる。

一方，使役状態変化表現では，そもそも共イベント（使役手段，原因）の言及率が高く，全用例数の77.6% にも及ぶ。共イベントの表示位置は，VR 構造の V に生起しているのが85.4% と大部分を占めている。[37] 先の自己状態変化表現の共イベント表示位置を説明する際にも述べたとおり，VR の V（主要部）の位置で共イベントを表現した場合，状態変化は主要部 V では表現できず，R（非主要部かつ主要部外要素），もしくは VR 構造全体（主要部外要素）で表現することになる。図8において，共イベントがない場合には，【主要部のみ】で表現する割合が高い一方，共イベントがある場合に【主要部外要素のみ】の割合が高くなるのはそうした理由による。ではなぜ，使役状態変化表現では，共イベント言及率が高く，かつ，VR 構造の V で表現する必要があるのだろうか。

これまで述べてきたように，使役状態変化表現において共イベント言及率が高いのは，〈清潔化〉〈覚醒〉〈破壊〉であり，9割以上が共イベントと共起していた。一方，〈開放〉は6割ほどに留まっていた。以下，〈清潔化〉〈覚醒〉

座〉）の表現パターンと類似していることが予想されるが，中国語の状態変化事象のうち，どのような種類のものが【両方】のパターンになるのか，これについては今後の課題とする。

[36] 残りの約10.6% の内訳は以下の通りである。

前置詞句（2.7%），連動文の VP（4.0%），従属節（0.5%），主語（0.0%），その他（3.3%）

[37] 残りの約14.6% の内訳は以下の通りである。

前節（8.4%），副詞（1.3%），前置詞句（2.1%），連動文の VP（0.9%），主語（1.2%），従属節（0.4%），その他（0.2%）

〈破壊〉の共イベント言及率が高い理由と，〈開放〉の共イベント言及率が低い理由を，それぞれ分けて考察する。

まず前者について最も考えられる理由は，〈清潔化〉〈覚醒〉〈破壊〉の表現で主に使用されるのは自動詞や形容詞であり，これ単独では使役状態変化を表すことができないからである。[38] V に共イベント（使役手段や原因）を表す動詞を置いて VR 構造を用いて初めて，使役状態変化を表現できる。[39]

では続いて，中国語の〈開放〉の共イベント言及率が低い理由をここで考察したい。それには様々な要因が考えられる。まず第1に，動詞“开”は自他両用であり，それ自体で使役行為を表せるため，統語的要求のために VR 構造にしなくてもよい。つまり，手段や原因を表す動詞は必要ないわけである。手段欠如依存型の変化主要部表示型である。

2つ目の理由は，述語の音節数（韻律），すなわち“开”と“门”（ドア・門）の音節（韻律）の影響も考えられる。中国語は原則1音節1形態素であり，語は基本的には1文字（単音節）か2文字（二音節）から成る。中国語の［動詞＋目的語］の音節の組み合わせは，［二音節（動詞）＋二音節（目的語）］（例：阅读报纸‘新聞を閲読する’），［単音節（動詞）＋単音節（目的語）］（例：读报‘新聞を読む’）か，［単音節（動詞）＋二音節（目的語）］（例：读报纸‘新聞を読む’）のいずれかであって，［二音節（動詞）＋単音節（目的語）］の組み合わせは成立しづらい（吕叔湘（1963），Lu and Duanmu（2002），周韧（2011: 41））。今回〈開放〉で検索式に用いた目的語は単音節“门”（‘ドア・門’）であることから，［単音節（動詞）＋単音節（目的語）］の組み合わせ，すなわち“开门”が多く，“开”の前に手段や原因を置く VR 構造は，［二音節（複合動詞）＋単音節（目的語）］の組み合わせとなり，避けられる要因になっていると考えられる。それを示す証拠として，数少ない VR 構造の例をみると，“打开园门”（‘公園の門を開く’）のように目的語が二音節になっているものや，“捅开了门”（‘ドアを鍵などで突き刺して開けた’）のように，間に完了相マーカー“了”を挟んだもの，また“撞开门进去了”（‘ドアをぶち開けて入っていった’）といったような動詞連続構文や，“一脚蹬开门，跌跌撞撞地跑了进来”（‘ひと蹴りで

---

[38] このことは，移動の表現に関して，VR の R の位置に生起できるのは経路動詞のみであり，使役移動を表す場合に経路動詞（＝方向補語）の前に使役手段を表す動詞を置いて使役化する（柯理思（2003））ことと類似した現象である（例：“出来”［exit_come］‘出てくる’ → “拿出来”［grab_exit_come］‘取り出す’）。

[39] なお，自己状態変化と使役状態変化によって共イベントの分布が異なるという点では，日本語と英語の結果構文が可能な状態変化表現にも同じような傾向があり（松本・氏家（2024），眞野・古賀・松本（本書）），3言語の共通性がみられる。

ドアを蹴り開けて，あたふたと走って入ってきた’）のように，後方に節や文が続くようなものであった。

3つ目として，“开”の前の動詞スロットには，手段や様態のほか，移動動詞“去”（‘行く’）や“来”（‘来る’）が共起する割合が高いことも挙げておきたい。〈開放〉の使役変化表現の分析対象500例中，“开”の前に動詞が置かれる［V 开］が全部で138例あった。そのうち，Vが“打”（‘手で何等かの動作をする’），“拧”（‘ねじる’），“拔”（‘引き抜く’），“踢”（‘蹴る’），“敲”（‘ノックする’），“叫”（‘叫ぶ’）など手段や原因を表すものが63例，結果を含意しない“开”が7例，そして残りの68例が，“去”（‘行く’），“来”（‘来る’），“出来”（‘出てくる’），“出去”（‘出ていく’），“下去”（‘下りてくる’），“回来”（‘戻ってくる’）といった移動動詞であった。ドアを開けるという行為は，その後人を招き入れたり，自分がドアの向こうの空間に入ったり出たりといった，一連の移動行動のプロセスにある行動であり，ドアへの移動が言語化されるのは自然なことである。それを言語化することによって，“开”の前の動詞スロットは移動動詞で埋まることになり，VR構造にする余裕がないということがわかる。移動動詞と“开”の組み合わせは複合動詞とはみなされず，音節数の制約がないため，“去开门”（‘ドアを開けに行く’）の用例（例（32））は多くみられる。

6.3. 移動表現との比較

2.1でも述べたように，移動表現には自律移動表現と使役移動表現がある。まず，中国語の自律移動表現と，4つの状態変化表現の自己状態変化表現を類型的視点より比較し，続いて，使役移動表現と使役状態変化表現について比較する。

中国語の移動表現，特に自律移動表現においては，経路が第1動詞（主要部）に置かれるパターン（例：进来［enter_come］，上楼去［ascend＋stairs＋go］）と，第2動詞（非主要部）に置かれるパターン（例：走进来［walk_enter_go］，跑上楼去［run_ascend＋upstairs＋go］）の2パターンが許容され，そのどちらでより多く表現するかによって，経路主要部表示型か，経路主要部外表示型かが決定される。ここでは，小説（地の文）を分析対象としたChen and Guo（2009: 1760 table 4）で示されている移動表現のデータをもとに，自律移動表現についての経路主要部表示型と経路主要部外表示型表現の割合と，状態変化表現の変化主要部表示型と変化主要部外表示型の割合を比較したい。

Chen and Guo（2009）の分析対象例全 520 例中,[40] 経路が主要部で表されているものは，［PD］（経路動詞＋直示動詞）が 27 例，［PP］（経路動詞＋経路動詞）が 20 例，［P］（経路動詞単独）が 68 例で計 115 例であり，全体の 22.1%（115/520 例）が経路主要部表示型の表現方法をとっている。一方，経路が非主要部で表されているものは［MPD］（様態動詞＋経路動詞＋直示動詞）が 103 例，［MP］（様態動詞＋経路動詞）が 221 例であり，62.3%（324/520 例）が経路主要部外表示型表現である。[41] また，分析対象のタイプが異なるため直接的な比較にはならないが，ビデオクリップの口述実験（Matsumoto（2025），Kojima（2025））によって明らかになった中国語の自律移動表現の傾向は，経路主要部表示型表現は 14.6% であり，経路主要部外表示型のものは 91.1% であった。これらの結果から，小説の地の文及びビデオクリップ口述実験における自律移動の表現ではいずれも経路主要部外表示型が優勢であることがわかる。[42] 一方，状態変化表現については，本稿のコーパスを用いた調査から，自己状態変化表現では 96.2% が変化主要部表示型（1.4 参照）であることがわかった。この割合だけをみても，移動表現と状態変化表現は大きく異なることがわかる。

共イベントの言及の有無と経路の表示位置との関連で，自律移動表現が経路主要部表示型になるのは，共イベントなし（すなわち様態が言及されていない）

---

[40] Chen and Guo（2009）は，9 編の小説（地の文）の自律移動表現を分析対象としている。当該論文内の［MPD］［PD］［PP］［P］は，様態（M），経路（P），直示（D）が動詞で表されている並び順で表したものであり，［PD］は例えば，"进去"（入っていく）などを表す。彼らは中国語を均等枠づけ言語（equipollently-framed language）とみなしており，様態や経路（＋直示）は均等の立場であって，主要部，非主要部を決められない立場をとっている。

[41] Chen and Guo（2009: 1760 table 4）では［MD］（様態動詞＋直示動詞）が 42 例，［M］（様態動詞）が 35 例，［D］（直示動詞）が 4 例と示されているが，経路が前置詞句など動詞以外で表示されているかどうかの言及がないため，これを経路主要部外表示型にカウントすることはできない。

[42] ラマール（［＝Lamarre］2008b, 2018）は，テレビドラマ作品（話し言葉）と，文学作品の地の文（書き言葉）において使用される自律移動表現の差異を調査し，テレビドラマでは，経路が主要部に置かれるパターン（［経路＋直示］）が，経路が非主要部に置かれるパターン（［様態＋経路］［様態＋経路＋直示］）より圧倒的に多い（93% 対 7%）という結果を示した。その一方，文学作品の地の文は［様態＋経路（＋直示）］が多数を占め（83%），［経路＋直示］がわずか 17% であったという興味深い報告をしている。このことから，話し言葉（dialogue）では，経路主要部表示型が優勢であり，書き言葉（narrative, descriptive）では経路主要部外表示型が好まれるという傾向があると考えられる。

本稿が比較対象として取りあげた Chen and Guo（2009）も，小記の地の文のみを対象としていることから，書きことば的要素が強いことは否めない。状態変化表現について，話しことばと書きことばといった文体がどう表現形式に影響するかについては，今後の課題である。

の場合か，共イベントが言及されている場合でも様態表示位置が副詞である場合に限られる（Kojima（2025））。ビデオクリップ口述実験データにおける自律移動表現では，共イベント（様態）言及率が98.5%であり，そのほとんど(88%）が主動詞で表現されている（よって経路は必然的に主要部外要素になる)。一方，コーパスを用いた自己状態変化表現のデータをみると，共イベントの言及率は20.3%であり，その表示位置は副詞が34.4%，前節が43.6%であり，VR構造のV（主動詞）で共イベントを表す割合がたった10.9%である。共イベントが副詞や前節で表される場合に状態変化が主要部で表され，VR構造のVで共イベントが表現される場合には，主要部外（R, VR）で状態変化が表現されるため，共イベント言及率が低く，かつVRのVで様態が表現される割合が低いことが，変化主要部表示型が優勢である要因になっている。

中国語の使役移動の表現は，徹底した経路主要部外表示型である（柯理思(2003)，Kojima（2025））。使役状態変化表現は，今回のコーパス調査結果によれば，〈開放〉を除いてすべて「変化主要部外表示型」の様相を呈しており，使役移動表現と並行している。共イベントの有無との関連からいえば，使役状態変化表現の共イベント（原因，手段，様態）言及率は77.6%であり，使役移動表現が100%である（cf. Kojima（2025））のとは差がある。この差は一部の自他両用動詞の共イベント言及率の低さを反映している。また，使役状態変化表現の，共イベントに言及するもののうち85.4%がVR構造のVの位置に生起しており，これこそがTalmy（2000）のいう付随要素枠づけ型に相当する。

7. まとめ

以上，コーパスを利用した4種〈清潔化〉〈覚醒〉〈破壊〉〈開放〉の状態変化表現の調査から，中国語の状態変化表現について，類型論的な視点からの考察を試みた。

その結果，上記4つの状態変化の全体的傾向として，自己状態変化表現においては，どの状態変化も主要部で表される割合が高く，「変化主要部表示型」(〈清潔化〉は「変化主要部外表示型」でもある）の様相を示し，使役状態変化表現においては，〈清潔化〉〈覚醒〉〈破壊〉が「変化主要部外表示型」，〈開放〉については，使役手段を述べない，つまり使役手段欠如依存型の「変化主要部表示型」の様相を呈していることがわかった。

移動表現との並行性については，4つの状態変化における自己状態変化表現は，文学作品（地の文）やビデオ実験データからみられた自律移動表現と大きく異なり，使役状態変化表現は，〈開放〉を除いた3種の状態変化〈清潔化〉〈覚醒〉〈破壊〉は，使役移動表現と並行していることがわかった。

今後は状態変化の種類を広げ，〈着座〉〈死〉〈喜悦〉〈（物理的）拡大〉〈赤色化〉〈氷結〉〈温度上昇〉〈改善〉（松本・氏家（2024）参照）といった状態変化事象を表す表現と，今回扱った4種の状態変化の結果が，どの程度一致するのかしないのか，また，語彙レパートリーとの関係について更なる考察をすすめ，日本語や英語といった他言語との比較対照も試みたい。

参考文献

荒川清秀（1982）「中国語の語彙」『講座日本語学12：外国語との対照III』，寺村秀夫他（編），62–84，明治書院，東京.

Cheng, Lisa Lai-Shen and C. T. James Huang (1994) "On the Argument Structure of Resultative Compounds," *In Honor of William Wang: Interdisciplinary Studies on Language and Language Change*, ed. by Matthew Chen and Ovid Tzeng, 187–221, Pyramid Press, Taipei.

Chen, Jidong (2007) "He cut-break the rope Encoding and Categorizing Cutting and Breaking Events in Mandarin," *Cognitive Linguistics* 18(2), 273–285.

Chen, Liang and Jiansheng Guo (2009) "Motion Events in Chinese Novels: Evidence for an Equipollently-framed Language," *Journal of Pragmatics* 41, 1749–1766.

邓宇（2020）「汉语状态变化事件的词汇化类型学实证研究」『外语学刊』2020年第5期，45–51.

杜静·李福印（2015）「施事性状态变化事件的词汇化模式」『语言学研究』2015年第2号，79–91.

杜静・李福印（2016）「存在性状态变化事件的词汇化模式」『外语教学』2016年第1号，15–19.

杜静・李福印（2019）「"破"类动词的多维语义分析」『外语研究』2019年第6期，22–29.

方迪（2018）「现代汉语动趋式的显赫性及扩张效应」『世界汉语教学』2018年第2期，第32卷，229–240.

高顺全（2005）「复合趋向补语引申用法的语义解释」『汉语学习』2005年第1期，56–61.

Gu, Yang (1992) *The Syntax of Resultative and Causative Compounds in Chinese*, Doctoral dissertation, Cornell University.

洪春子（2020）「日韓中の「切る・割る」事象における語彙カテゴリー化の対照研究」『言語研究』第158号，63–89.

石村広（2011）『中国語結果構文の研究 ― 動詞連続構造の観点から ―』白帝社，東京.

木村英樹（2000）「中国語ヴォイスの構造化とカテゴリ化」『中国語学』247 号，19-39.

Kojima, Miyuki（2025）“Motion event descriptions in Mandarin Chinese,” *Motion Event Descriptions across Languages, Vol 1: Case Studies of Linguistic Representations of Motion*, ed. by Yo Matsumoto, 549-588, De Gruyter Mouton, Berlin.

柯里思 [Lamarre]（2003）「汉语空间位移事件的语言表达—兼论述趋式的几个问题」『現代中国語研究』2003 年第 5 期，1-18.

Lamarre, Christine（2008a）“The Linguistic Categorization of Deictic Direction in Chinese—with Reference to Japanese,” *Space in Language of China: Cross-linguistic, Synchronic and Diachronic Perspectives*, ed. by Dan Xu, 69-97, Springer, New York.

ラマール，クリスティーン（2008b）「中国語の位置変化文とヴォイス」『ヴォイスの対照研究—東アジア諸語からの視点』，生越直樹・木村英樹・鷲尾龍一（編），109-142，くろしお出版，東京.

Lamarre, Christine（2017）「中国語の移動表現」『移動表現の類型論』，松本曜（編），95-128，くろしお出版，東京.

Lamarre, Christine（2018）“Some Well-known and Less-known Facts about Chinese Motion Events,” *Seminar on Linguistic Typology and the Expression of Motion Events*, 22-23.

李临定（1984）「究竟哪个“补”哪个？—“动补”格关系再议」『汉语学习』1984 年第 2 期，1-10.

李家春（2022）「致使性状态变化事件汉英翻译过程中的因果链接合与切分策略」『外语与外语教学』2022 年第 4 期，12-25.

李家春・邓宇（2021）「汉英致使性状态变化事件的方式突显性差异及其动因」『现代外语』2021 年第 6 期，754-766.

Li, Yafei（1990）“On V-V Compounds in Chinese,” *Natural Language and Linguistic Theory* 8(2), 177-207.

Li, Yafei（1993）“Structural Heads and Aspectuality,” *Language* 69(3), 480-504.

Li, Yafei（1995）“The Thematic Hierarchy and Causativity,” *Natural Language and Linguistic Theory* 13(2), 255-282.

刘月华（1998）『趋向补语通释』北京言語文化大学出版社，北京.

刘月华・潘文娱・故铧（2019）『实用现代汉语语法（第三版）』商务印书馆，北京.

Lu, Bingfu and San Duanmu（2002）“Rhythm and Syntax in Chinese: A Case Study,” *Journal of the Chinese Language Teacher Association* 37(2), 123-136.

Lu, John H-T.（1977）“Resultative Verb Compounds vs. Directional Verb Compounds in Mandarin,” *Journal of Chinese Linguistics* 5(2), 276-313.

吕叔湘（1999）『现代汉语八百词（增订本）』商务印书馆，北京.

吕晓军（2007）「汉语趋向动词“起来”的多义性认知研究」『中南民族大学学报（人文社会科学版）』2007 年 6 月第 27 卷，138-139.

丸尾誠（2014）『現代中国語方向補語の研究』白帝社，東京.

丸尾誠（2017）「中国語の結果補語“掉”の用法について―完遂義を中心に―」『言語文化論集』第 38 巻第 2 号，47-60，名古屋大学大学院国際言語文化研究科.

松本曜（2017）「移動表現の類型に関する課題」『移動表現の類型論』，松本曜（編），1-24，くろしお出版，東京.

Matsumoto, Yo（2003）“Typologies of lexicalization Patterns and Event Integration: Clarifications and Reformulations,” *Empirical and Theoretical Investigations into Language: A Festschrift for Masaru Kajita*, ed. by Shuji Chiba et al., 403-418, Kaitakusha, Tokyo.

Matsumoto, Yo（2020）“Neutral and Specialized Path Coding: Toward a New Typology of *Path*-coding Devices and Languages,” *Broader Perspectives on Motion Event Descriptions*, ed. by Yo Matsumoto and Kazuhiro Kawachi, John Benjamins, Amsterdam.

Matsumoto, Yo（2025）“Introduction: NINJAL Project on Motion Event Descriptions across Languages（MEDAL）,” *Motion Event Descriptions across Languages, Vol 1: Case Studies of Linguistic Representation of Motion*, ed. by Yo Matsumoto, 1-52, De Gruyter Mouton, Berlin.

松本曜・氏家啓吾（2024）「日本語における状態変化の表現―認知的類型論の数量的研究―」『言語研究』第 166 号，29-57.

马希文（1987）「与动结式动词有关的某些句式」『中国语文』1987 年第 6 期，424-441.

马庆株（1997）「V 来/去”与现代汉语动词的主观范畴」『语文研究』1997 年第 3 期，26-22 & 60.

马玉汴（2005）「趋向动词的认知分析」『汉语学习』2005 年第 6 期，34-39.

马真・陆俭明（1997）「形容词作结果补语情况考察（一）」『汉语学习』1997 年第 1 期 3-7.

木村英樹（1997）「‘变化’和‘动作’」『橋本萬太郎記念中国語論集』，余靄芹・遠藤光暁（編），185-197，内山書店，東京.

倪涛（2022）「论状态变化事件的概念及类型」『通化师范学院学报』2022 年第 5 期，50-54.

朴奎容（2000）「谈“V 掉”中“掉”的意义」『汉语学习』2000 年第 5 号，12-14.

沈家煊（1997）「形容词句法功能的标记模式」『中国语文』1997 年第 4 期，242-250.

沈家煊（2003）「现代汉语“动补结构”的类型学考察」『世界汉语教学』2003 年第 3 期，17-23.

沈力（1993）「关于汉语结果复合动词中参项结构的问题」『语文研究』1993 年第 3 期，12-21.

石慧敏（2011）『汉语动结式的整合与历时演变』复旦大学出版社，上海.

Shi, Wenlei and Wu, Yicheng（2014）“Which Way to Move: The Evolution of Motion Expressions in Chinese,” *Linguistics* 52(5), 1237-1292.

Slobin, Dan I.（2004）“The Many Ways to Search for a Frog,” *Relating Events in Narrative, Vol. 2: Typological and Contextual Perspectives*, ed. by In Sven

Strömqvist and Ludo Verhoven, 219–257, Laurence Erlbaum Associates, New Jersey / London.

Sybesma, Rint（1999）*The Mandarin VP*, Springer Science & Business Media Dordrecht, Berlin.

杉村博文・木村英樹編（1995）『文法講義―朱徳熙教授の中国語文法要説』白帝社，東京．

Tai, James H-Y.（1984）"Verbs and Times in Chinese: Vendler's Four Categories," *Papers from the Parasession on Lexical Semantics of the Twentieth Regional Meeting of the Chicago Linguistic Society*, ed. by Joseph Drogo, Veena Mishra and David Testen, 289–296.

Tai, James H-Y.（2003）"Cognitive Relativism: Resultative Construction in Chinese," *Language and Linguistics* 4(2), 301–316.

Talmy, Leonard（1991）"Path to Realization: A Typology of Event Conflation," *Proceedings of the Seventeenth Annual Meeting of the Berkeley Linguistics Society,* 17, 480–519.

Talmy, Leonard（2000）*Toward a Cognitive Semantics, Vol. 2: Typology and Process in Concept Structuring*, MIT Press, Cambridge, MA.

王玲玲（2001）『漢語的動結結構句法與語意研究』香港理工大学博士論文．

王宜广（2016）『现代汉语动趋式的语义框架及其扩展路径研究』中国社会科学出版社，北京．

徐丹（2005）「谈“破”―汉语某些动词的类型转变」『中国语文』2005 年第 4 期，333–340.

袁毓林（2000）「述结式的结构和意义的不平衡性」『现代中国语研究』2000 年第 1 期，49–61.

中国社会科学院语言研究所词典编辑室（编）（2016）『现代汉语词典（第 7 版）』商务印书馆，北京．

张伯江（1998）「论汉语“把”字句的句法隐喻」首届汉语语言国际学术讨论会提交论文．

张伯江（2016）『从施受关系到句式语义』学林出版社，上海．

张国宪（1995）「现代汉语的动态形容词」『中国語文』1995 年第 3 期，221–228.

周红（2019）『汉语动趋式的认知语义研究』上海人民出版社，上海．

周韧（2011）『现代汉语韵律与语法的互动关系研究』商务印书馆，北京．

周卫东（2019）「“A 起来”组合的选择限制及其认知理据」『汉语学习』2019 年第 4 期，103–112.

朱德熙（1982）『语法讲义』商务印书馆，北京．

第 4 章

ネワール語の状態変化表現*

松瀬 育子
ネワール言語文化研究所

1. はじめに

空間移動表現の類型論的研究はこれまで一定数蓄積されてきている一方で，状態変化表現についての体系的・数量的な研究はごくわずかである（松本・氏家（2024）を参照）。このような状況において，本研究はネワール語の状態変化表現の数量的研究を試みる。数量的研究の試みと言っても，ネワール語にはコーパスが存在しないため，本稿では 31 の文献を基に「私家版ネワール語データベース」を作成し，松本・氏家（2024）に示された 12 の状態変化の表現に使われる動詞および形容詞を収集・分類する。また，文中における状態変化の表現位置やその位置の変異の要因等を含めて，表現パターンの特徴を記述する。さらに，Matsuse（2025）で示された移動表現の数量的研究との比較を行う。

本稿の構成は以下のようになる。2.1 節で，12 の状態変化表現に関わるネワール語のデータベースをどのように作成したか，その手順と経緯を述べる。2.2 節で考察の前提となるネワール語の動詞の活用形と形容詞の関係についてあらましを述べる。3 節では，観察した状態変化表現の内訳と分類の結果をグラフで提示し，4 節で状態変化表現全体の位置別割合をグラフで示す。5 節で，12 の状態変化表現のうち，6 つの状態変化の表現を取り上げて，それらの状

* 本研究は科研費共同研究（19H01264）「空間移動と状態変化の表現の並行性に関する統一的通言語的研究」（研究代表者：松本曜）および国立国語研究所共同研究「述語の意味と文法に関する実証的類型論」（研究リーダー：松本曜）の研究成果の一部である。本稿執筆の過程で編者（松本曜氏，氏家敬吾氏）と共同研究メンバーの方々から様々な助言や示唆をいただき，グラフの作成にもお力添えいただいた。また，多くの物語をテキスト化する作業において，コンサルタントであるアンジャナ・サキャ氏にご協力いただいた。ここに記して感謝申し上げる。本稿に残る誤りや不備はすべて筆者の責任である。

態変化動詞と形容詞の特徴を整理し，状態変化が【主要部のみ】で表されるか否かについて何が起因しているのかを考察する。6節でネワール語の移動表現と比較し，7節をまとめとする。本稿末に12の状態変化表現の一覧，形容詞一覧，データベースの基となる文献一覧を添付資料1，添付資料2，添付資料3として掲げる。

2節に入る前にネワール語の大まかな言語特徴を述べ，状態変化を表す典型的な表現を示す。ネワール語は，シナ・チベット語族，チベット・ビルマ語派に属し，ネパールのカトマンズ盆地に先住するネワール族によって話される現地語である。首都のカトマンズもこの盆地にあり，公用語であるネパール語はインド・ヨーロッパ語族，インド・アーリア語派に属す。ネワール語の話者数は2011年の国勢調査で846,557人となっている。

ネワール語の形態・統語的特徴として，SOV語順，後置詞型，能格型構文パターンを示すことが挙げられる。名詞句に関しては，類別詞が多く，また，前置される修飾表現と主名詞の間に有生性を反映する名詞化辞が置かれる。動詞句に関しては，話者の意図的動作かそうでないかが動詞の活用形で区別される（動詞の活用については2.2節を参照）。複合動詞のほか，日本語のテ形接続に似た動詞連鎖が頻繁に使用される。この他，オノマトペ表現も多く存在する。

状態変化を表す典型的な表現は（1）に挙げられる。

（1）a. *wa anã: tũ* ***sit-a***.
3SG there EMP die-NFD
彼女はまさにそこで死んだ。（悪人）

b. *ale nibhā:-nã: phachĩ: pha-kwa*
then the.sun-ERG as.much.as.possible.EMP be.able.SH-much
tā̃:nwae-ka nibhā: twae-kal-a.
become.hot-ASSOC sunlight shine-CAUS-NFD
そして太陽はできる限り熱く光を照らした。（ヘイル）

c. *tagwa:-gu sisi cha-ga:* ***yecu-kka sil-ā:***
big.round-ADN bottle one-CLF be.clean-ASSOC wash-NF
saphā yāye *mā:*.
clean do.FC need.ST
大きなビンをひとつきれいに洗って，清潔にしなければならない。（会話）

（1a）では主要部（主動詞）*sit-a*（死んだ）によって自己状態変化の〈死亡〉が

成立したことが表されている。(1b）では主要部外要素である *tā̃nwae-ka*（熱く）と主要部 *twae-kal-a*（照らした）によって使役状態変化の〈温度上昇〉の様子が表され，主語の *nibhā:*（太陽）も熱源として解される（「北風と太陽」のネワール語版）。さらに（1c）では，〈清潔化〉の使役状態変化の成立が従属節と主節の両方で描かれている。従属節内の主動詞は〈清潔化〉を目的とする行為を表す動作動詞 *sil-ā:*（洗って）であり，主節の主動詞には「する」に相当する代動詞 *yāye* が使われ，共に結果状態は主要部外の要素で表されている。次節以降，12 の概念領域における状態変化表現について，ネワール語の動詞・形容詞がどのような特徴を示すのかを記述し，状態変化の表現位置を数量的に明らかにする。

2.　調査方法およびネワール語の動詞活用形・形容詞

2.1.　ネワール語のデータ収集の手順

12 の状態変化の言語表現を調査する方法として次の手順を踏んだ。

1)　ネワール語にはコーパスがないため，筆者が 1998 年から 2022 年までに収集した 31 の文献（添付資料 3）をデータベース化する途上にある（まだ検索可能な状態には至っていない）。31 の文献のうち，28 はネワール語母語話者によってデバナガリ文字で書かれたもの，あるいはネワール語で語られたものの書き起こしである。残りの 3 つの文献のうち，2 つは日本人によるもので，「ネワール語基本動詞用例集」（2000 年刊行，220 頁）と「話せるネワール語会話」（2004 年刊行，寺西芳輝（著）157 頁　国際語学社）である。「ネワール語基本動詞用例集」は文部省科学研究助成金萌芽研究「日・ネワール語対照述語の研究」（課題番号 09871082）の報告書であり（申請書の代表者：松瀬育子，報告書の代表者：桐生和幸），用例はデバナガリ文字で書かれ，その下にアルファベット表記，英語のグロス，日本語訳がある。用例は全て native のチェックを受けている。他方，「話せるネワール語会話」は文型練習用に出版されたものであるが，本研究の対象となる部分は native による巻末の寄稿文である。さらに，もうひとつの非母語話者による文献は，英文で書かれた文法書 Hale and Shrestha（2006）であり，豊富な用例のほとんどがネワール語の物語から取られ，アルファベット文字で綴られて英語のグロスと英語訳が付いている。本研究では，物語の用例のみを分析対象としている。

2)　ネワール語母語話者によって書かれた物語，エッセー，教科書テキスト，そしてインタビューの記録を含む 28 編は，原文（図 1）を図 2 のように，デバナガリ表記をアルファベットに書き換えて英語のグロスと日本語訳を付け，個々のテキストとして保存している。

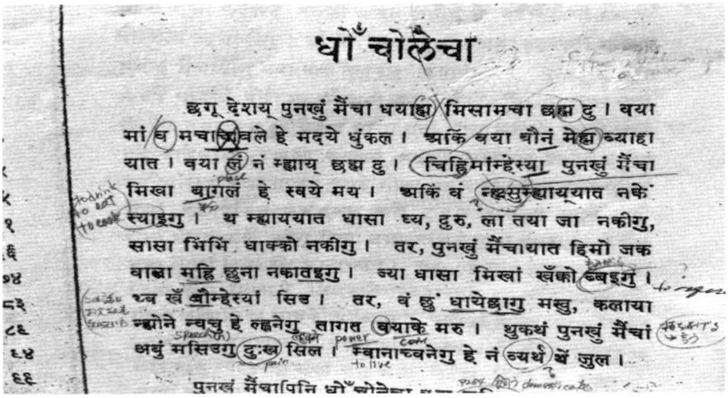
धौँ चोलेचा

छगू देशय् पुनखुं मैंचा धयाह्म मिसामचा छह्म दु । वया
मां व मचाचावले हे मदये धुंकल । अकिं वया बौनं मेह्म ब्याहा
यात । वया लं नं म्ह्याय् छह्म दु । चिह्निमांम्हेस्या पुनखुं मैंचा
मिखा बागलं हे स्वये मय । अकिं वं न्ह्यसुम्ह्याय्यात नके
स्याइगु । थ म्ह्याय्यात धासा घ्य, दुरु, ला तया जा नकीगु,
सासा भिंभिं धाक्को नकीगु । तर, पुनखुं मैंचायात हिमो जक
वाबा महि छुना नकातइगु । न्या धासा मिखां खँको ब्वइगु ।
थ्व खँ बौम्हेस्यां सिउ । तर, वं छुं धायेछ्यागु मखु, कलाया
म्होने न्वचु हे ल्हनेगु तागत बयाके मरु । शुकथं पुनखुं मैंचां
अबुं मसिउगु दुःख सिल । म्वानाच्वनेगु हे नं व्यर्थ थें जुल ।

図 1：物語「*dhwã:-cwalecā* (Great Goat)」の原文の冒頭部分

dhwã:-cwalecā (Great Goat, ジャッカル–雌山羊)

〈1 節〉

cha-gu: des-e punakhũ: maĩ:cā dhāy-ā-mha misā-macā cha-mha
one-CLF country-LOC Punakhun Mainca say-NFC-ADN girl-child one-CLF
du. wa-yā mã: wa macā-cā-bale he ma-daye dhũ:kal-a.
exist.ST 3SG-GEN mother 3SG child-DIM-when EMP NEG-exist.INF finish-NFD
akĩ: wa-yā bau-nã: me-mha byāhā yāt-a. wa-yā-lã:
therefore 3SG-GEN father-ERG other-NMLZ marriage do-NFD 3SG-GEN-from
nã: mhyāe cha-mha du.
also daughter one-CLF exist.ST
ある国に，プンク・マインチャという女の子がいた。彼女のお母さんは，彼女がほんの小さいときに死んでしまった。それでお父さんは他の人と結婚した。その人のところにも娘が 1 人いた。

図 2：「*dhwã:-cwalecā* (Great Goat)」の冒頭部分のテキスト化

いまだ検索可能な状況には至ってないが，本研究での該当動詞・形容詞は目視で探して印をつけた。この保存されたテキストとは別に，12 の状態変化の表現の該当箇所がわかるように，「ネワール語の状態変化の表現：31 文献別動詞・形容詞リスト」を作成した。この文献別動詞・形容詞リストの冒頭に，12 の状態変化の表現一覧（添付資料 1 と同じもの）を載せ，その後ろに個々の文献での 12 の状態変化の動詞・形容詞を含む文と日本語訳を転記した。このように，本研究での用例の収集には「前時代的な手法」を用いたので，コーパスによる手法に比べて数量がはるかに少ないが，現在のところ最善と思われる。
3)　調査対象となる 12 の状態変化は，松本・氏家（2024）に従い，次の通りである。

> 生命〈死亡〉，姿勢〈着座〉，意識〈覚醒〉，感情〈喜悦〉，形状・大きさ〈(物理的) 拡大〉，色〈赤色化〉，統合性〈(物理的) 破壊〉，相〈氷結〉，温度〈温度上昇〉，開閉〈(ドアの) 開放〉，衛生状態〈清潔化〉，評価〈改善〉

以下では，これらの状態変化を表す表現（動詞，形容詞，イディオムなど）を数量的に示した。数量的に示す際の下位区分は，この後の 5）に示す通りである。
4)　見つかった全ての表現が分析対象となるわけではない。すなわち，本研究では「該当する領域の状態変化を表す表現のみ」を数量的に示した。例えば，*mata sit-a*（火 死ぬ -NFD）の場合，*siye*（死ぬ）が使われていても意味的には「火が消えた」を表すことから，この場合の *siye* は除いた。また，*jiye*（良くなる）であっても，動詞の「状態形」で評価を表している場合は状態変化を表していないものと見なして除いた。[1] ただし，状態形であっても，従属節内の動詞は状態変化を表すので分析対象とした。その結果，12 の状態変化を表す表現の合計は 537 語（トークン数）である。
5)　これら 537 語の表現を対象に，状態変化が表示されている位置について，松本・氏家（2024），氏家・松本（本書）に従って，【主要部のみ】，【主要部のみ（身体部位・尺度)】，【主要部外のみ】，【(主要部と主要部外要素の）両方】，【分割】，【間接的表現・主要部】，【間接的表現・その他】の 7 種に分類した。[2]〈死亡〉を表す動詞のうち，否定辞を含むものは【間接的表現・その他】に入れた。また，ネワール語の形容詞には，動詞のように振る舞う形容詞（動詞的形容詞）があり，本研究では 7 語（トークン数）が見つかった。これらを「形容詞語根のできごと派生形」と名付けて【主要部のみ】に入れた。*yecul-a*（きれ

---

[1] 動詞の状態形については 2.2 節で取り上げる。

[2] 氏家・松本（本書）によれば，【主要部のみ】は文の主要部をなす動詞で状態変化（移行と結果状態の両方）が表される場合を指す。【主要部外のみ】は，「きれいに掃除する」のような文の「きれいに」が結果状態を表し，「掃除する」は【メトニミー的推論のみ】に区分される。【(主要部と主要部外要素の）両方】は「粉々に砕く」のように，主動詞と結果句の両方で状態変化が表される場合を指し，【分割】では代動詞 *juye* が状態変化の移行を表すが，結果状態はそれ以外の要素によって表されるものを指す。【間接的表現・主要部】と【間接的表現・その他】はメトニミー・メタファーによって状態変化が表されるものを指す。

い -NFD）の 2 語，*sucul-a*（きれい -NFD）の 2 語，*nhyāipul-a*（嬉しい -NFD）の 3 語である（2.2 節を参照）。[3] さらに，【メトニミー的推論のみ】（= 松本・氏家（2024）の【共イベントによる推論のみ】）の区分が必要な際にはそのように表示した。

2.2. 状態変化動詞の活用形と形容詞

この 2.2 節では，以降の記述に深く関わる動詞の活用形と形容詞の関係についてあらましを述べる。

ネワール語の動詞を論じる際にまず挙げられる点は conjunct/disjunct という活用区分である。この区分にはテンス・アスペクト・証拠性の概念が関わり，conjunct 系列は 1 人称主語の意図的動作（疑問文であれば 2 人称主語の意図的動作）を表す場合に使われ，disjunct 系列はそれ以外で用いられる。3 人称主語の意図的動作や非意図的な変化動詞の場合は disjunct 形が使われる（Hale（1980），Hargreaves（2005），Hale and Shrestha（2006）等を参照）。

状態変化動詞の数量的表れを観察する本研究においては，ほとんどの場合，自己状態変化で非意図的な主語，使役状態変化で 3 人称主語が使われる。そのため conjunct 形が現れるのはまれであり，本節では disjunct 形を前提にした説明を行う。

状態変化動詞を扱う場合に重要となる活用形の区分は，NFD（Non-future disjunct）と FD（Future disjunct），それに ST（Stative 状態形）と呼ばれるものである。ネワール語のテンスは「非未来・未来」で分けられる。自己状態変化を表す動詞のうち *siye*（死ぬ），*laetāye*（喜ぶ）を例にして NFD，FD，ST（状態形）の活用を表 1 に記す。

動詞＼活用形	NFD（非未来形）	FD（未来形）	ST（状態形）[4]
死ぬ *siye*	*sit-a*	*si-i*	*si:*
喜ぶ *laetā*ye	*laetāl*-a	*laetā-i*	*laetā:*

表 1：自己状態変化動詞の活用形

非未来形，未来形，状態形は全ての動詞にあり，非未来形と未来形は出来事的（eventive）に事象を描く。一方，状態形は動作動詞であれば動作の反復等

[3] 略語 NFD についても 2.2 節を参照されたい。

[4] 状態形は動詞語根の無標形というのではなく，長音記号 /:/ が付く。長音記号で終わる語は「後ろに何も付かない」というのではなく，隠れた子音が現れることがある。例えば，*lhā:*（手）に所格が付くと *lhāt-i* と /t/ 音が現れる。

を表し，状態変化動詞であれば変化後の状態を表し，また変化を意識しない「単なる状態」も表し，状態的（stative）な働きをする（Malla (1985)）。ところが，従属節や埋め込み節では状態形が変化の成立も表すという面を持ち，両面的である。*laetāye*（喜ぶ）の例で見てみよう。

（2）a. *marhi chun-ā taː-gu khan-āː ipĩː* ***laetāl-a.***
chapati bake-CM put.ST-NMLZ see-NF 3PL rejoice-NFD
チャパティを焼いてあるのを見て彼らは喜んだ。（山羊）

b. *nhuː-mha mā̃ː dat-a dhakāː masta nãː* ***laetāː.***
new-ADN mother exist-NFD QUOT children also rejoice.ST
新しいお母さんができたと子供たちも喜んでいる。（穴）

c. *kāe-yā-gu thwa camatkār khan-āː mā̃ː-mha*
SON-GEN-ADN this magic see-NF mother-AD
laetā̃ː*-gu uli-thuli he ma-du.*
rejoice.ST-NMLZ that.much-this.much EMP NEG-exist.ST
息子のこのマジックを見て，お母さんが喜んだのが尋常でなかった。（耳）

（2a）は喜悦が成立したという状態変化を NFD で表しているが，（2b）では喜悦が成立してその状態が継続していることを状態形で表している。（2c）は埋め込み節の中で状態形が使われているが，喜悦の状態変化が成立したことを表している。このように，状態変化動詞の状態形は状態だけでなく，変化の成立も表す。状態変化動詞自体が変化と状態を表し分ける仕組みを持つと言える。厳密にいえば，ネワール語には状態変化動詞のみがあって状態動詞がなく，状態は状態変化動詞の状態形で表される。

状態変化の成立は形容詞からの派生形によっても表される。ネワール語では，状態変化動詞と形容詞が密接な関係にある。上の（2b）で見たように，状態変化動詞の状態形が形容詞のように働く一方で，形容詞の一下位区分である「動詞的形容詞」が状態変化動詞の NFD 形で用いられる。（3）の *yecu* は clean（きれい）を表す形容詞であるが，状態変化動詞のようにも活用する（3a）。さらに，使役化接辞 *-k* が後続して使役状態変化を表す（3b）。本研究では，2.1 節 5）で述べたように，（3a）のように働くものを「形容詞語根のできごと派生形」として擬似的な状態変化動詞と見なし，*yecul-a*（きれいになった），*sucul-a*（きれいになった），*nhyāipul-a*（嬉しくなった）を【主要部のみ】に入れる。

(3) a. *wā wa:-gulĩ: lã: **yecul-a.***
rain come.ST-because road be.clean-NFD
雨が降ったので道がきれいになった。(用語)

b. *milã̃ lakhã cwaek-ā: chẽ nhya:-ne **yecu-kal-a.***
Mila.ERG water pour-NF house front-LOC be.clean-CAUS-NFD
ミラは水を流して，家の前をきれいにした。(用語)

ネワール語の形容詞は「単純形容詞」「名詞的形容詞」「動詞的形容詞」に分けられ，動詞的形容詞以外は活用しない。(3) のように動詞的に振る舞う動詞的形容詞は語末が *-u/-ũ:* 音で終わる語で構成される (Kiryu (2011)，松瀬 (2016))。その一覧は 5.5 節の (14) に挙げられる。Dixon (2004) の意味的区分の Color, Physical property, Human propensity, Difficulty 等が動詞的形容詞で表される。なお，名詞的形容詞については，5.4 節の〈拡大〉の箇所で取り上げる。また単純形容詞は，本研究の状態変化と強く結びつくわけではないことから個別には取り上げないが，添付資料 2 に挙げる。

3. 調査表現 (537 トークン数) の内訳

集めた総表現数 (トークン数) は 537 (自己状態変化 389，使役状態変化 148) である。これらの表現の一覧は添付資料 1 として本稿末に挙げた。

自己状態変化 389：【主要部のみ】270 (このうち【身体部位・尺度】2，動詞的形容詞語根のできごと派生形 7)，【主要部外のみ】1，【両方】0，【分割】59，【間接・主要部】30，【間接・その他】29

使役状態変化 148：【主要部のみ】97，【主要部外のみ】31，【両方】8，【分割】0，【間接・主要部】8，【間接・その他】4

自己状態変化表現の数が使役状態変化表現の数より多いのは，日本語に似て，ネワール語も「自動詞ベース，非他動的 (自動的) 表現のほうが好まれるため」と思われる (松瀬 (2015)，ナロック・パルデシ・赤瀬川 (2015))。[5]

ここでは全ての動詞を 7 種の表現位置に振り分け，自己状態変化の分布を図 3 に，使役状態変化の分布を図 4 に示す。

[5] 「自動詞ベース」は，無標な自動詞表現を基本として，他動詞表現が接辞の付加や音韻交替によって有標的に表示される自他交替のパターンを指す。このパターンでは短くコード化された自動詞表現が基本となり多数を占める (ナロック・パルデシ・赤瀬川 (2015))。

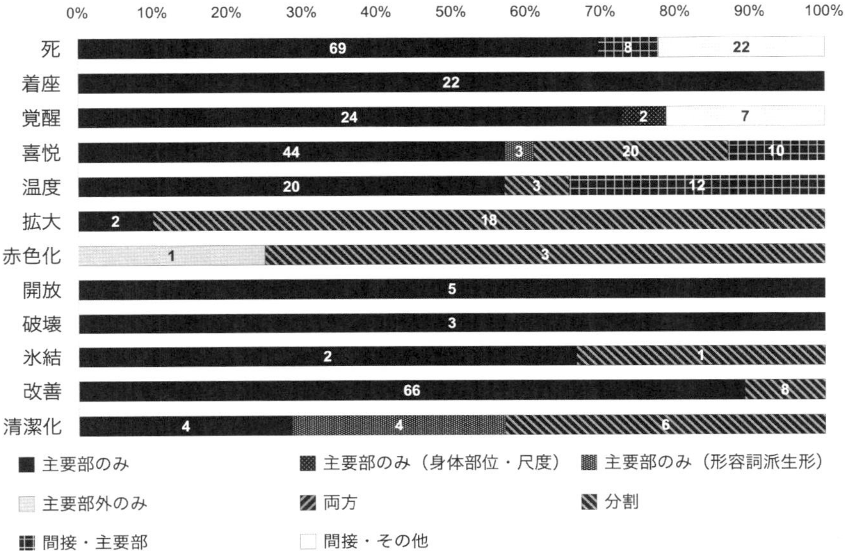

図 3：各種の自己状態変化表現（389）の位置別頻度

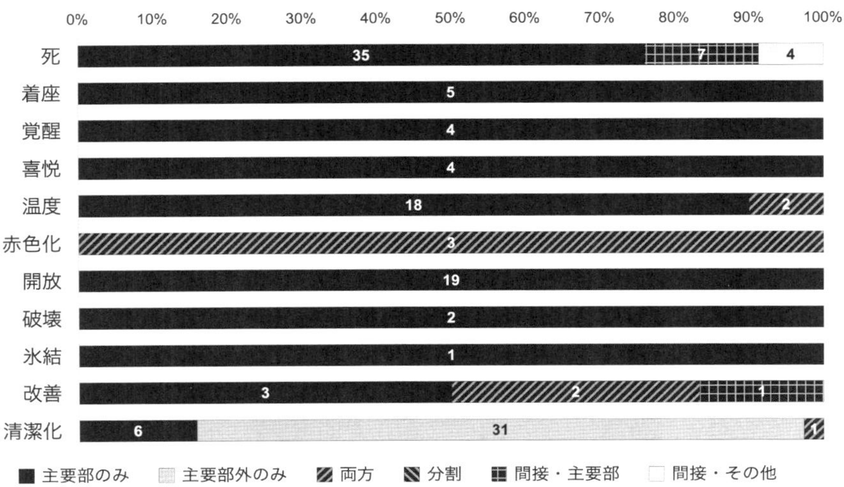

図 4：各種の使役状態変化表現（148）の位置別頻度

図 3 の自己状態変化表現を見ると，【主要部のみ】が〈赤色化〉を除くどの概念領域にもあるが，100% を示す〈着座〉〈開放〉〈破壊〉から 10.0% を示

す〈拡大〉まで程度差がある。【主要部外のみ】は〈赤色化〉にのみ1例見つかっている。【分割】は7つの状態変化に存在し，【主要部のみ】と共に多くの状態変化の表現に見られる。一方，【両方】は出現していない。また，【間接・主要部】は〈死亡〉〈喜悦〉〈温度上昇〉に現れ，メトニミー・メタファー表現が一定数使われていることが予想される。【間接・その他】の29は，否定辞 *ma-* を伴って〈死亡〉を表す *ma-daye*（否定辞-いる），*ma-mwāye*（否定辞-生きる）の22語と，〈覚醒〉を表す *nhyalã: cāye*（眠り（ABL）感じる）の7語から成りたっている。

自己状態変化表現のうち，〈赤色化〉が【主要部のみ】，【主要部外のみ】の分布において，他の状態変化とは異なる様相を見せるが，用例数が4例と少ない。

他方，図4の使役状態変化表現の分布は，図3の自己状態変化表現の分布と大きく異なっている。まず，〈拡大〉に使役状態変化表現がなく，11の使役状態変化の分布になっている。使役状態変化では【主要部のみ】への偏りが顕著となり，6つの状態変化で100%を示すが，〈赤色化〉がゼロを示し，〈清潔化〉も6/38の低さとなっている。また，【両方】が自己状態変化表現にはなかったが，使役状態変化では〈温度上昇〉〈赤色化〉〈改善〉〈清潔化〉で8例出現している。さらに，自己状態変化表現では7つの状態変化にあった【分割】が使役状態変化ではゼロになっている。興味深いことに，〈清潔化〉の分布は〈赤色化〉を除く他の9つの使役状態変化とも大きく異なっていて，【主要部のみ】の6例に対して【主要部外のみ】で31例を示す点が目を引く。

4. 調査結果の全体像と割合

自己状態変化表現と使役状態変化表現の位置別分布の数字は，3節の初めに示した通りであるが，グラフ化すると全体の位置別割合が図5のようになる。

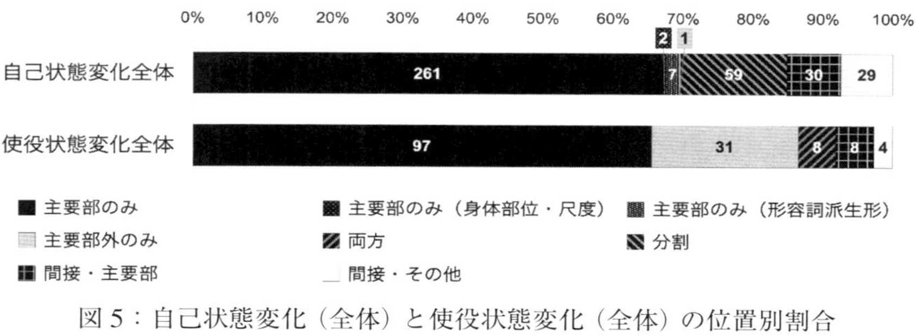

図5：自己状態変化（全体）と使役状態変化（全体）の位置別割合

自己状態変化全体では【主要部のみ】がもっとも多く，270/389 で 69.4% を占める。2 番目に多いのが【分割】で，59/389，15.2% を示す。その次が【間接・主要部】で 30/389，7.7% となる。【間接・その他】がこれに続き，29/389 の 7.5% を示す。【主要部外のみ】が 5 番目で 1/389，0.3% あり，【両方】はゼロである。

他方，使役状態変化全体では，【主要部のみ】が 97/148 で 65.6% を占める。2 番目が【主要部外のみ】で，31/148，20.9% である。【両方】と【間接・主要部】が 3 番目に続き，それぞれ 8/148，5.4% を示す。5 番目が【間接・その他】で，4/148，2.7% となる。使役状態変化では【分割】がゼロである。

全体の割合での大きな差異は，自己状態変化で【主要部外のみ】が 1%，【両方】がゼロであるのに対して，使役状態変化表現で【主要部外のみ】が 20.9%，【両方】が 5.4% を占めることと，【分割】がゼロである点である。これらの違いは，いくつかの使役状態変化で結果構文が使われていることに動機づけられている。この点については，5.2 節，5.5 節および 5.6 節を参照されたい。

状態変化を文の主要部で表すかどうかが当該言語の特徴づけに重要となる。ネワール語では，主要部表示に関わる【主要部のみ】，【両方】，【分割】，【間接・主要部】の合計において，自己状態変化表現が 359/389 で 92.3% となり，使役状態変化表現が 113/148 で 76.4% となる。他方，【主要部外のみ】，【両方】，【分割】，【間接・その他】の合計は，自己状態変化表現で 89/389，22.9% となり，使役状態変化表現で 43/148，29.0% となる。したがって，ネワール語の状態変化表現は，自己状態変化表現，使役状態変化表現ともに概ね**変化主要部表示型言語**と言える。

次の 5 節では 6 つの状態変化を表す言語表現の特徴を述べる。【主要部のみ】は動詞単体で状態変化（移行と結果状態）を表すことから，その割合が高位のもの，中位のもの，低位のものを 12 の中から選ぶことにする。また，〈清潔化〉と〈赤色化〉が使役状態変化で興味深い分布を示すので特徴記述に加える。従って，5 節では，〈改善〉〈死亡〉〈喜悦〉〈拡大〉〈清潔化〉〈赤色化〉の順に，動詞と形容詞との関係，手段を表す共イベントが可能な場合，そして【メトニミー的推論のみ】の場合等を記述する。

5.　状態変化：6 種の状態変化を表す言語表現の特徴

5.1.　評価〈改善〉

〈改善〉は自己状態変化表現としてデータベース内に動詞が 74 例あり，数の多さの点で3番目に位置する。そのうち，【主要部のみ】が66例（89.2%）と高い割合を示す。

自己状態変化表現
【主要部のみ】*bhine*（良くなる），*bā̃:lāye*（素晴らしくなる），*jiye*（良くなる），*nine*（良くなる），*khaye*（正しくなる），*cwanhyāye*（優れる）
【分割】*bhī̃: juye*（良い なる），*cwachāe baha juye*（高く揚げる 価値 なる）
使役状態変化表現
【主要部のみ】*bhī̃:ke*（良くする），*bā̃:lāke*（素晴らしくする）
【間接・主要部】*bhī̃:ka yẽ:ke*（素晴らしく 持って行く）
【両方】*bā̃:lāka daeke*（素晴らしく 作る），*bhin tuna dechāye*（おめでとう 捧ぐ）

自己状態変化表現の【主要部のみ】の内訳を見ると，*bhine*（良くなる）が6，*bā̃:lāye*（素晴らしくなる）が11あるが，群を抜いて多いのが*jiye*（良くなる）の46である。*jiye*の使用頻度が高いと言える。用例を見てみよう。

（4a）では改善が未完成であることを*jiye*のFD形で表し，（4b）ではイー（擬似結婚式）を行う準備が整ったことを*jiye*のNFD形で表している。

（4）a. *chu yā:-sā* ***jii*** *le mā̃ dhakā: macā̃:*
what do.ST-COND become.good.FD Q mother QUOT child.ERG
nyan-a.
ask-NFD
どうしたら良くなるのお母さん，と子供は聞いた。（耳）

b. *jhi: mhyāe matinā nā̃: ihi yān-ā chwa:-sā̃:*
1PL daughter Matina also Ihi do-CM send.ST-COND
jil-a.
become.good-NFD
私たちの娘モティナもイー（擬似結婚式）をやってしまってもよくなった（その年齢に達した）。（会話）

〈改善〉の使役状態変化の表現は（5）の通りである。自己状態変化動詞に挙げた*bhine*（良くなる），*bā̃:lāye*（素晴らしくなる）に使役化接辞*-k*が付加されている。

(5) *wa tasskã:* ***bhĩ:.*** *tha:-gu rājya daeke,*
3SG very be.good.ST self-ADN kingdom make.FC
bhĩ:-ke, ***bã̄:lā-ke*** *dhayā-gu wa-yā*
be.wonderful-CAUS.FC be.good-CAUS.FC say.NFC-NMLZ 3SG-GEN
bicār.
thought
彼（王様）はとても良い。自分の王国を作り，良くし，すばらしくするというのが王様の考え。（耳）

〈良い〉という評価を表す表現として（5）の初めの文の *bhĩ:*（良い）があり，動詞 *bhine*（良くなる）の状態形が使われている。ある命題・対象が〈良い〉と評価する際に，ネワール語では形容詞ではなく，*jiye*（良くなる）の状態形 *jyu:*，*bhine*（良くなる）の状態形 *bhĩ:* など，動詞の状態形が使われる。

5.2.　生命〈死亡〉

生命〈死亡〉を表すネワール語の動詞は，日本語と異なって種類が多くない。また，〈死亡〉の自己状態変化表現では動詞の総数が99と〈改善〉よりも多いが，表現位置毎の割合を見ると【間接・その他】が22（22.2%）を示すことから，【主要部のみ】の69（69.8%）が特段に高いとは言えない。【分割】はなく，【間接・主要部】に入れられるメトニミー・メタファー表現が8例ある。

自己状態変化表現
【主要部のみ】*siye*（死ぬ），*ātmahatyā-yāye*（自殺する）
【間接・主要部】*jyan wane*（命 行く），*sargawāsa juye*（空の人 なる），
prana twa:te（命 あきらめる）
【間接・その他】*ma-daye*（否定辞-いる），*ma-mwāye*（否定辞-生きる）
使役状態変化表現
【主要部のみ】*syāye*（殺す）
【間接・主要部】*jiu kāye*（命 とる）
【間接・その他】*lyã:ki ma-khu*（残す 否定辞-コピュラ）
bāki taye ma-khu（残し 置く 否定辞-コピュラ）

〈死亡〉を表す表現では，【主要部のみ】の *siye*（死ぬ）が NFD 形で使われることが多い（6a）。否定辞が前置された *ma-daye*（否定辞-いる）も21例確認された（7a, b）。親族の死を表す場合にはこの *ma-daye* が使われると見られる。*ma-daye* は否定辞がつくことから【間接・その他】に入れたが，（6a, b）

の *siye* とほぼ同じように節末に表れ，完了を表す助動詞 *dhune* が後続する点も似ている（6b, 7b）。

（6） a. *tha-hā̃:* *waye* *ma-phay-ā̃:* *chū̃:* *ana* *he* ***sit-a.***
up-ADD come.FC NEG-be.able-NF mouse there EMP die-NFD
上がってくることができなくて，ネズミはそこで死んだ。（シナ）
b. *swanu-yā* *abu* *wa* *macā-balae* *he* ***sii*** ***dhū̃:kal-a.***
Sonu-GEN father 3SG child-when EMP die.FD finish-NFD
ソヌのお父さんは子供の時に死んでしまった。（神）
（7） a. *daibasā̃:yaugā̃:* *cha-nhu* *mā̃mha* *pwākka* ***ma-nta.***
unfortunately one-day mother suddenly NEG-exist.NFD
不幸にもある日お母さんが突然死んだ。（穴）
b. *wa-yā* *mā̃:* *wa* *macā-cā-bale* *he* ***ma-daye***
3SG-GEN mother 3SG child-DIM-when EMP NEG-exist.FC
dhū̃:kal-a.
finish-NFD
彼女のお母さんは，彼女がほんの小さいときに死んでしまった。
（山羊）

ネワール語では，*daye*（いる）も非未来形で用いられ「存在の成立」を表すことから，（7a, b）の *daye* は状態動詞ではなく状態変化動詞の部類に入れられる。2.2 節で述べた通りである。

日本語と同様に，ネワール語にも死亡を表す形容詞がなく，動詞 *siye* の状態形を用いた *si:-mha*（死んだ -NMLZ）が名詞句表現として好んで使われる。同時に，日本語のテイル形に相当する表現もあり，（8）のように使われる。

（8） *hū̃:kana* *khusi* *sitha-e* *manu:* *cha-mha* ***sin-ā*** ***cwā̃:****-gu*
over.there river bank-LOC person one-CLF die-CM stay.ST-NMLZ
du.
exist.ST
向こうの川の土手に人ひとりが死んでいる。（鳥獣）

ただし，日本語のテイル形に相当する（8）の *sin-ā cwane* は，テイル形と異なって使用域が狭く，人の死を「発見して報告している」状況でのみ使われる。

使役状態変化表現では，手段を表す共イベントを前項動詞とする complex predicates が可能であり，（9）のように使われる。（9a）の *kwānā syāi* は「つつき殺す」に相当し，（9b）の *nhuttu-nhuyā syāta* は「踏み殺した」に相当する。この場合，手段を表す前項動詞が CM 接続形を取り，後項動詞に移行と結果状態を表す *syāye*（殺す）が来て，主要部となっている。

(9) a. *khwa: hā:-gu khan-ā: sinhāpatā maejū: 'mhā:khe ji*
crow cry.ST-NMLZ see-NF tika lady.ERG dislike.ST-? 1SG
chã:ke waye, kwā jaka ***kwān-ā syāi'*** *dhāl-a.*
2SG-COM come.FC peck.STM only peck-CM kill.FD say-NFD
カラスの鳴くのを見て，シナパタメーズは「あんた（のところ）にいくのはいやだ，つつき殺すだろう」と言った。（シナ）

b. *kisī: littulin-ā: manu:tae-ta* ***nhuttu-nhuy-ā***
elephant.ERG chase.recklessly-NF person.PL-DAT tramp-RPD-CM
syāt-a.
kill-NFD
象は容赦なく追い回して，人間たちを踏み殺した。（蛙）

今回のデータでは採取されなかったが，「撃ち殺す」に相当する CM 接続の表現 *kaekā syāye* も可能である。〈死亡〉を表す状態変化では，共イベントとしての手段が動詞前項として現れることから状態変化を表す動詞 *syāye* の位置（主要部）に変化を及ぼすことはない。[6]

5.3. 感情〈喜悦〉

12区分の自己状態変化のうちで，感情〈喜悦〉は動詞の種類が多く，表現が豊かにあると言える。下の一覧にあるように，自己状態変化表現では【主要部のみ】が3種（47例；全体の61.0%），【分割】が7種（20例；全体の26.0%），【間接・主要部】が4種（10例；全体の13.0%）使われている。使役状態変化表現は，使役接辞 *-k* が付加された【主要部のみ】の動詞3種（4例；100%）で表される。

自己状態変化表現
【主要部のみ】*laetāye*（嬉しくなる），*nhyachuike*（限りなく嬉しくなる）
nhyāipul-a（嬉しくなった）［形容詞語根のできごと派生形］
【分割】*sukha:/sukhi juye*（幸福 なる），*kushi juye*（うれしさ なる），
dã:ga juye（うれしさ なる），*rās kāye*（喜び とる），*mauja juye*

[6] ここで述べた complex predicate は結果構文を形成するが，STRONG resultative と WEAK resultative を議論する Washio（1997: 4）では，complex predicate が英語にないごく限られた方策の resultative として扱われている。

（喜び なる），*prasanna juye*（うれしさ なる），*sukha: hāsil juye*（幸福 達成 なる）

【間接・主要部】*man swaku thahā̃: waye*（心 60 センチ 上に 行く），*mane swā̃: hwaye*（心 LOC 花 咲く），*sukha:yā din waye*（幸せ GEN 日 来る），*khusi bā: waye*（うれしさ 洪水 くる）

使役状態変化

【主要部のみ】*nhyāipuke*（嬉しくさせる），*hyeke*（喜ばす），*laetāke*（喜ばす）

〈喜悦〉の自己状態変化では【主要部のみ】の *laetāye*（嬉しくなる）が 43 例を占める。（例文（2a, 2c）を参照されたい。）*laetāye* の他に，2.2 節で述べた動詞的形容詞 *nhyāipu*（嬉しい）から派生した *nhyāipul-a* が 3 例ある（10）。

（10） *mhiga:* *ji-mi* *pāsā-yāta* *nāpalān-ā:* *ji-ta* *taskã:*
yesterday 1SG-GEN friend-DAT meet-NF 1SG-DAT very
nhyāipul-a.
enjoyable-NFD
昨日友だちに出会ってとても嬉しくなった。（用語）

〈喜悦〉では【分割】も一定数あり，代動詞「なる」に相当する *juye* が（11）のように状態変化（移行）を表す。ネパール語，ヒンディー語，サンスクリット語の語など，ネワール語固有ではない借用語を用いる場合に *juye* を主動詞として用いることが多い（松瀬（2015））。[7]（11）では *khusi* が借用語である。

（11） *matinā̃:* *puli-i* *du:-gu* *badda* ***khusi juy-ā:***
Matina.ERG knee-LOC exist.ST-ADN box joy become-NF
la:lhān-ā *kān-a.*
take.in.hand-CM take-NFD
モティナは，膝にある箱を喜んで，手に取った。（心）

【間接・主要部】の表現としては，喜悦を表す場所として身体部位の *man*（心）が使われている。データでは *man swaku thahā̃: wane*（心 60 センチ 上に 行く）が 4 例，*man-e swā̃: hwane*（心-に 花 咲く）が 4 例使われている。

---

[7] *juye* は借用語に付くだけでなく，元々名詞・形容詞に付く copula verbs の一種として機能する。5.4 節，5.5 節，5.6 節の【分割】も参照されたい。

man swaku thahã̄: wane はメトニミー的に「変化主体部分の移動」として下位区分される。*swa-ku* という語は，数詞３と「手の指を開いた距離を表す類別詞」で構成され60センチ・メートルほどを表し，大人の腕の「肘から指先」までの長さに相当する。うれしさで心が高揚する場合，心が上方向に向かう移動表現（メトニミー）として物語等でよく使われる（12）。

（12） *lami-yā* *khā̃: nyān-ā: misā-yā* *mā̃:bau-pi-ni*
match.maker-GEN talk listen-NF daughter-GEN parents-PL-GEN
man swa-ku tha-hā̃: wal-a.
heart three-CLF up-ADD come-NFD
仲人の話を聞いて，娘の両親の心は上向いた。（鳥獣）

他方，*man-e swā̃: hwane*（心に花が咲く）はメタファー表現に相当し，「そのほかの比喩的状態変化」に下位区分される。ネワール語には「心」を表す *nuga:* という名詞もあり，記憶の場所，悲しみ・妬み・つらさの場所として多くの連語の中で使われるが，喜悦を表す場合には *man* が使われるようである。

一方，使役状態変化表現では自己状態変化表現のような動詞の多様性はなく，【主要部のみ】の *laetāke*（嬉しくさせる），*nhyāipuke*（喜ばす），*hyeke*（喜ばす）の３動詞が使われている。

5.4　形状・大きさ〈（物理的）拡大〉

３節の図３，〈（物理的）拡大〉の数値では【主要部のみ】が２例（全体の10.0％）であるのに対して，【分割】が18例（全体の90.0％）を占め，ほぼ【分割】の占有パターンと言える。一方，使役状態変化を表す動詞は今回の調査では見つからなかった。

自己状態変化表現
【主要部のみ】*ta:cwaye*（大きくなる）
【分割】*ta:dhika juye*（大きく（有生物）なる），*ta:dhā̃: juye*（大きく（無生物）なる），*ta:mā juye*（大きく（植物）なる），*apwa: juye*（大きく なる），*ta:gwa: juye*（大きく（丸いモノ）なる）
使役状態変化表現：なし

ネワール語の「形状・大きさ」を表す形態はユニークな語構成を示す。Dixon（2004）の形容詞の意味内容で一番目に挙げられている DIMENSION（big, small, long, tall, short, wide, deep 等）は，ネワール語では名詞的形容詞に区分され，「大小を表す尺度拘束形態素（*ta:-,ci-*）＋類別詞」の複合形で表される。[8] この DIMENSION を表す形容詞は，動詞 *juye* が後続して【分割】タイプに入れられ，図 3 の 18 語を構成している。[9]

大小を表す語構成に類別詞が加わるということは，対象となる実体の何らかの特徴付けによって大小の表現が区分けされることを意味する。つまり，10 例ある *ta:dhika juye* は有生物の成長を表し，多くは人間の場合に使われる。4 例ある *ta:dhã: juye* は無生物の対象（町，バザールなど）を表す場合に，また，*ta:mā juye* は植物の成長を表す場合に使われる。概ね有生性による区分と言える。

ta:-/ci- と類別詞の組み合わせは大小だけでなく，高低，長短，広狭，深浅を表す形容詞としても使われる。

5.5. 衛生状態〈清潔化〉

〈清潔化〉を表す動詞群の分布は，これまで見てきた状態変化の表現とは大きく異なっている。すなわち，自己状態変化を表す 14 語よりも使役状態変化を表す動詞数が 38 語と多い。しかも使役状態変化表現の分布では【主要部のみ】が 6 語（15.8%）であるのに対して，【主要部外のみ】が 31 語（81.6%）ある。さらに，【メトニミー的推論のみ】を表す表現が 42 例ある。

自己状態変化表現

【主要部のみ】*yecul-a*（NFD）（(川/道) きれいになった），*sucul-a*（NFD）（(家) きれいになった），［以上は，形容詞語根からのできごと派生形］，*jyāchine*（片づく），*byāye*（(服/頭) きれいになる）

【分割】*saphā juye*（きれい なる），*shuddha juye*（清浄 なる），*yecuse juye*（きれい なる）

使役状態変化表現

【主要部のみ】*yecu-ke*（きれい-する），*macā bui byã:ke*（子供 出産 清め

---

[8] 厳密に言えば *dhika* と *dhã:* は類別詞ではなく拘束形態素である。

[9] DIMENSION を表す形容詞は，名詞修飾表現として名詞が続く頻度が高いようである。今回の調査対象の文献においても，次の 44 例で名詞修飾構造になっている。

ta:dhi(ka)-mha kisi/dya:/manu:/mhyãe（大きな象/神様/人/娘）12，*ta:dhã:-gu bajār*（大きなバザール）14，*ta:gwa:-gu alu:/gã:*（大きな芋/鐘）9，*tapã:-gu nota*（大きなノート）2，*takka-gu kwathā*（大きな部屋）1，*ta:pā-gu khwāpā/suku:/khāpā/jhyā:*（大きな扉/ござ/扉の枠/窓）4，*ta:mā-gu simā*（大きな木）1，*ta:khā-gu chẽ:*（大きな家）1

ネワール語の名詞修飾表現については松瀬（2000）を参照されたい。

る），*jyāchī̃:ke*（かたづける）

【主要部外のみ】*saphā yāye*（きれい する），*saphāsiphā yāye*（きれい する），*saphā-shuddha yāye*（きれい-清浄 する），*shuddha yāye*（清浄 する），*yecupicuse yāye*（きれいに する），*saphā sughar yāye*（きれい 清潔 する），*nii yāye*（健康に する），*sucupācu yāye*（きれい する），*bā̃:lāka saphāsiphā yāye*（きれいに きれい する），*yecuka sile*（きれいに 洗う），*bā̃:lāka sile*（きれいに 洗う），*pwālāpwālā thiika buye*（ピカピカ 光るように こする），*sucuka sā: khaye*（きれいに 髪 剃る），*bā̃:lāka huye*（きれいに 拭く），*bā̃:lāka cāye*（きれいに 切る），*bā̃:lāka puye*（きれいに 掃く），*bā̃:lāka cwale*（きれいに すすぐ），*bā̃:lāka pwālāpwālā thiika buye*（きれいに ピカピカ 光るように こする）

【両方】*pu: likāye*（清浄 取り戻す）

【メトニミー的推論のみ】*mwa: lhuye*（頭 洗う），*khwā: sile*（顔 洗う），*wasa: hiye*（服 洗う），*bū̃: puye*（床 掃く），*cipa sile*（汚れ 洗う），*lhā: bhyā:gu huye*（手 よごれた NMLZ 拭く）

自己状態変化には【主要部のみ】8 例（57.1%）と【分割】6 例（42.9%）があり，【主要部のみ】には形容詞語根からのできごと派生形が 4 例（28.55%）含まれている。

使役状態変化表現に注目すれば，【主要部外のみ】の 31 例という数字に驚かされる。この【主要部外のみ】で使われる動詞は 2 つのタイプに分けられる。主動詞に代動詞 *yāye*（する）が使われるか，それとも *sile*（洗う），*buye*（こする），*huye*（拭く），*puye*（掃く）等，具体的な動作動詞が使われるかである。[10] 代動詞も動作動詞であるが，こうした動作動詞は状態変化を論理的に含意していない。典型的には，対象のきれいな状態を目的とする動作であり，結果状態「きれいに」を主要部外に明示することで結果構文となる。例文として，(1c) を (13) として再掲する。

---

[10] ネワール語の代動詞として *juye*（なる）と *yāye*（する）があるが，*juye* が状態変化の「移行」を表すのに対して，*yāye* は「移行」ではなく，結果状態を目的とする動作を表す。このように，*juye* と *yāye* は共に代動詞であるが，状態変化を表す意味機能が異なっている。

（13） *tagwa:-gu* *sisi* *cha-ga:* ***yecu-kka*** ***sil-ā:***
big.round-ADN bottle one-CLF be.clean-ASSOC wash-NF
saphā yāye *mā:*.
clean do.FC need.ST
大きなビンをひとつきれいに洗って，清潔にしなければならない。
（会話）

結果構文を取らなくても，動作動詞と動作対象のみからなる表現が，データベースの中で，*mwa: lhuye*（頭 洗う）13 例，*khwā: sile*（顔 洗う）7 例，*wasa: hiye*（服 洗う）7 例，*bũ: puye*（床 掃く）5 例，*cipa sile*（汚れ 洗う）2 例，*lhā: bhyā:gu huye*（手 よごれた NMLZ 拭く）8 例見つかった。これらは【メトニミー的推論のみ】の場合である。

松本・氏家（2024）によれば，日本語の〈清潔化〉においても，自己状態変化表現では【分割】，使役状態変化表現では【メトニミー的推論のみ】と【間接・主要部】が多く，【主要部のみ】による表現が少ないとのことである。ネワール語の〈清潔化〉では，【主要部外のみ】が 31 語を占めるが，【メトニミー的推論のみ】も上で述べたように 42 例あり，日本語に似た傾向を示す。

自己状態変化表現の【主要部のみ】では，動詞的形容詞語根のできごと派生形である *yecul-a*（(川 / 道）きれいになった）と *sucul-a*（(家）きれいになった）が 2 例ずつ使われている。5.3 節の〈喜悦〉でも述べたが，〈清潔化〉でも *-u*/*-ũ:* 音で終わる動詞的形容詞語根のできごと派生形が使われている。2.2 節の（3）で見た通りである。*-u*/*-ũ:* 音を取る形容詞の一覧を（14）に挙げる。[11]

（14） 語末が *-u*/*-ũ:* 音で終わる形容詞で，動詞の NFD の活用形を持つもの：
tuyu（白い），***hyāũ:*（赤い）**，*mhasu*（黄色い），*hāku*（黒い），*wã:tu*（青い），*wāũ:*（緑色の），*siyu*（茶色い），*kyātu*（柔らかい），*khwātu*（濃い），*khwāũ:*（冷たい），*cāsu*（かゆい），*chwāsu*（ゆるい），*tyānu*（疲れた），*yāũ:*（やさしい），*sālu*（薄い），*hwālu*（ゆるい），*gyānāpu*（恐ろしい），*ciku*（寒い），*tāku*（濃い），*pālu*（辛い），*cāku*（甘い），*khāyu*（苦い），*culu*（すべすべした），*jhyātu*（重い），*pāũ:*（酸っぱい），***yecu*（きれい・清潔な）**，***sucu*（きれい・清潔な）**，

[11] *-u*/*-ũ:* 音で終わるこうした語類を，Manandhar（1986）の辞書では adjective としてのみ挙げているが，Kölver and Shresthacarya（1994）の辞書では adjective と共に verb としての項目がある。

situ（涼しい），*khwātu*（きつい），***nhyāipu***（**嬉しい**），*mhāipu*（つまらない），*a:pu*（簡単な），*thāku*（難しい），*picu*（なめらか・きれい），*lumu*（暖かい，ぬるい），*nāyu*（柔らかい，やさしい），*yaipu*（愛らしい），*cwatu*（完全な），*dayālu*（親切な），*cwālu*（ほら吹きな）

（14）の語類は，Dixon（2004）の意味区分では Color，Physical property，Human propensity，Difficulty などに当てはまる。

このように，〈清潔化〉では使役状態変化の表現が多く，【主要部外のみ】と【メトニミー的推論のみ】が群を抜いて出現している。

5.6. 色〈赤色化〉

〈赤色化〉では，自己状態変化表現，使役状態変化表現ともに【主要部のみ】がない。自己状態変化表現では【分割】が3例，【主要部外のみ】が1例の分布となり，動詞は *juye*（なる）と *kane*（開く）である。使役状態変化表現では【両方】が3例のみで，動詞は *ile*（塗る）と *chiye*（染める）が使われている。

自己状態変化表現
【分割】*hyāū̃: juye*（赤い なる），*hyāū̃:se pāke juye*（赤く 熟し なる）
【主要部外のみ】*hyāū̃:ka mikhā kane*（(白目の部分を）赤く 目 開く）
使役状態変化表現
【両方】*hyāū̃: juika rā̃:ga: ile*（赤い なるように 色 塗る），*hyāū̃:ka chiye*（赤く 染める）

12の状態変化のうちで【主要部のみ】がゼロなのは〈赤色化〉だけであった。【分割】に入れられる *pāke juye*（熟し なる）の *pāke* は，ネパール語からの借用である。ネパール語の動詞に *pāk-nu*（熟す）があり（*-nu* は動詞の辞書形），その動詞語幹部分を借りて名詞相当の *pāke*（熟し）を作り，*juye*（なる）を後続させて【分割】の *hyāū̃:se pāke juye*（赤く 熟し なる）を構成している。

pāke があっても赤くなることを表すとは限らず，また動詞 *ile*（塗る），*chiye*（染める）があっても色を指定するものではないため，これらの表現は主要部のみで赤色化を表しているとは言えない。使役状態変化を表す（15）は【両方】に区分されて結果構文（Washio（1997）の WEAK resultative）を作る。[12]

[12] 結果状態を表す部分には，ASSOCIATIVE を表す *-ka* が形容詞に付き，副詞のように機能する。この *-ka* の表示は〈清潔化〉の【主要部外のみ】の表現にも使われる。

(15) a. *sitã̃* *kāpa:* ***hyāũ:-ka*** *chit-a.*
Sita.ERG cloth red-ASSOC dye-NFD
シタは布を赤く染めた。(用語)

b. *ã:gal-e* ***hyāũ: jui-ka*** *rã:ga: il-a.*
wall-LOC red become.FD-ASSOC colour smear-NFD
かべが赤くなるように色を塗った。(用語)

〈喜悦〉〈清潔化〉で出てきた「形容詞語根のできごと派生形」の問題は *hyāũ:* にもある。文献には出てこなかったが，*-ũ:* で終わる *hyāũ:* も NFD 形を取り，状態変化を表す動詞相当として使われる (16)。

(16) *rām-ã:* *taskã:* *tã:* *pi-kay-ā:* *wa-yā* *khwā:*
Ram-ERG very anger out-take-NF 3SG-GEN face
hyāũ:l-a/hyāũ:kal-a.
redden-NFD/make.red-NFD
ラムはとても頭にきて，彼の顔が赤くなった/彼の顔を赤くした。

5.7. 考察：6 種の状態変化表現の特徴

5.1 節から 5.6 節にかけて，【主要部のみ】の割合が高位，中位，低位の順に 6 種の状態変化の特徴を見てきた。高位にある〈改善〉では，【主要部のみ】を表す代表的な動詞 *jiye*（良くなる）が NFD/FD 形で状態変化を表し，「良い」という評価の側面は動詞の状態形で表されることを見た。つまり，〈改善〉には評価や状態を表す形容詞がないことになる。中位にある〈死亡〉でも，【主要部のみ】の *siye-syāye*（死ぬ-殺す）が主に使われ，日本語の「死んでいる」に相当する表現には *siye* の状態形が使われることが多い。また，使役状態変化表現では手段を表す動詞が前項動詞として使われ，後項動詞として *syāye* が使われることも見た。〈喜悦〉では，【主要部のみ】の他に【分割】や【間接・主要部】を表す動詞が多くあり，形容詞的用法として動詞の状態形が用いられるが，形容詞語根のできごと派生形とされる形態があることも明らかになった。一方，低位に位置する〈拡大〉にはユニークな語構成を持つ形容詞があり，代動詞 *juye* が後続する【分割】が圧倒的に多い。さらに，〈清潔化〉では自己状態変化表現よりも使役状態変化表現を表す動詞が多く，【主要部のみ】よりも【主要部外のみ】によって表される結果構文が目立つ。また，動作動詞と対象からなる【メトニミー的推論のみ】も盛んに行われることを見た。最後の〈赤色化〉は，自己状態変化で【主要部外のみ】と【分割】のみが表れ，使役状態変化表現で【両方】に属する結果構文を形成することも明らかになった。

このように，状態変化表現の種類によって【主要部のみ】で表されるかどうか，ハイアラーキが存在することが予想され，松本・氏家（2024）でもそのように言及されている。

状態変化の表現ハイアラーキには形容詞の存在が深く関わっていると見られる。【主要部のみ】の割合が高い〈改善〉あるいは中位の〈死亡〉などには形容詞がなく，動詞の状態形が形容詞の代わりに用いられる。この状態形という活用形が形容詞的な stative の意味を表す点は，変化と結果状態が近い概念であることを表している。この 5 節では取り上げなかったが，【主要部のみ】が 100% を示す〈着座〉〈開放〉にも固有の形容詞がなく，結果状態は動詞の状態形で表される。その一方で，結果状態を表す形容詞も一定数ある。ネワール語の動詞的形容詞の語根が NFD 形で使われ，擬似的な状態変化動詞として機能する点が目を引く。〈喜悦〉〈清潔化〉〈赤色化〉で動詞的形容詞が動詞の活用形 NFD を取り，「嬉しくなった」，「きれいになった」，「赤くなった」を表すことができるが，今回の調査での用例数は 7 例と多くない。〈清潔化〉と〈赤色化〉では，【主要部外のみ】の結果構文が多用される点も明らかになった。

以上のことから，【主要部のみ】の割合のハイアラーキと形容詞の関わりについて，状態変化を表す動詞が結果状態をその意味範疇に組み込む方が，その逆の，結果状態を表す形容詞語彙が状態変化を組み込む方向に向かうよりも優勢に起こることが考えられる。いまだ推測の域を出ないが，ネワール語の動詞では変化から結果状態へ意味拡張される活用システムが活発に働くのに対して，逆の方向，つまり状態・特性を表す形容詞が動詞として変化の意味を取り込むシステムはそれほど活発ではないと言えるであろう。動詞の動的性質と形容詞の状態的性質の差とも言えるこの点は，さらに追求する必要がある。

また，【主要部のみ】が出現しない場合，【主要部外のみ】（結果構文）と【メトニミー的推論のみ】が用いられる点は次のように考えられる。1 つには，形容詞を副詞として機能させ，動作動詞（あるいは代動詞「する」）を主要部に置くやり方を取ることである。つまり，副詞部分に結果状態が表され，その状態を目指す目的動作として動作動詞が主要部に使われる。もう 1 つのやり方は，状態変化にメトニミー的に関連する目的概念を導入して動作動詞を主要部とするやり方である。この場合は、結果状態を表す部分がなくても推論によって状態変化が導き出される。これら 2 つのやり方は目的概念を用いて状態変化以外の動作動詞を使う点が共通していて，〈清潔化〉で目立って使われている。なぜ〈清潔化〉が目的をめざす動作動詞と結びつきやすいのかについては，更なる考察が必要である。

6.　移動表現との比較

ネワール語の移動表現に関する数量的研究は Matsuse（2025）で行われている。ネワール語の自己移動表現では，「経路 path」が主要部外で表され，直示動詞が主要部をほぼ占有することが指摘されていて（Matsuse（2020）），それを受けて Matsuse（2025）では，自己移動表現の 91% の例において経路が主要部外で表現されることが明らかにされた。何が主要部を占めるかについては，98% の割合で直示動詞が主要部を占めることが明らかになった。

使役移動表現においても，96% の例において経路が主要部外で表現されている。この 96% は経路 TO.IN における主要部外の表示率を示している。一方，直示動詞は主要部の 70% を占めている。直示動詞の比率が自己移動表現より低いのは，継続操作型の使役移動で直示動詞が使われないことを反映している（Matsuse（2025））。

したがって，ネワール語の移動表現は**経路主要部外表示型言語**となるが，本稿 5 節まで観察した状態変化を表す表現は**変化主要部表示型言語**となる。移動表現と比較すると，表現位置と表現頻度において異なった様相を示している。このことは，移動動詞と状態変化動詞の並行性を主張する説（Levin and Rappaport Hovav（1992/1995），Lucy（1994），Goldberg（1995），Talmy（1991, 2000）等）に対して，ネワール語が強力な反例となりうる。[13]

7.　まとめ

これまで見てきたように，ネワール語の状態変化表現は，自己状態変化表現と使役状態変化表現ともに変化主要部表示型言語である。

状態変化表現の表示型を明らかにすることに加えて，自己状態変化表現の【主要部のみ】の比率に注目すると，状態変化の種類によってその割合が異なり，一種のハイアラーキが形成されていることが読み取れる。こうしたハイアラーキの背景には，状態変化を表す動詞・形容詞の存在だけでなく，動詞の活用形システムと形容詞の動詞化システムの活発さ，さらに目的動作という概念を介して，状態変化を表すために動作動詞を用いる表現拡張が関わっていることが示唆される。状態変化動詞と形容詞，そして動作動詞のこうした関係につ

[13] これらの説のうち，Lucy（1994）はユカタン半島のマヤ語を観察し，形態的観点から，移動動詞が状態変化動詞のクラスの下位区分に組み込まれ，独立したクラスを立てる根拠が見つからないと議論している。

いては更なる考察が必要となる。

移動表現との比較については大きな課題が立ち上がる。ネワール語は，移動表現が経路主要部外表示型を示し直示動詞が主要部を占めるため，移動表現と状態変化の表現で経路と変化の表現位置が異なったタイプを示す。状態変化表現に直示動詞が現れるのは，メトニミー表現が関わる時だけである。このことは，移動表現と状態変化表現の並行性を述べる多くの先行研究に反例を提示する。この点をどのように議論するかは，全て今後の課題となる。

略語表

ABL ablative, AD anti deictic, ADD ad-deixis adverb, ADN adnominal, ASSOC associative, CAUS causative, CLF classifier, CM concatenation marker, COM comitative, COND conditional, DAT dative, DIM diminutive, EMP emphatic, ERG ergative, FC future conjunct, FD future disjunct, GEN genitive, INF infinitive INST instrumental, LOC locative, NFC non-future conjunct, NFD non-future disjunct, NEG negative marker, NF non-final, NMLZ nominalizer, NOM nominative, PL plural, Q question, QUOT quotation, SG singular, SH short head, ST stative, STM stem

参考文献

Dixon, R. M. W. (2004) “Adjective Classes in Typological Perspective,” *Adjective Classes: A CrossLinguistic Typology*, ed. by R. M. W. Dixon and Alexandra Y. Aikhenvald, 1-49, Oxford University Press, Oxford.

Goldberg, Adele E. (1995) *Constructions: A Construction Grammar Approach to Argument Structure*, University of Chicago Press, Chicago.

Hale, Austin (1980) “Person Markers: Finite Conjunct and Disjunct Verb Forms in Newari,” *Papers in South-East Asian linguistics*, No. 7, ed. by R. L. Trail et al., 95-106.

Hale, Austin and Kedar Shrestha (2006) *Newār (Nepāl Bhāsā)*, LIMCOM EUROPA.

Hargreaves, David (2005) “Agency and Intentional Action in Kathmandu Newar,” *Himalayan Linguistics Journal* 5, 1-48.

Kölver, Ulrike and Iswarananda Shresthacarya (1994) *A Dictionary of Contemporary Newari: Newari-English*, VGH Wissenschaftsverlag, Bonn.

Kiryu, Kazuyuki (2011) “A functional analysis of adjectives in Newar,” *Himalayan Languages and Linguistics: Studies in Phonology, Semantics, Morphology and Syntax*, ed. by Mark Turin and Bettina Zeisler, 99-129, Brill.

Levin, Beth and Malka Rappaport Hovav (1992) “The Lexical Semantics of Verbs of

Motion: The Perspective from Unaccusativity," *Thematic Structure: Its Role in Grammar,* ed. by I. M. Roca, 247–269, Mouton de Gruyter, Berlin & Boston.

Levin, Beth and Malka Rappaport Hovav (1995) *Unaccusativity: At the Syntax-Lexical Semantics Interface*, MIT Press, Cambridge, MA.

Lucy, John (1994) "The Role of Semantic Value in Lexical Comparison: Motion and Position Roots in Yucatec Maya," *Linguistics* 32, 623–656.

Malla, K. P. (1985) *The Newari Language: A Working Outline*, Monumenta Serendica No. 14, Institute for the Study of Languages and Cultures of Asia and Africa.

Manandhar, Thakur L. (1986) *Newari-English Dictionary: Modern Language of Kathmandu Valley*, Agam Kala Prakashan, Delhi.

松瀬育子 (2015)「ネワール語における自他動詞対：民話テキストの動詞分類と考察」『有対動詞の通言語的研究』，プラシャント＝パルデシ・桐生和幸・ナロック＝ハイコ（編），257–274，くろしお出版，東京．

松瀬育子 (2016)「カトマンズ・ネワール語における形容詞」TLM 研究発表会資料．2016 年 3 月 25 日：西宮市市民交流センター．

松瀬育子 (2020)「カトマンズ・ネワール語の名詞修飾」『日本語と世界の言語の名詞修飾表現』，プラシャント＝パルデシ・堀江薫（編），367–389，ひつじ書房，東京．

Matsuse, Ikuko (2020) "Distinct coding of Deixis and Path in Kathmandu Newar," *Broader Perspectives on Motion Event Descriptions*, ed. by Yo Matsumoto and Kazuhiro Kawachi, 25–40, John Benjamins, Amsterdam.

Matsuse, Ikuko (2025) "Motion Event Descriptions and Deictic Verbs in Kathmandu Newar: An Experimental Study," *Motion Event Descriptions across Languages, Vol. 1: Case Studies of Linguistic Representations of Motion*, ed. by Yo Matsumoto, 589–626, De Gruyter, Berlin & Boston.

松本曜・氏家啓吾 (2024)「日本語における状態変化の表現 ── 認知的類型論の数量的研究 ──」『言語研究』166, 29–57.

ナロック＝ハイコ・プラシャント＝パルデシ・赤瀬川史郎 (2015)「日本語自他動詞対のコード化の頻度論的動機付け　大規模コーパスによる検証」『有対動詞の通言語的研究』，プラシャント＝パルデシ・桐生和幸・ナロック＝ハイコ（編），25–41，くろしお出版，東京．

Talmy, Leonard (1991) "Path to Realization: A Typology of Event Conflation," *Proceedings of the 17th Annual Meeting of the Berkeley Linguistics Society*, 480–519, Berkeley Linguistics Society.

Talmy, Leonard (2000) *Toward a Cognitive Semantics, Vol. II: Typology and Process in Concept Structuring*, MIT Press, Cambridge, MA.

Washio, Ryuichi (1997) "Resultatives, Compositionality and Language Variation," *Journal of East Asian Linguistics* 6, 1–49.

添付資料1：ネワール語の文献に現れる状態変化表現の一覧とその出現数

自己状態変化表現（389）

DIE：*siye*（死ぬ　主要部のみ）67，*ma-daye*（否定辞-ある/できる　間接・その他）21，*jyan wane*（命　行く　間接・主要部）5，*sargawāsa juye*（空の人　なる　間接・主要部）2，*prana twa:te*（命　あきらめる　間接・主要部）1，*ma-mwāye*（否定辞-生きる　間接・その他）1，*ātmahatyā-yāye*（自殺する　主要部のみ）2

SIT：*phetuye*（座る　主要部のみ）13，*cwane*（いる　主要部のみ）5，*diye*（いる　HON. 主要部のみ）4

WAKE UP：*nhyalā̃: cāye*（眠り（ABL）感じる　間接・その他）7，*dane*（起きる　主要部のみ）24，*mikhā pwā: cāle*（目　穴　開く　主要部のみ【身体部位】）2

HAPPY：*laetāye*（嬉しくなる　主要部のみ）43，*nhyaipul-a*（嬉しくなった　主要部のみ）3［動詞的形容詞のできごと転用形］，*nhyachuike*（限りなくうれしくなる　主要部のみ）1，*sukha:/sukhi juye*（幸福　なる　分割）6，*kushi juye*（うれしさ　なる　分割）3，*dā̃:ga juye*（うれしさ　なる　分割）4，*man swaku thahā̃: waye*（心 60センチ　上に　行く　間接・主要部）4，*mane swā̃ hwaye*（心 LOC　花　咲く　間接・主要部）4，*sukha:yā din waye*（幸せ GEN　日　来る　間接・主要部）1，*rās kāye*（喜び　とる　分割）4，*mauja juye*（喜び　なる　分割）1，*prasanna juye*（うれしさ　なる　分割）1，*khusi bā: waye*（うれしさ　洪水　くる　間接・主要部）1，*sukha: hāsil juye*（幸福　達成　なる　分割）1

HOT：*tā̃:nwaye*（暑くなる　主要部のみ）7，*tā̃:nwa: juye*（暑い　なる　分割）2，*kwāye*（熱くなる　主要部のみ）2，*ca:ti nā:nā:/bhusubhusu waeke*（汗 ONOM　くる　間接・主要部）2，*jwa:r waye*（発熱　くる　間接・主要部）7，*puye*（やけどする　主要部のみ）4，*dāye*（ゆだる　主要部のみ）6，*dāsi waye*（ゆだったもの　くる　間接・主要部）1，*suye*（沸騰する　主要部のみ）1，*hā phwalā̃: waye*（湯気　蒸発 ABL　くる　間接・主要部）1，*lumukka nibhāl-e cwane*（暖かく　太陽 -LOC　いる　分割）1，*nibhā mi the~ twaye*（太陽　火のように　照る　間接・主要部）1

BIG F*ta:dhika juye*（大きく（有生物）なる　分割）10，*ta:dhā̃: juye*（大きく（無生物）なる　分割）4，*ta:mā juye*（大きく（植物）なる　分割）1，*apwa: juye*（大きく　なる　分割）1，*ta:cwaye*（大きくなる　主要部のみ）2，*ta:gwa: juye*（大きく（丸いモの）なる　分割）2

RED：*hyāũ: juye*（赤い　なる　分割）1，*hyāũ:se pāke juye*（赤く　熟す　なる　分割）2，*hyāũ:ka mikhā kane*（赤く　目　開く　主要部外のみ）1

OPEN：*cāle*（開く　主要部のみ）5

BREAK：*ta:jyāye*（割れる　主要部のみ）3

FREEZE：*khwaye*（凍る　主要部のみ）2，*cwapu juye*（雪　なる　分割）1

GOOD : *bhine*（良くなる 主要部のみ）6，*bā̃:lāye*（素晴らしくなる 主要部のみ）11，*jiye*（良くなる 主要部のみ）46，*bhī̃: juye*（良い なる 分割）7，*nine*（良くなる 主要部のみ）1，*khaye*（正しくなる 主要部のみ）1，*cwanhyāye*（優れる 主要部のみ）1，*cwachāe baha juye*（高く揚げること 価値 なる 分割）1

CLEAN : *saphā juye*（きれい なる 分割）3，*shuddha juye*（清浄 なる 分割）2，*yecul-a*（(川）きれいになる 主要部のみ）2［動詞的形容詞のできごと転用形］，*sucul-a*（(家）きれいになる 主要部のみ）2［動詞的形容詞のできごと転用形］，*yecuse juye*（きれいに なる 分割）1，*jyāchine*（片づく 主要部のみ）3，*byāye*（(服／頭）きれいになる 主要部のみ）1

使役状態変化表現（148）

KILL : *syāye*（殺す 主要部のみ）35，*jiu kāye*（命 とる 間接・主要部）7，*lyā̃:ki ma-khu*（残す 否定辞-コピュラ 間接・その他）1，*bāki taye ma-khu*（残し 否定辞-コピュラ 間接・その他）3

SIT（使役）: *phetuke*（座らせる 主要部のみ）5

WAKE UP（使役）: *thane*（起こす 主要部のみ）4

HAPPY（使役）: *nhyaipuke*（嬉しくさせる 主要部のみ）1，*hyeke*（喜ばす 主要部のみ）2，*laetāke*（嬉しくさせる 主要部のみ）1

HOT（使役）: *dāeke*（沸かす 主要部のみ）7，*puke*（やけどさせる 主要部のみ）7，*kwāke*（熱くする 主要部のみ）2，*suke*（沸騰させる 主要部のみ）2，*tā̃:nwaeka nibhā twaeke*（暑く 太陽 照らす 両方）2

BIG（使役）: なし

RED（使役）: *hyāū̃: juika rā̃:ga: ile*（赤い なるように 色 塗る 両方）2，*hyāū̃:ka chiye*（赤く 染める 両方）1

OPEN（使役）: *cāeke*（開ける 主要部のみ）9，*tācāeke*（開ける 主要部のみ）1，*khane*（開ける 主要部のみ）9

BREAK（使役）: *ta:chyāye*（割る 主要部のみ）2

FREEZE（使役）: *khwaeke*（凍らす 主要部のみ）1

GOOD（使役）: *bhī̃:ke*（良くする 主要部のみ）1，*bā̃:lāke*（素晴らしくする 主要部のみ）2，*bhī̃:ka yẽ:ke*（素晴らしく 持って行く 間接・主要部）1，*bā̃:lāka daeke*（素晴らしく 作る 両方）1，*bhin tuna dechāye*（おめでとう 捧げる 両方）1

CLEAN（使役）: *yecuke*（きれいにする 主要部のみ）4，*macā bu: byā̃:ke*（子供 産褥 清める 主要部のみ）1，*jyāchī̃:ke*（かたづける 主要部のみ）1，*saphāsiphā yāye*（きれい する 主要部外）3，*saphā yāye*（きれい する 主要部外）3，*saphā-shuddha yāye*（きれい 清浄 する 主要部外）1，*shuddha yāye*（清浄 する 主要部外）3，*yecupicuse yāye*（きれいに する 主要部外）1，*saphā sughar yāye*（きれい 清潔 する 主要部外）1，*nii yāye*（健康に する 主要部外）2，*sucupācu yāye*（きれい する 主要部外）5，*yecuka sile*（きれいに洗う 主要部外）1，*bā̃:lāka sile*（きれいに 洗う 主要部外）2，*pwālāpwālā thiika buye*（ピカピカ光るように こする 主要部外）2，*sucuka sā̃: khaye*（きれいに 髪 剃る 主要部外）1，*bā̃:lāka huye*（きれいに 拭く 主要部外）1，*bā̃:lāka cāye*（きれいに 切る 主要部外）1，*bā̃:lāka puye*（きれいに 掃く 主要部外）1，*bā̃:lāka cwale*（きれいに すすぐ 主要部外）1，*bā̃:lāka saphā-shuddha yāye*（きれいに きれい-清浄 する 主要部外）1，*bā̃:lāka pwālāpwālā thiika buye*（きれいに ピカピカ 光るように こする 主要部外）1，*pu: likāye*（清浄 取り戻す 両方）1

メトニミー的推論のみ

khwā: sile（顔 洗う）7，*mwa: lhuye*（頭 洗う）13，*khwā: siike*（顔 洗わせる）1，*wasa: hiye*（服 洗う）7，*bũ: puye*（床 掃く）5，*cipa sile*（汚れ 洗う 9）2，*lhā: bhyā:gu huye*（手 よごれた NOMZ 拭く）8

添付資料 2：形容詞の区分と語彙レパートリー（松瀬（2016））

3 分割：a. 名詞的形容詞，b. 動詞的形容詞，c. 単純形容詞

この他に状態変化動詞の状態形が形容詞概念（状態）を表す

a. 名詞的形容詞： 動詞の活用を持たないもの，*ta:-/ci-* の対立をもつもの，名詞句の中では主名詞の前に名詞化辞が必要となるが，述語としても生起する DIMENSION

ta:dhã（大きい，無生物），*ci:dhã:*（小さい，無生物），*ta:dhika*（大きい，有生物），*ci:dhika*（小さい，有生物），*ta:mā*（大きい，植物），*ci:mā*（小さい，植物），*ta:gwa:*（大きい，丸いもの），*ci:gwa:*（小さい，丸いもの），*ta:ga:*（大きい，車・入れ物），*ci:ga:*（小さい，車・入れ物），*ta:ku:*（大きい，部屋），*ci:ku:*（小さい，部屋），*ta:pā:*（大きい，平たいもの），*ci:pā:*（小さい，平たいもの），*ta:khā*（大きい，家），*ci:khā*（小さい，家），*ta:phi*（厚い，層），*ci:phi*（薄い，層），*ta:pã:*（厚い，本など），*ci:pã:*（薄い，本など），*ta:byā:*（広い），*ci:byā:*（狭い），*tā:hāka:*（長い），*ci:hāka:*（短い），*ta:pu*（長い），*ci:pu*（短い），*ta:jā:*（高い・深い），*ci:jā:*（低い・浅い）

b. 動詞的形容詞： 語末が *-u/-ũ:* 音で終わる形容詞で，動詞の状態形という形式がないもの　本稿の（14）に挙げた

c. 単純形容詞：

HUMAN PROPENSITY：*cā̃:k*（賢い），*irsā*(嫉妬深い)，*alsi*（なまけ者の），*dukhi*（不幸な），*sukhi*（幸せな），*cwakī̃:*（おしゃべりな），*kwamāli*（控えめな），*machā:*（恥ずかしい）

AGE：*pulā̃*（古い），*nhu:*（新しい），*thā̃:*（年上の），*kwa*（年下の）

QUALIFICATION：*pāechi*（合っている），*bāsi*（腐っている），*casicā*（痩せている），*suku:*（乾いている）

VALUE：*garke*（奇妙な），*cipa*（不浄な），*nipa*（清浄な），*thikae*（値段が高い）

※本稿で扱った12の状態変化を表す動詞の状態形は以下の通り

si:（*siye* 死ぬ），*phetu:*（*phetuye* 座る），*nhyalã cā:*（*nhyalã: cāye* 目覚める），*laetā:*（*laetāye* 嬉しくなる），*tā̃:nwa:*（*tā̃:nwaye* 暑くなる），*ta:dhã: ju:*（*ta:dhã: juye* 大きくなる），*hyāũ: ju:*（*hyāũ: juye* 赤くなる），*cā:*（*cāle* 開く），*tajyā:*（*tajyāye* 割れる），*khwa:*（*khwaye* 凍る），*bhĩ:*（*bhine* 良くなる），*saphā ju:*（*saphā juye* きれいになる）

添付資料3：文献出典一覧（31）

物語

- dhwã:cālecā.（The great goat） Prem Bahādur Kansakār. VS 2023: 1–11, 1966–67.（山羊）
- kĩ:cita bhāe syu:-mha misā.（The woman who knew the language of the animal） Prem Bahādur Kansakār. VS 2023: 12–21, 1966–67.（鳥獣）
- katā̃:marhi nāpa byāhā:.（Marriage to a doll） Prem Bahādur Kansakār. VS 2023: 22–34, 1966–67.（人形）
- sinhāpatā me:ju.（Tika lady） Prem Bahādur Kansakār. VS 2023: 35–39, 1966–67.（シナ）
- khicā-yā macāta.（Children of the dog） Prem Bahādur Kansakār. VS 2023: 45–54, 1966–67.（犬）
- kehẽ: pāpi: gwārā-gwārā.（Younger sister is a sinner） Prem Bahādur Kansakār. VS 2023: 55–60, 1966–67.（悪人）
- hwa:gã: twācā-e la phayā̃: abu chatĩ: ma-ru.（Catch water in a strainer father is nowhere） Prem Bahādur Kansakār. VS 2023: 66–73, 1966–67.（穴）
- juju-yā nhāepan-e mākhā-pikhā.（Spider nest in the king's ear） Prem Bahādur Kansakār. VS 2023: 74–82, 1966–67.（耳）
- chũ:-yā macā dhu.（Tiger, child of a mouse） Prem Bahādur Kansakār. VS 2023: 99–105, 1966–67.（虎）
- bhau pāju（Cat uncle, a comic story）14頁. ja: saphu:kuthi pariwār. 1998.（猫）
- dese ma-du-gu bastu nyāi-mha macā wa māka:（Monkey and a child who bought a thing that does not exist in the country）24頁. āloka ratna bajrācārya 1987.（町）
- khusi wa kisi（River and an elephant）9頁. Bimal Tamrakar. 1996.（川）

- byā̃:cā wa kisi（A frog and an elephant）10 頁．Kuta: pikāka. 1998.（蛙）
- santayā kusā「聖者のかさ」26 頁．Ekatā buksa distribyatarsa prā. 2001.（聖）

小学校テキスト

- kuta:-yā licwa:（The reslts of efforts）nhu: paliswā̃:, ni-gu:-gu tagĩ:-yā bwanesaphu:. 4 頁（努力）
- māka:（Monkey） nhu: paliswā̃:, swā̃:-gu:-gu tagĩ:-yā bwanesaphu:. 4 頁（さる）
- hyā̃:cā wa khācā（The duck child and the chick） nhu: paliswā̃:, pye-gu:-gu tagĩ:-yā bwanesaphu:. 4 頁（あひる）

NIFJ Newsletter buddha Jayanti vol. IV no.1（2008）

- buddha dharma manu:-tae-ta chu yānā bii?（2008）「仏教は人々に何を教えてくれるか」1 頁 Purna Ratna Shakya.（仏教）

書籍

- Giitā Rāj Bhandārii.（2010）. a*pwāthā̃: nisẽ: sii dhũ:kā: taka-yā sā̃:skār.*「子宮から死に終えるまでの人生儀礼」273 頁. Masa Prindidagu Press.（子宮）
- Hale and Shrestha 2006. *Newār*（*Nepal bhāsā*）. 例文総覧 247 頁．LINCOM EUROPA.（ヘイル）

ネット上の記事と物語

- nuga: khā̃:「ひとりごと」2 頁．https://jhi:gu.com. 2018/11/23.（ひとり）
- citta newar「心のネワール」2 頁．https://jhi:gu.com. 2019/04/20.（心）
- mhiga:-yā bākhā̃: thaũ:-yā nhāekā̃:「昨日の物語，今日の鏡」2 頁．https://jhi:gu.com. 2021/01/20.（鏡）
- bhagawāna gana du?（Where is God?）Nepal bhāsā times, nhipatii pidā̃:gu shukrabā-yā tā̃:sāpau. māgha 20, 2019（神）
- punarjanma bāre cha-gu: bintana「生まれ変わりについての一考察」nhu: prestige Nepa: 2014, Jan.（102） 2 頁（生まれ変わり）
- jāpān de-e bikās ju:gu-yā kāran「日本が発展する理由」nhu: prestige Nepa: 2008, Jan.（52） 2 頁（発展）

インタビュー書き起こし

- P さんインタビュー. 2019. 4 頁．（P さん）
- A さんインタビュー. 2022. 4 頁．（A さん）

日本での刊行物

- 「ネワール語基本動詞用例集」（2000）220 頁．文部省科学研究助成金報告書（課題番号 09871082）（用語）
- 「ネワール語会話　第 1 課―第 43 課」 ネワール語研修テキスト 1（2002）149 頁．東京外国語大学アジア・アフリカ言語文化研究所（会話）
- 「話せるネワール語会話」（2004）寺西芳輝（著）157 頁．国際語学社（話す）

第5章

ハンガリー語の状態変化表現*

江口 清子
大阪大学

1. はじめに

状態変化の表現については，移動表現との並行性がかねてより指摘されてきた（Gruber (1965)，池上 (1981)，Goldberg (1995)，Talmy (2000)，Goldberg and Jackendoff (2004)，Levin and Rappaport Hovav (2013) など）。(1) はスペイン語，(2) は英語の例で，(1a)，(2a) は移動表現，(1b)，(2b) は状態変化の表現である。[1] これらの例が示すのは，スペイン語のように，移動の経路を主要部で表現する言語は状態変化も主要部で表現し，英語のように，移動の経路を主要部外要素で表現する言語は状態変化も主要部外要素で表現するということである。このような言語では，移動表現においても状態変化の表現においても，様態と使役手段を主要部で表すという点においても共通していると言われている。

(1) a. *La botella* ***<u>salió</u>*** *flotando de la cueva.*[2]
the bottle exit.PST.3SG floating from the cave
Lit. 'The bottle exited from the cave floating.'

---

* 本稿に使用したハンガリー語の例文の文法性判断について，大阪大学特任講師の Kruzslicz Tamás 氏に協力いただいた。ここに記して謝意を表す。ただし，本稿に残る問題点はすべて著者に帰するものである。

[1] 本稿の例文中では，移動の経路および状態変化（移行）を表す要素を太字に，また主要部に下線を付す。

[2] 本稿の例文で使用した略語は以下のとおりである。なお，形態素境界はハイフン「-」で，同一形態素内に複数の文法要素が含まれる場合には，その境界をピリオド「.」で示した。1: 1人称，3: 3人称，ACC: 対格，ALL: 向格，CAUS: 使役，DEF: 定，ELA: 出格，ILL: 入格，INE: 内格，INST: 具格，PL: 複数，POSS: 所有，PRF: 完了，PST: 過去，SG: 単数，SUB: 着格，SUP: 上格，TRANS: 変格

(Talmy (1991: 487))

b. ***Cerré*** *la puerta de una patada.*
close.PST.1SG the door from a kick
Lit. 'I closed the door by kicking.' (Talmy (2000: 229))

(2) a. *The bottle floated* ***out*** *(of the cave).*
b. *I kicked the door* ***shut***.

しかし，英語タイプの言語で，移動表現において経路が主要部で表される表現（3a）は少ないのに対し，状態変化が主要部で表される表現（3b）はかなり一般的である。

(3) a. *The bottle* ***exit****ed from the cave.*
b. *I* ***closed*** *the door.*

ハンガリー語は，移動表現の類型では英語と同じく，移動の経路を主要部外要素で表現するタイプに分類される。状態変化は，移動経路と同様に主要部外要素で表現されるほか，移動経路の表現ではほとんど用いられない主要部で表現されることも多い。（4a）では状態変化を動詞接頭辞 *ki* 'out'，使役手段を主要部 *rúg* 'kick' で表しており，移動表現との並行性が見られる。しかし，（4b）は主要部でも〈開ける〉という状態変化を表すもので，移動表現とは異なる。

(4) a. *János* ***ki****-rúg-ta* *az ajtó-t.*
John out-kick-PST.3SG.DEF the door-ACC
'John kicked the door open.'
b. *János* ***ki-nyit****-otta* *az ajtó-t.*
John out-open-PST.3SG.DEF the door-ACC
'John opened the door.'

英語の場合，主要部で状態変化を表す場合は主要部外要素では表されないことが多い（3b）のに対し，ハンガリー語では，主要部のみならず，主要部外でも状態変化が表示され，両方で表される（4b）点において興味深い。

本稿では，ハンガリー語の状態表現について，移動表現の研究結果と比較し，並行性の程度を明らかにすることを目的とし，考察を行う。まず 2 節でハンガリー語の移動表現と telicity との関わりについてまとめる。3 節でハンガリー語の状態変化表現の特徴を概説したあと，本稿での調査方法を述べる。4 節では状態変化事象別に表現を例示し，特徴をまとめる。5 節で全体を通した考察を行い，ハンガリー語の状態変化表現に見られる変異，状態の有界性と結果性，移動表現との比較について明らかになった点をまとめる。

2. ハンガリー語の移動表現と telicity

2.1. 移動経路の表出

ハンガリー語は移動表現の類型論的に見て，典型的な経路主要部外表示型言語であり，移動の経路は主要部外要素で表される（江口 (2017)，Eguchi (2025))。[3] 中でも経路の表出にもっとよく用いられるのは動詞接頭辞と格接辞および後置詞（名詞に付加されるこれらの要素をまとめて「名詞関連要素」と呼ぶ）であり，[4]（5）で示すように，主体移動，使役移動に加えて，光や音などの抽象的放射移動に至るまで，一貫した経路表現が見られる。

（5） a. *János* ***be****-fut-ott* *a* *szobá-já-****ba****.*
John to.in-run-PST.3SG the room-POSS.3SG-ILL
'John ran into his room.'

b. *János* ***be****-rúg-ta* *a* *labdá-t* *a* *kapu-****ba****.*
John to.in-kick-PST.DEF.3SG the ball-ACC the goal-ILL
'John kicked the ball into the goal.'

c. *János* ***be****-néz-ett* *a* *szobá-já-****ba****.*
John to.in-look-PST.3SG the room-POSS.3SG-ILL
'John looked into his room.'

なお，主要部外のどの要素を用いて経路が表現されるかは，経路の種類によって異なる。[5] 例えば TO.IN 経路は，（5）で示したように，動詞接頭辞と格接辞の 2 箇所で表現されるが，TO 経路は格接辞のみ (6a)，[6] UP 経路は動詞

[3] 経路動詞は数が非常に限られ，垂直経路（例：*esik* 'fall'），接近・離脱（例：*közeledik* 'approach'），到着・出発（例：*érkezik* 'arrive'）のみに使われる。英語の *enter, exit, cross, pass* に相当する他の経路を表す動詞は存在しない（江口 (2017: 50)，Eguchi (2020: 47))。

[4] ハンガリー語の格接辞と後置詞は，表現する位置関係が異なるだけで，表現機能としては同じである。ただし，接辞が名詞に付加される際には母音調和の現象を見せるのに対し，後置詞は名詞に後続しても母音調和の現象を見せない点では違いがある（江口 (2017: 43))。

[5] Eguchi (2025) は，MEDAL プロジェクトの C 実験を用いて 14 種類の経路を含む場面について検証し，ALNG，TWRD，TO は名詞関連要素のみで，UP，DWN のような方向，あるいは明確な境界越えのない PST，THRU などは動詞接頭辞のみで表現されるのに対し，OUT，TO.IN は動詞接頭辞と名詞関連要素の 2 箇所で表現する傾向を明らかにしている。

[6] ハンガリー語に TO を単独で表す動詞接頭辞は存在しないため，この場面の表出に経路を表す動詞接頭辞は使われにくく，通常は（6a）で示すように，ダイクシスを表す動詞接頭辞

接頭辞のみ（6b）といった具合である。

(6) a. *János oda-fut-ott a bicikli-**hez**.*
John to.there-run-PST.3SG the room-ALL
'John ran there to the bicycle.'
b. *János **fel**-fut-ott a lépcső-n.*
John up-run-PST.3SG the stairs-SUP
'John ran up the stairs.'

2.2. 動詞接頭辞と telicity

このように，ハンガリー語の移動表現においては，名詞関連要素と並んで，動詞接頭辞が非常に重要な役割を果たす。先行研究では，動詞接頭辞は移動の経路だけでなく，telic event のアスペクトも表すことが指摘されてきた（Wacha（1976, 1989），É. Kiss（1987, 2002, 2008），Kiefer（1992, 1994, 2000, 2006），Kiefer and Ladányi（2000）など）。Telicity という用語はさまざまな意味で使われるが，ここでは，特定の移動事象において固有の，あるいは意図された着点に達したことが表現されるかどうかを意味するものとする（Declerck（1989），Depraetere（1995）を参照）。（7）で示すように，動詞接頭辞を伴わない動詞を用いた場合，文は atelic として解釈される（7a）。ハンガリー語で動詞接頭辞と呼ばれる要素は，特定の状況において，単独で動詞の後ろに出現することがあるが（Bende-Farkas（2002），É. Kiss（2004, 2008），Kardos（2012, 2016），Kardos and Farkas（2022）参照），動詞接頭辞が動詞の位置に置かれた場合，基本的には，文は telic として解釈される（7b）。[7]

(7) a. *János {*öt perc alatt / öt perc-en át}*
John five minute within five minute-SUP throughout
*fut-ott az erdő-**be**.*
run-PST.3SG the wood-ILL
'John ran to the woods {*in five minutes / for five minutes}.'
b. *János {öt perc alatt / *öt perc-en át }*
John five minute within five minute-SUP throughout

(*oda* 'to.there'）または *ide* 'to.here'）が使われる（Eguchi（2025））。

[7] 江口（2021）および Eguchi（2025）では，MEDAL プロジェクトの A 実験の結果のうち，着点への到着を含む事象と含まない事象の表現を比較し，前者では動詞接頭辞が使われる表現が，後者では動詞接頭辞が使われない表現が多く用いられる傾向を数量的に明らかにしている。

***be**-fut-ott az erdő-**be**.*
to.in-run-PST.3SG the wood-ILL
'John ran into the woods {in five minutes/*for five minutes}.'

ハンガリー語は進行相を表すための特別な形式を持ち合わせていない。(8)で示すように，動詞接頭辞を伴わない動詞は，そのままの形で進行の意味でも解釈される一方，動詞接頭辞を伴う動詞の場合は，動詞接頭辞が後置される語順で進行相を表す。

(8) *János éppen {fut-ott /fut-ott **be**} az erdő-**be**,*
John just run-PST.3SG run-PST.3SG to.in the wood-ILL
amikor lát-tam.
when see-PST.1SG
'John was just {running/running in}to the woods, when I saw him.'

一方，Kiefer（2006: 59）が指摘するように，移動の着点が明示されていれば，動詞接頭辞なしでも文は telic と解釈される。(9）では，移動の経路は格接辞 *-ba* のみによって示されているが，in 句と共起する telic な文である。

(9) *Józsi egy pillanat alatt fut a konyhá-**ba**.*
Joe a moment within run.3SG the kitchen-ILL
'Joe runs into the kitchen in a moment.' (Kiefer (2006:59[97]))

ただし，(10a, b）で示すように，本来的に移動を含意しない動詞が主要部として用いられる場合，名詞関連要素のみでは移動を表現する文として解釈されることはないが，動詞接頭辞であればそれが可能である（江口（2017: 61–62））。

(10) a. **Erika táncol-t a szobá-**ból**.*
Erica dance.PST.3SG the room-ELA
Lit. 'Erica danced out of the room.'
b. *Erika **ki**-táncol-t. (a szobá-**ból**).*
Erica out-dance.PST.3SG the room-ELA
'Erica danced out (of the room).'
（江口（2017: 62 [55]）一部改変）

このことから，江口（2017）は，同種の経路概念であっても，動詞接頭辞のほうが移動表現としてより重要な役割を果たす，と結論づけている。[8]

3.　ハンガリー語の状態変化表現の特徴

状態変化は移行と結果状態という 2 つの成分からなる。この 2 つの成分を文中のどの要素が表すのかという観点から，ハンガリー語の状態変化表現を分析する。ハンガリー語では，状態変化は基本的には動詞と動詞接頭辞の組み合わせで表現される。移動表現で経路が主要部で表示されることはほとんどないのとは対照的であり，それは自己状態変化であっても使役状態変化であっても同様である。

3.1.　状態変化表現に関わる要素

ハンガリー語の状態変化表現にはさまざまな表現パタンが見られ，表現パタンが一貫している移動表現とはかなり異なる。中でも状態変化を動詞接頭辞で表すのか，（名詞／形容詞＋）名詞関連要素で表すのか，という点については，移動表現との並行性を検討する上で非常に重要である。[9]

状態変化の中の移行と結果状態の 2 つの成分のうち，移行が動詞接頭辞で表されることが多い。状態変化の手段が主要部で表現される場合は，移行を表す動詞接頭辞を伴う場合が多く見られるが，いわゆる結果構文として結果句を伴って表現される場合もある。(11) ではそれぞれ主要部 *szúr* ‘stab’, *tapos* ‘trample’ が殺害の手段を表し，(11a) では動詞接頭辞 *le* ‘down’ が，(11b) では結果句 *halálra* ‘to death’ が状態変化を表している。

(11) a. ***Le***-*szúr-ta* *az* *osztálytárs-á-t* *egy*
down-stab-PST.3SG.DEF the classmate-POSS.3SG-ACC a
hatodikos *lány.*
sixth.grade’s girl
‘A sixth-grade girl stabbed her classmate to death.’

[8] 江口（2017）では，動詞接頭辞と副詞をひとまとめにし，「動詞関連要素」と呼び，「名詞関連要素」対「動詞関連要素」として論じているが，本稿では議論の都合上，副詞は含めない。
[9] 影山（2006）は，結果句によるものに限らず，状態変化表現を広く「結果構文」と呼んでいる。影山（2006: 57–58）は，Bende-Farkas（2000）による「動詞接頭辞を用いた結果構文は自動詞でも可能だが，形容詞を用いた結果構文は自動詞では不可能で，他動詞に限られる」という観察にもとづき，ハンガリー語における両者の使い分けについて考察を行っている。

b. *Nyolc ember-t halál-**ra** tapos-tak egy rockfesztivál-on.*
eight person-ACC death-SUB trample-3PL a rock.festival-SUP
'Eight people were crushed to death at a rock festival.'

それ以外に，結果句で表される場合もある。(12) で示すように，移行を主動詞で表し，結果状態を形容詞＋名詞関連要素で表すという分割の表現方法が取られる。この場合，状態を形容詞で表し，移行の部分は，自己状態変化には *lesz* 'become' や *válik* 'turn into'，使役状態変化には *tesz* 'put' という動詞を用いて表現する。形容詞語彙は，*válik* や *tesz* とともに使われる際には，変格と呼ばれる格接辞 *-vÁ* が付される。[10]

(12) a. *Olyan piros lett, mint a pipacs.*
such red become.PST.3SG as the poppy
'It turned red like a poppy.'

b. *Apollon arc-á-t piros-**sá** **tette***
Apollon face-POSS.3SG-ACC red-TRANS put.PST.3SG.DEF
a harag. <http://mek-oszk.uz.ua/14200/14288/14288.htm>
the anger
'The anger made Apollon's face red.'

3.2. 状態変化表現における動詞接頭辞の役割

(13a) は〈目覚める〉という自己状態変化，(13b) は〈起こす〉という使役状態変化を表す表現であるが，主要部である動詞 *ébred* 'wake<vi>'，*ébreszt* 'wake<vt>' は，〈移行〉を含む状態変化を表すにもかかわらず，いずれも〈移行〉を表す動詞接頭辞 *fel* 'up' を伴っている。(11a) で主要部が状態変化の意味を含んでいないのとは対照的である。

(13) a. *János hajnal 4 óra-kor **fel-ébred**-t.*
John dawn 4 o'clock-at up-wake<vi>-PST.3SG
'John woke up at 4 o'clock in the morning.'

b. *János **fel-ébreszt**-ett-e a feleség-é-t.*
John up-wake<vi>-PST.3SG-DEF the wife-POSS.3SG-ACC
'John woke up his wife.'

ただし，状態変化を表すには，ほとんどの場合，動詞接頭辞または名詞関連

---

[10] 母音調和により，á/é に交替することを示す。

要素による移行の明示が必要だが，総称文の場合は例外である。(14) のような総称文では動詞接頭辞は用いられず，主要部のみで状態変化が表現される。

(14) a. *A hüllő-k tavasszal* ***ébred****-nek.*
the reptile-PL spring.INST wake<vi>-3PL
'Reptiles wake up in spring.'
b. *A fény* ***ébreszt-****i az ember-t.*
the light wake<vi>-3SG.DEF the man-ACC
'Light wakes man up.'

このように，状態変化表現における動詞接頭辞の役割には，いくつかのケースが想定される。状態変化表現において，動詞接頭辞は常に少なくとも移行の意味〈TO〉を表すが，〈TO〉以外にどのような意味を含むかについては，以下のように分類することができる。

1)　TO＋X (動詞が表す状態)
主要部外で移行を表す分割タイプに分類されるものが含まれるが，さらに以下の 2 種類に分類することができる。

a. 一般的な動詞接頭辞であり，移行の意味を加えていると思われる（それなしだと状態の意味である）場合 (15a)。
b. 方向の意味を表す動詞接頭辞であり，それを加えることで，移行の意味を加える場合 (15b)。

(15) a. ***meg-****örül*
PRF-be.happy
'become happy
b. ***le-****ül*
down-sit
'sit down'

2)　TO＋X (動詞に含まれる結果状態)
それのみで具体的な結果状態を指定していないように思われる一般的な動詞接頭辞が該当する。この場合，主要部と主要部外の両方で状態変化を表現するが，主要部外は移行のみを表す要素として機能するため，ここでは「両方（主要部外部分的)」と呼ぶ。

(16) ***meg-****hal,* ***meg-****dagad,* ***meg-****javul*
PRF-die PRF-become.swollen PRF-become.fixed
'die' 'become swollen 'become fixed'

3） TO＋X（動詞が示唆する結果状態）

主要部外要素のみのタイプに分類されるもので，一般的な動詞接頭辞が動詞の行為の典型的結果を表す意味で解釈される場合が該当する。

（17） ***le-****szúr,*
down-stab
'stab to death'

meg**/*****ki-****töröl*
PRF/out-wipe
'wipe up'

4） TO＋AWAKE／OPEN／etc.

動詞接頭辞が特定の結果状態を意味に含む場合が該当する。主要部＋主要部外要素の両方で，あるいは主要部外要素のみで状態変化を表す，両方または主要部外要素のみタイプに分類されるものが含まれるが，さらに以下の2種類に分類することができる。

a. 具体的な意味を持つ動詞接頭辞が空間的用法の拡張として特定の結果を表す場合（18 a, b）。
b. 具体的な意味しか表せない動詞接頭辞の場合（18c）。

（18） a. ***ki-nyíl****ik,*
out-open
'open'

fel-ébred
up-wake
'wake up'

b. ***ki-****rúg,*
out-kick
'kick（sy）to open'

fel-*riad*
up-be.frightened
'wake up frightened'

c. ***agyon-****szúr,*
to.death-stab
'kill（sy）by stabbing'

tönkre-*tesz*
to.ruined-put
'ruin, destroy'

3.3. 調査方法

本稿では，松本・氏家（2024）において，日本語で調査された12の状態変化事象（表1）について，ハンガリー語ではどのような表現が可能かについて調査を行う。

表 1：調査の対象とする状態変化事象

	概念領域	変化
1.	生命	〈死亡〉
2.	姿勢	〈着座〉
3.	意識	〈覚醒〉
4.	感情	〈喜悦〉
5.	形状・大きさ	〈(物理的) 拡大〉
6.	色	〈赤色化〉
7.	統合性	〈(物理的) 破壊〉
8.	相転移	〈氷結〉
9.	温度	〈温度上昇〉
10.	開閉	〈(ドアなどの) 開放〉
11.	衛生性	〈清潔化〉
12.	評価	〈改善〉

調査の方法としては，まず日本語の表現をハンガリー語に直訳し，さらに類語辞典で得たほかの表現を検索した。用法・用例の確認には検索エンジン Google を用いたほか，ハンガリーの言語科学研究センターのハンガリー国立リポジトリ（Magyar Nemzeti Szövegtár）が提供するコーパス[11] および Mazsola と呼ばれるハンガリー語動詞項構造の検索ツール[12] も使用した。

4.　状態変化事象別の特徴

本節では，各事象の表現として用いられるものを例示する。自己状態変化と使役状態変化とで表現に対応が見られる場合には，各例の a には自己状態変化表現を，b には使役状態変化表現を記載することとする。

4.1.　〈死亡〉

4.1.1.　主要部のみ・両方（主要部外部分的）

〈死亡〉の表現では，自己状態変化の場合（19a）も，使役状態変化の場合（19b）も，〈死ぬ〉〈殺す〉を意味する動詞を主要部に用いる。この場合，通常は完了を表す動詞接頭辞 *meg* を伴う。このような表現は，動詞が移行と結果

[11] https://clara.nytud.hu/mnsz2-dev/bonito/run.cgi/first_form
[12] http://corpus.nytud.hu/mazsola/s/mazsola_hun.html

状態を表し，さらに動詞接頭辞が移行を表していると考えられるため，両方（主要部外部分的）と分類される。

（19） a. ***meg-hal,*** PRF-die 'die'
b. ***meg-öl,*** PRF-kill 'kill' ***meg-gyilkol*** PRF-murder 'murder'

ほかにも，〈滅びる〉〈滅ぼす〉を意味する動詞を主要部に用いた表現も可能である。

（20） a. ***el-pusztul***[13], away-be.destroyed 'be destroyed'
b. ***el-pusztít*** away-destroy 'destroy'
a′. ***meg-döglik***[14] PRF-perish 'become extinct'

ただし，(21) のような総称文では動詞接頭辞は用いられない。これは，主要部のみのケースである。

（21） a. *A magányos-ak előbb* ***hal****-nak.*
the lonely.person-PL before die-3PL
'Lonely people die prematurely.'
b. *A katona háború-ban parancs-ra* ***öl****.*
the soldier war-INE command-SUB kill.3SG
'A soldier in war kills on command.'

さらに，(22) のように，同族目的語を伴う場合には，主要部外要素で変化結果の状態が，主要部で移行＋結果状態の両方が表される。このタイプは自己状態変化の表現に見られる。

（22） *{hősi halál-t / vértanúhalál-t}* ***hal***
hero's death-ACC martyrdom-ACC die
'die a heroic death / die a martyr's death'

[13] 形容詞 *puszta*「何もない，むき出しの」＋動詞派生接辞 *-ul / -ít*。
[14] スラングで相手を罵倒する際にも用いられる。

4.1.2.　主要部外要素のみ

主要部外要素のみで〈死亡〉を表す表現には 2 種類が存在する。いずれも主要部では，死に至る手段を表現し，使役状態変化の表現に多く見られる。1 つは，(23) で示すような，動詞接頭辞のみで表す場合である。この動詞語根は動詞接頭辞なしで使われた場合には，〈刺す〉の意味にしかならないが，動詞接頭辞があると死を意味する。

(23)　***le-****szúr*
down-stab
'stab to death'

完了を表す動詞接頭辞を伴うことによって，動詞で表された行為や動作が完了の意味を持ち，〈死亡〉の意味として解釈される場合もある。(24) の動詞 *fullad*, *fojt* は，動詞接頭辞なしではそれぞれ〈溺れる〉〈窒息させる〉の意味であるが，動詞接頭辞 *meg* を伴って，〈溺死する〉〈窒息死させる〉の意味となる。

(24) a.　***meg***-*fullad*
PRF-drown
'die by drawing'

b.　***meg***-*fojt*
PRF-strangle
'strangle to death'

(25) で示す *agyon* 'to.death' は特に〈死亡〉を表す専用の動詞接頭辞であり，[15] 殺害の手段となりうるさまざまな動詞と結合する。

(25)　***agyon***-*gázol*/*lő*/*szúr*…
to.death-run.over / shoot / stab
'kill by running over / shooting / stabbing'

もう 1 つは，(26) のように，結果句 *halálra* 'to death' のみで状態変化を表す場合である。動詞接頭辞 *agyon* と同様に，殺害の手段となりうるさまざまな動詞とともに用いることができる。

(26)　*halál-**ra***　*gázol*/*lő*/*szúr*…
death-SUB run.over / shoot / stab
'kill by running over / shooting / stabbing'

---

[15] 語源的には「脳」を意味する *agy* に上格接辞 *-n* が接続したもので，16 世紀半ばには *üt*「叩く」，*ver*「殴る」，あるいはこれらに類する動詞とともに用いられていた。その後，副詞へ，そして動詞接頭辞へと変化し，19 世紀からは *agyon-dicsér*「褒めちぎる」，*agyon-tanul*「死ぬほど勉強する」のように比喩的にも用いられるようになった (Zaicz (2006: 10))。

ここで興味深いのは，*agyon* も *halálra* も，主要部が非能格動詞の場合，その動詞によって下位範疇化されない項が具現化されるという点である。特に殺害の使役者と被使役者が同一の場合には，(27a, b) で示すように，再帰代名詞 *maga* を直接目的語として取る。

(27) a. **…** *ő 2001-ben* ***meg**-**hal**-t,* ***agyon**-itta*
he 2001-INE PRF-die-PST.3SG to.death-drink.PST.3SG.DEF
magá-t, …
oneself-ACC
'… he died in 2001, drank himself to death, …'
<https://orokbe.hu/2017/03/09/titkos-orokbeado-nagymama-harcol/>

b. *Gyakorlatilag halál-**ra** dolgoz-ta magá-t egy*
practically death-SUB work-PST.3SG.DEF oneself-ACC a
orvos Japán-ban, …
doctor Japan-INE
'A doctor in Japan has practically worked himself to death, …'
<https://www.origo.hu/nagyvilag/2017/06/halalra-dolgozta-magat-egy-orvos-japanban>

これらは，英語の結果構文と同様の構造を持つと考えられる。つまり，Levin and Rappaport Hovav (1995) が述べるように，非能格動詞の唯一項は結果述語の叙述を許さないため，結果状態を叙述するために新たな項を生起させ，その項を結果述語によって叙述するという構造にする必要がある。

(28) a. *Dora shouted hoarse.*

b. *Dora shouted herself hoarse.*

(Levin and Rappaport Hovav (1995: 35(2)-(3)))

4.1.3. 間接的表現

このタイプには，2 種類の比喩表現も存在する。1 つは主要部に移動動詞を用いるもの (29), (30) とそれ以外 (31) である。

(29)	***el-megy,***	***el-távozik,***	***ki-múlik***
	away-go	away-leave	out-pass
	'go away'	'become distant'	'pass away'

(30) a. ***el-esik***
away-fall
'die (in war)'

b. ***el-ejt***
away-drop
'capture (the enemy/the game)'

(31) a. ***el-huny***
away-close (one's eye)
'pass away'

b. ***ki-végez***
out-finish
'put sb to death'

そしてもう 1 つは (32) で示すような間接的表現である。

(32) a. *élet-é-t* ***veszt****-i*
life-POSS.3SG.ACC lose-3SG.DEF
'lose one's life'

b. *halál-á-t* ***okoz****-za*
death-POSS.3SG.ACC cause-3SG.DEF
'cause death'

4.2. 〈着座〉

4.2.1. 分割（移行主要部外）

〈着座〉の表現としては，分割の表現が見られる。(33a) で示すような〈座っている〉という状態を意味する動詞 *ül* を主要部に用い，移行を主要部外要素の中でも動詞接頭辞 *le* 'down' を伴うという表現方法がもっとも一般的である。この場合，動詞接頭辞 *le* が移行を担っていると考えられる。(33b) で示す使役状態変化には，*ül* に *-tet* という使役派生接辞を付加した使役形が用いられる。

(33) a. ***le****-ül*
down-sit
'sit down'

b. ***le****-ül-tet*
down-sit-CAUS
'sit (someone) down'

ほかにも，(34) で示すように，席を表す名詞とそれへの働きかけという組み合わせで，間接的に〈着座〉を表現する場合もある。

(34) a. *hely-et* ***foglal***
place-ACC occupy
'sit down'

b. *hel-lyel/szék-kel* ***kínál***
place-INST/place-INST supply
'offer a seat'

4.3. 〈覚醒〉

4.3.1. 主要部のみ・両方（完全重複）

〈覚醒〉の表現は，(35) で示すように，目覚めている状態を表す語 *ébren* から派生された動詞 *ébred, ébreszt* という動詞対を主要部に用い，[16] 主要部外要素の中でも動詞接頭辞 *fel* 'up' を伴う表現方法がもっとも一般的である。ここでの動詞接頭辞 *fel* は，移行だけでなく特定の結果状態をも表している。したがって，これらの表現では主要部と主要部外要素の両方が状態変化を表しているため，両方（完全重複）と分類される。

(35) a. ***fel-ébred***
up-wake
'wake up'

b. ***fel-ébreszt***
up-awake
'wake (someone) up'

4.3.2. 主要部外要素のみ

(36) で示すように，〈覚醒〉の原因あるいは使役手段を主要部で表し，状態変化を主要部外要素の中でも動詞接頭辞 *fel* 'up' のみで表すこともある。

(36) a. ***fel**-riad*
up-be.frightened
'wake up surprised'

b. ***fel**-riaszt*
up-frighten
'startle (someone) awake'

b′. ***fel**-ugat/ráz/ver*
up-bark/shake/hit
'bark/shake/hit (someone) awake'

〈死亡〉の表現で使用される *agyon* という動詞接頭辞の場合と同様に，主要部が非能格動詞の場合，その動詞によって下位範疇化されない項が具現化される。(37a) で示すように，動詞 *ugat* 'bark' は動詞接頭辞がない場合は，対象を着格接辞 *-ra* を伴う名詞句で表すが，動詞接頭辞 *fel* 'up' を伴って〈覚醒〉の意味で用いられる場合には，対象は対格接辞 *-t* を伴う目的語として表される。

(37) a. *A kutya ugat-ott a szomszéd-ok-ra.*
the dog bark-PST.3SG the neighbor-PL-SUB
'The dog barked at the neighbors.'

---

[16] -(*a/e*)*d* は自動詞派生辞，-(*a/e*)*szt* は他動詞派生辞。

b. *A kutya **fel**-ugat-ta a szomszéd-ok-at.*
the dog up-bark-PST.3SG.DEF the neighbor-PL-ACC
'The dog barked the neighbors awake.' (Bende-Farkas (2000))

なお，〈死亡〉の表現とは異なり，(38) のような，結果述語を用いた表現は許容されない (Bende-Farkas (2000))。

(38) *A kutya *éber-**re** ugat-ta a szomszéd-ok-at.*
the dog awake-SUB bark-PST.3SG.DEF the neighbor-PL-ACC
Lit. 'The dog barked the neighbors awake.' (Bende-Farkas (2000))

4.4. 〈喜悦〉

4.4.1. 分割

〈喜悦〉への状態変化の表現としては，移行が主要部のタイプとは異なる表現が見られる。(39) で示すような〈喜んでいる〉という意味を表す状態動詞 *örül* を主要部に用いて結果状態を表し，主要部外要素の中でも，完了を表す動詞接頭辞 *meg* を伴い移行を表す表現方法がもっとも一般的である。〈着座〉の表現とは異なり，使役派生接辞を付加した使役形による使役状態変化表現は用いられない。

(39) ***meg**-örül*
PRF-be.pleased
'be pleased'

使役状態変化表現には，(40) で示すように，喜びを表す名詞とそれへの働きかけという組み合わせの間接的表現が用いられる。

(40) *öröm-**re** **szolgál**,* *öröm-et **ad**/**okoz**/**szerez**...*
happiness-SUB serve happiness-ACC give/cause/obtain
'please' 'make (someone) happy'

また，(41) のように，形容詞 *boldog* 'happy' を用いた表現も可能である。

(41) a. *boldog-**gá** **vál.ik**,*
happy-TRANS turn
'become happy'
b. *boldog-**gá** **tesz***
happy-TRANS put
'make (someone) happy'
a′. *boldog **lesz***
happy become

'become happy'

4.5. 〈(物理的) 拡大〉

4.5.1. 主要部のみ・両方 (主要部外部分的)

〈(物理的) 拡大〉の表現としては，(42) で示すように，〈大きい〉を意味する形容詞 *nagy* の比較級形 *nagyobb* を語幹とする動詞対 *nagyobbul*, *nagyobbít* を主要部に用いる方法がもっとも一般的である。[17] この場合，通常は完了を表す動詞接頭辞 *meg* を伴う。

(42) a. ***meg-nagyobb-ul***
PRF-bigger-<vi>
'become bigger'

b. ***meg-nagyobb-ít***
PRF-bigger-<vt>
'make (something) bigger'

ほかにも，〈腫れる〉や〈膨張する〉を意味する動詞を主要部に用いることもあり，この場合も動詞接頭辞を伴う。

(43) a. ***meg-dagad***,
PRF-become.swollen
'become swollen'
meg-duzzad
PRF-bulk
'expand'

b. ***meg-dagaszt***,
PRF-swell<vt>
'make swell'
meg-duzzaszt
PRF-inflate<vt>
'make expand'

動詞接頭辞は完了を表す *meg* のほか，*fel* 'up' を伴う場合もある。*fel* はこの場合，日本語の複合動詞後項の「-上がる」のニュアンスに相当し，*fel-dagad* で「腫れ上がる」という意味になる。

4.5.2. 分割 (移行主要部外)

主要部のみ，あるいは主要部外要素のみの表現は見られないが，(44) で示すように分割の表現が見られる。〈大きい〉を表す形容詞が着格接辞 *-ra* を伴った結果句 *nagyra* を用いる表現である。

(44) a. *nagy-**ra*** ***nő***
big-SUB grow<vi>
'become big'

b. *nagy-**ra*** ***növeszt***
big-SUB grow<vt>
'make big'

---

[17] -(*u/ü*)*l* は自動詞派生辞，*-ít* は他動詞派生辞。

また，(45) のように，形容詞 *nagy* の比較級形 *nagyobb* 'bigger' を用いた表現も可能である。〈喜悦〉の表現とは異なり，通常は比較級形が用いられる。

(45) a. *nagyobb-**á*** ***vál.ik**,*
bigger-TRANS turn
'become bigger'

a′. *nagyobb* ***lesz***
bigger become
'become bigger'

b. *nagyobb-**á*** ***tesz***
big-ger-TRANS put
'make bigger'

4.6. 〈赤色化〉

4.6.1. 主要部のみ・両方（主要部外部分的）

〈赤色化〉の表現としては，(46) で示すように，〈赤い〉を意味する形容詞 *piros* を語幹とする動詞 *pirosodik* または *pirul* を主要部に用い，主要部外要素の中でも動詞接頭辞 *ki* 'out' を伴う表現方法がある。どちらも〈(顔などが) 赤らむ〉の意味で使われる。使役状態変化を表す *pirosít* という動詞も存在するが，一義的には唇を意味する *ajak* を目的語として取り，〈紅をさす〉の意味で，または身体部位を目的語に取り，〈赤らめる〉の意味で用いられる。

(46) a. ***ki-pirosodik**,* ***ki-pirul***
out-become.red out-turn.red
'become red'

b. ***ki-pirosít***
out-make.red
'turn red'

(47) で示すように，*pirul*—*pirít* の動詞対は，完了を表す動詞接頭辞 *meg* を伴って，〈焼き色がつく／焼き色をつける〉の意味で使われる。

(47) a. ***meg-pirul***
PRF-turn.red
'become browned'

b. ***meg-pirít***
PRF-turn.red
'make browned'

4.6.2. 両方（主要部分的）・主要部外要素のみ

主要部外要素のみで〈赤色化〉を表す表現としては，(48) のように，結果句 *pirosra* 'to red' のみで表す場合があり，使役状態変化の表現に用いる。赤色化の手段となりうるさまざまな動詞とともに用いることができる。

(48) *piros-**ra*** *fest/süt*
red-SUB paint/bake
'paint/bake red (brown)'

(48) のうち *fest* 'paint' は色の変化を含意するが，具体的な色は特定されていない。この場合は主要部が状態変化を部分的に表していると考える。〈覚醒〉の場合とは異なり，必ず結果句が必要である。結果句を伴わない (49b) は色が変化したことは含意するが，赤であることは特定できない。

(49) a.	*János*	*piros-**ra***	*fest-ette*	*a*	*kerítés-t.*
	John	red-SUB	paint-PST.3SG.DEF	the	fence-ACC
	'John painted the fence red.'				(Bende-Farkas (2000))
b.	*János*	***ki**-fest-ette*		*a*	*kerítés-t.*
	John	out-paint-PST.3SG.DEF		the	fence-ACC
	'John painted the fence.'				

4.7. 〈(物理的) 破壊〉

4.7.1. 主要部のみ・両方 (主要部外部分的／完全重複)

〈(物理的) 破壊〉の表現は，(50) で示すように，*törik*「割れる」―*tör*「割る」という動詞対を主要部に用い，主要部外要素の中でも完了を表す動詞接頭辞 *meg* のほかに，*össze* 'together'，*szét* 'asunder' を伴い表現される。*össze-* は〈ぶつけて割れる／割る〉場合に，*szét* は〈粉々に割れる／割る〉場合の表現に用いられる。

(50) a.	***meg / össze / szét-törik***	b.	***meg / össze / szét-tör***
	PRF / together / asunder-break		PRF / together / asunder-break<vt>
	'become broken'		'break'

(51) では，動詞 *törik* が〈粉々に〉という結果状態を表す *darabokra* 'to pieces' という名詞句を伴い，〈(物理的) 破壊〉を表現している。

(51)	*A*	*baleset-ben*	*darab-ok-**ra***	***tör-t***	*az első*
	the	accident-INE	piece-PL-SUB	break-PST.3SG	the first
	szovjet-orosz	*űr-repülőgép.*			
	Soviet-Russian	space-airplane			

'The first Soviet Russian space shuttle broke into pieces in the accident.'

halálra 'to death'，*nagyra* 'to big'，*pirosra* 'to red' など，これまでに見てきた結果句が用いられる際には，主要部では状態変化を表さなかったが，ここでは，主要部でも状態変化を表している点において，他の事象とは異なる。

4.7.2.　主要部外要素のみ

（52）で示す *tönkre* 'to ruin' は特に〈破壊〉を表す専用の動詞接頭辞である。[18]〈死亡〉を表す専用の動詞接頭辞 *agyon* が手段となりうるさまざまな動詞と結合するのとは対照的に，生産性は低く，通常，自己状態変化には *megy* 'go' を伴った形，使役状態変化には *tesz* 'put' を伴った形が用いられる。

(52) a. ***tönkre***-*megy,*　　b. ***tönkre***-*tesz*
to.ruin-go　　to.ruin-put
'be broken'　　'break'

4.8.　〈氷結〉

4.8.1.　主要部のみ・両方（主要部外部分的）

〈氷結〉の表現は，（53）で示すように，*fagy*〈凍る〉―*fagyaszt*〈凍らせる〉という動詞対を主要部に用い，主要部外要素の中でも動詞接頭辞 *meg* 'PRF' のほかに，*le* 'down'，*be* 'to in'，*össze* 'together' などを伴い表現される。*le* は身体部位や機械などの描写に用いられ，動かなくなる場合に，*be* は典型的には川や湖など，容器の中の液体の描写に，*össze* は凍ってくっつく場合の表現に用いられる。

(53) a. ***meg / le / be / össze-fagy***　　b. ***meg / le / be / össze-fagyaszt***
PRF / down / to.in /　　PRF / down / to.in /
together-freeze　　together-freeze <vt>
'become frozen'　　'freeze'

4.9.　〈温度上昇〉

4.9.1.　主要部のみ・両方（主要部外部分的）

〈温度上昇〉の表現は，（54）で示すように，〈あつい〉を意味する形容詞 *meleg* を語幹とする *melegedik*「あつくなる」―*melegít*「あつくする」という動詞対を主要部に用い，主要部外要素の中でも完了を表す動詞接頭辞 *meg* のほかに，*fel* 'up'，*ki* 'out'，*be* 'to in' などを伴い表現される。*fel* は局部的あるいは天候の，*meg* は内的要因による身体温度の，*ki* は外的要因による典型的には身体温度の，*be* は体感的名温度上昇の表現に用いられる。

[18] 語源的には「切り株」を意味する *tönk* に着格接辞 *-re* が接続したもので，18 世紀半ばには *tesz* 'put' とともに用いられていた。その後，19 世紀には *ver* 'hit'，*megy* 'go' を伴う例も見られるようになった（Zaicz (2006: 860)）。

(54) a. ***meg/fel/ki/be*-*melegedik***
PRF/up/out/to.in-become.warm
'get warm'

b. ***meg/fel/ki/be*-*melegít***
PRF/up/out/to.in-warm
'warm'

4.9.2. 分割（移行主要部外）

また，(55) のように，形容詞 *meleg* 'hot' を用いた表現も可能である。

(55) a. *meleg*-***gé*** ***válik,***
hot-TRANS turn
'become hot'

a′. *meleg* ***lesz***
hot become
'become hot'

b. *meleg*-***gé*** ***tesz***
hot-TRANS put
'make hot'

4.10. 〈(ドアなどの) 開放〉

4.10.1. 主要部のみ・両方（完全重複）

〈(ドアなどの) 開放〉の表現は，(56) で示すように，*nyílik* 'open<vi>'— *nyit* 'open<vt>' などの動詞対を主要部に用い，主要部外要素の中でも動詞接頭辞 *ki* 'out' を伴い表現される。〈覚醒〉の表現における動詞接頭辞 *fel* 'up' と同様，動詞接頭辞が移行だけでなく特定の結果状態を表しているので，両方（完全重複）に分類される。

(56) a. ***ki*-*nyílik/tárul***
out-open/open
'open<vi>'

b. ***ki*-*nyit/tár***
out-open<vt>/open<vt>
'open<vt>'

4.10.2. 主要部外要素のみ

(57) で示すように，〈開放〉の手段を主要部で表し，状態変化を主要部外要素の中でも動詞接頭辞 *ki* 'out' のみで表すこともある。これは使役状態変化の表現に見られ，〈覚醒〉の表現で動詞接頭辞 *fel* 'up' のみで状態変化が表現されるのと同様である。

(57) ***ki***-*lök/rúg/…*
out-shove/kick
'push/kick open'

4.11. 〈清潔化〉

4.11.1. 主要部のみ・両方（主要部外部分的）

〈清潔化〉の表現は，(58) で示すように，〈清潔な〉を意味する形容詞 *tiszta* を語幹とする *tisztul*「きれいになる」—*tisztít*「きれいにする」という動詞対を主要部に用い，主要部外要素の中でも完了を表す動詞接頭辞 *meg* のほかに *ki* 'out' を伴い表現される。*ki* は特に，空間の内部の汚れなどを取り除いて清潔化する場合の表現に用いられる。

(58) a. ***meg/ki-tisztul***
PRF/out-become.clean
'become clean'

b. ***meg/ki-tisztít***
PRF/out-make.clean
'make clean'

(59) で示すように，完了を表す動詞接頭辞を伴うことによって，動詞で表された行為や動作が完了の意味を持ち，〈清潔化〉の意味として解釈される場合もある。*meg* と *ki* の使い分けは *tisztul*—*tisztít* と同じである。これは主要部外のみと分類される。

(59) ***meg/ki***-*töröl*
PRF/out-wipe
'make clean by wiping'

4.11.2. 分割（移行主要部外）

また，(60) で示すように，結果句 *tisztára* 'to clean' を用いる表現も可能である。これらは使役状態変化の表現に見られる。

(60) *tisztá-**ra*** *töröl*
clean-SUB wipe
'wipe clean'

また，(61) のように，形容詞 *tiszta* 'clean' を用いた表現も可能である。

(61) a. *tisztá-**vá*** ***válik**,*
clean-TRANS turn
'become clean'

b. *tisztá-**vá*** ***tesz***
clean-TRANS put
'make clean'

a′. *tiszta* ***lesz***
clean become
'become clean'

4.12. 〈改善〉

4.12.1. 主要部のみ・両方（主要部外部分的）

〈改善〉の表現としては，(62) で示すように，〈いい〉を意味する形容詞 *jó* と同語源の動詞対 *javul*—*javít* を主要部に用い，主要部外要素の中でも完了を表す動詞接頭辞 *meg* または *fel* ‘up’ を伴う表現方法がもっとも一般的である。

(62) a. ***meg/fel-javul***
PRF-become.fixed
‘become fixed’

b. ***meg/fel-javít***
PRF-fix<vt>
‘fix’

このほか，使役状態変化を表す *javít* は，*ki* ‘out’ を伴って，〈誤りを修正する〉の意味で用いられる。

4.12.2. 分割（移行主要部外）

主要部のみ，あるいは主要部外要素のみの表現は見られないが，(63) のように，形容詞 *jó* ‘good’ を用いた表現も可能である。〈拡大〉の表現と同様に，通常は比較級形が用いられる。

(63) a. *jobb-**á*** ***válik,***
better-TRANS turn
‘become better’

a′. *jobb* ***lesz***
better become
‘become better’

b. *jobb-**á*** ***tesz***
better-TRANS put
‘make better’

5. 考察

5.1. 変異

ハンガリー語における状態変化表現には以下のようなパタンが見られることがわかった。

A. 主要部のみ： 動詞接頭辞なしの動詞のみで状態変化を表す場合は，主要部のみである。完了を表す動詞接頭辞（典型的には *meg*）を伴う場合が多いものの，単独で使われる場合もある。

B.　両方

主要部外部分的：状態変化動詞が完了を表す動詞接頭辞（典型的には *meg*）を伴う場合，動詞接頭辞はそれのみでは具体的な状態を表さず，不特定の状態への移行のみを表し，具体的な結果状態を指定していない。（例：***meg***-*hal* ‘die’，***meg***-*dagad* ‘become swollen’，***meg***-*javul* ‘become good’）。

完全重複：単独で状態変化を表すことのできる動詞に，移行と特定の結果状態を表す動詞接頭辞が伴う場合。（例：***ki-nyílik***（out-open），***fel-ébred***（up-wake））。

主要部部分的：主要部外要素が状態変化を表し，主要部が状態変化を部分的に表している場合。例えば，*pirosra* ***fest*** ‘paint red’ の動詞 *fest* が色は特定できないまでも色の変化を含意する場合のように，主要部が状態変化の一部を担う。

C.　主要部外要素のみ

一般的：主要部で特定の状態の達成を目的とする動詞が用いられ，一般的な動詞接頭辞が動詞の行為の典型的結果への移行を表す意味で解釈される（例：***le***-*szúr* ‘stab to death,’ ***meg/ki***-*töröl* ‘make clean by wiping’）。

特定：主要部で状態変化を含まない動詞が用いられ，それ自体で特定の結果状態への移行を表す動詞接頭辞が動詞の行為の結果への移行を表す（例：***ki***-*rúg*（out-kick）‘kick open,’ ***fel***-*riad*（up-be.frightened）‘wake up frightened’）。結果句は特定の状態の達成しか表せないが，動詞接頭辞にも特定の状態の達成しか表せないものがある。（例：***agyon***-*szúr* ‘stab to death,’ ***tönkre***-*tesz* ‘ruin’）。

D.　分割

移行主要部外：主要部で状態を表す動詞が用いられ，完了を表す動詞接頭辞（典型的には *meg*）を伴うもので，動詞接頭辞が移行の意味を加えている（例：***meg***-*örül* ‘become happy’，cf. *örül* ‘be happy’）。なお，このタイプの変種として，主要部外で方向の意味を加えることによって，移行の意味を加えるものもある（例：***le***-*ül* ‘sit down,’ cf. *ül* ‘sit’）。

移行主要部：主要部で移行を表す動詞が用いられ，その補語が結果状態を表す。

以上をまとめると，表2のようになる。

表2：ハンガリー語における状態変化事象と表現形式

	表現位置 / 変化	A. 主要部のみ	B. 両方			C. 主要部外要素のみ		D. 分割	
			主要部外部分的	完全重複	主要部部分的	一般的	特定	移行主要部外	移行主要部
6.	〈赤色化〉	✓	✓ (prev/adj)		✓ (Cased AP/NP)				✓ (Cased AP/NP)
11.	〈清潔化〉	✓	✓ (prev)						✓ (Cased AP/NP)
5.	〈拡大〉	✓	✓ (prev)						✓ (Cased AP/NP)
9.	〈温度上昇〉	✓	✓ (prev)						✓ (Cased AP/NP)
12.	〈改善〉	✓	✓ (prev)						✓ (Cased AP/NP)
4.	〈喜悦〉							✓ (prev)	✓ (Cased AP/NP)
2.	〈着座〉							✓ (prev)	
3.	〈覚醒〉	✓		✓ (prev)		✓ (prev)			
10.	〈開放〉	✓		✓ (prev)		✓ (prev)			
1.	〈死亡〉	✓	✓ (prev)			✓ (prev)	✓ (prev/Cased AP/NP)		
7.	〈破壊〉	✓	✓ (prev)	✓ (Cased AP/NP)			✓ (prev)		
8.	〈氷結〉	✓	✓ (prev)						

5.2. 状態の有界性と結果性

調査した状態変化表現の中で，形容詞語彙による表現形式を有するか否かでグループ分けすると，形容詞語彙による表現形式を有する事象には〈赤色化〉〈清潔化〉〈拡大〉〈温度上昇〉〈改善〉〈喜悦〉が，形容詞語彙による表現形式を持たない事象には〈着座〉〈覚醒〉〈開放〉〈死亡〉〈破壊〉〈氷結〉が含まれる。

興味深いのは，形容詞語彙による表現形式を有する事象タイプのうち，〈喜悦〉以外はすべて，【主要部のみ】の表現において，形容詞に由来する動詞語幹が用いられる点である。この点において，英語の状態変化動詞について，形容詞から派生したものとそうではないものに分け，両者の意味的な違いを研究した Beavers and Koontz-Garboden（2020）の，前者は諸言語において形容詞になりやすいものであり，後者は変化を含意するもの，という考察結果に合致する。さらにこの中で，結果句のみで変化を表現する形式を持ち合わせる〈赤色化〉〈清潔化〉と，持ち合わせていない〈拡大〉〈温度上昇〉〈改善〉を比べると，前者は変化が有界である（特定の時点で状態変化が終了する）のに対し，後者は非有界（明確な状態変化の終了時点が存在せず，継続的に状態が変化する可能性がある）であるといえる（Paradis（2001）参照）。中でも〈拡大〉は，形容詞の比較級形が動詞に内包されていることは注目に値する。

一方，形容詞語彙による表現形式を持たないものは，状態を主要部で表現する〈着座〉を除き，3つのタイプに分けることができる（松本・氏家（2024）参照）。1つは変化によって生じる一時的な状態を表すもので，〈覚醒〉〈開放〉が含まれる。この両者は，【主要部外のみ】で状態変化を表現することができる（〈覚醒〉は *fel* ‘up’），〈開放〉は *ki* ‘out’）という点で共通している。2つ目は変化によって生じる持続的な状態を表すもので〈死亡〉が含まれる。3つ目は変化によって生じる一時的な状態に加え，通常の状態あるいは理想的な状態から逸脱した状態を表すものであり，〈破壊〉〈氷結〉が含まれる。

5.3.　移動表現との比較

表2より，ハンガリー語の状態変化は，主要部のみで表現されることが圧倒的に多く，分割の表現が用いられる場合でも，移行は主要部で表されることがわかる。このことから，変化主要部表示型言語であるといえる。移動表現において経路が主要部で表されることはほとんどなく，経路はもっぱら主要部外要素で表されるため，移動表現と状態変化の表現とでは異なる表現タイプを取る言語である。ただし，一部の事象においては，主要部外要素のみで状態変化を表すことができる場合があり，移動表現と状態変化の表現との間のある種の連続性と考えることができる。

主要部外要素のうち，結果句（名詞／形容詞＋名詞関連要素）と動詞接頭辞の使い分けに着目すると，動詞接頭辞は，本調査で検証したすべての事象の状態変化の描写に用いられたが，結果句として観察されたのは（64）に示す4つのみであった。

（64）a.　*darab-ok-**ra***　〈破壊〉　　b.　*halál-**ra***　〈死亡〉
piece-PL-SUB　　death-SUB

c. *piros-**ra*** 〈赤色化〉
red-SUB

d. *tisztá-**ra*** 〈清潔化〉
clean-SUB

e. *nagy-ra* 〈拡大〉
big-SUB

これは（9）で示した移動表現において，移動の着点が明示されていれば，動詞接頭辞なしでも文はtelicと解釈されるという事実と重なる。つまり，主要部で表された移動の着点として，あるいは主要部で表された事象の結果として生じる状態として想定されうるものであれば共起可能である。使用範囲が限定的であることから，この言語において基本的な構造ではないといえる。

その代わりに，閉じた類であるはずの動詞接頭辞が時には特定の状態変化と結びつき，〈破壊〉における *tönkre* 'to ruin'，移行のみならず，結果状態をも表出する（〈死亡〉における *agyon* 'to death'，〈覚醒〉における *fel* 'up'，〈開放〉における *ki* 'out'）というのは，英語などと比較すると特筆すべき特徴であるといえる。この点も，移動表現において，動詞接頭辞がtelicityの表出と，具体的な個々の経路概念の表出を担っていることと並行するものと考えられる。

6. まとめ

本稿では，ハンガリー語の状態変化の表現について概観し，その特徴をまとめた。全体的な傾向としては，事象を問わず，文の主要部で状態変化を，主要部外要素（特に動詞接頭辞）で移行を表す組み合わせがもっとも多く見られた。Telicityの表示に動詞接頭辞を用いる点においては，移動表現との並行性が見られる。一方で，主要部で状態変化を表出する点においては，ハンガリー語は経路動詞をほとんど有せず，主要部で経路概念を表出することが稀であるため，移動表現とはまったく異なることがわかった。

今回の調査は，文献や内省に頼るものであったため，実際の使用において，この傾向がどのように現れるのかについては，数量的な研究によって検証する必要がある。今後の課題としたい。

参考文献

Beavers, John and Andrew Koontz-Garboden (2020) *The Roots of Verbal Meaning*, Oxford University Press, Oxford.

Bende-Farkas, Ágnes (2000) "Complex Predicates and Discourse Referents: The Case of Hungarian," Handout of talk given at the Workshop on Predicative Constructions, Berlin.

Bende-Farkas, Ágnes (2002) *Verb-Object Dependencies in Hungarian and English. A DRT-based Account*, PhD thesis, Stuttgart University.

Declerck, Renaat (1989) "Boundedness and the Structure of Situations," *Leuvense Bijdragen* 78, 275–308.

Depraetere, Ilse (1995) "On the Necessity of Distinguishing between (Un)boundedness and (A)telicity," *Linguistics and Philosophy* 18, 1–19.

江口清子 (2017)「ハンガリー語の移動表現」『移動表現の類型論』, 松本曜（編）, 39–64, くろしお出版, 東京.

Eguchi, Kiyoko (2020) "Patterns of Deictic Expressions in Hungarian Motion Event Descriptions," *Broader Perspectives on Motion Event Descriptions*, ed. by Yo Matsumoto and Kazuhiro Kawachi, 41–62, John Benjamins, Amsterdam.

江口清子 (2021)「第二言語習得における着点への到達の有無と移動表現：日本語・ハンガリー語の双方的比較」『ハンガリー研究』創刊号, 131–168.

Eguchi, Kiyoko (2025) "Path Coding in Hungarian: Focus on Preverbs," *Motion Event Descriptions from a Cross-linguistic Perspective*, ed. by Yo Matsumoto, De Gruyter Mouton, Berlin / New York.

É. Kiss, Katalin (1987) *Configurationality in Hungarian*, Reidel, Dordrecht.

É. Kiss, Katalin (2002) *The Syntax of Hungarian*, Cambridge University Press, Cambridge.

É. Kiss, Katalin (2004) "Egy igekötőelmélet vázlata [An outline of a preverb theory]," *Magyar Nyelv* 100, 15–43.

É. Kiss, Katalin (2008) "The Function and the Syntax of the Verbal Particle," ed. by Katalin É. Kiss, *Event Structure and Left Periphery*, 17–55, Springer, Dordrecht.

Goldberg, Adele E. (1995) *Constructions: A Construction Grammar Approach to Argument Structure*, University of Chicago Press, Chicago.

Goldberg, Adele E. and Ray Jackendoff (2004) "The English Resultative as a Family of Constructions," *Language* 80, 532–569.

Gruber, Jeffrey S. (1965) *Studies in Lexical Relations*, Doctoral dissertation, MIT.

池上嘉彦 (1981)『「する」と「なる」の言語学──言語と文化のタイポロジーへの試論』大修館書店, 東京.

影山太郎 (2006)「結果構文のタイポロジーに向けて」『人文論究』第 56 巻 2 号, 45–61.

Kardos, Éva (2012) *Toward a Scalar Semantic Analysis of Telicity in Hungarian*. Debrecen, Doctoral dissertation, University of Debrecen, Debrecen.

Kardos, Éva (2016) "Telicity Marking in Hungarian," *Glossa: A Journal of General Linguistics* 1(1): 41, 1–37.

Kardos, Éva and Imola-Ágnes Farkas (2022) "The Syntax of Inner Aspect in Hungarian," *Journal of Linguistics* 58(4), 807–845.

Kiefer, Ferenc (1992) "Az aspektus és a mondat szerkezete [Aspect and sentence structure]," *Strukturális magyar nyelvtan. I. Mondattan* [Structural Hungarian grammar], ed. by Ferenc Kiefer, 797–884, Akadémiai Kiadó, Budapest.

Kiefer, Ferenc (1994) "Aspect and Syntactic Structure," *The Syntactic Structures of Hungarian,* ed. by Ferenc Kiefer and Katalin É. Kiss, 415–464, Academic Press, San Diego/New York.

Kiefer, Ferenc (2000) *Jelentéselmélet* [Meaning theory], Corvina, Budapest.

Kiefer, Ferenc (2006) *Aspektus és akcióminőség—különös tekintettel a magyar nyelvre* [Aspect and Aktionsart—with special emphasis on Hungarian], Akadémiai Kiadó Budapest.

Kiefer, Ferenc and Mária Ladányi (2000) "Az igekötők [Preverbs]," *Strukturális magyar nyelvtan 3. Morfológia* [A structural grammar of Hungarian 3. Morphology], ed. by Ferenc Kiefer, 453–518, Akadémiai Kiadó, Budapest.

Levin, Beth and Malka Rappaport Hovav (1995) *Unaccusativity: At the Syntax-Lexical Semantics Interface*, MIT Press, Cambridge, MA.

Levin, Beth and Malka Rappaport Hovav (2013) "Lexicalized Meaning and Manner/Result Complementarity," *Studies in the Composition and Decomposition of Event Predicates*, ed. by Boban Arsenijević, Berit Gehrke and Rafael Marín, 49–70, Springer, Dordrecht.

松本曜・氏家啓吾（2024）「日本語における状態変化の表現 ― 認知的類型論の数量的研究 ―」『言語研究』第 166 号，29–57.

Paradis, Carita (2001) "Adjectives and Boundedness," *Cognitive Linguistics* 12, 47–64.

Talmy, Leonard (1991) "Path to Realization: A Typology of Event Conflation," *Proceedings of the Seventeenth Annual Meeting of the Berkeley Linguistics Society*, 480–519, Berkeley Linguistics Society.

Talmy, Leonard (2000) *Toward Cognitive Semantics, Vol. II: Typology and Process in Concept Structuring*, MIT Press, Cambridge, MA.

Wacha, Balázs (1976) "Az igeaspektusról [On verbal aspect]," *Magyar Nyelv* 72, 59–69.

Wacha, Balázs (1989) "A folyamatos-nem folyamatos szembeállásról [On the continuous-non-continuous opposition]," *Általános Nyelvészeti Tanulmányok* 17, 279–328.

Zaicz, Gábor, ed. (2006) *Etimológiai szótár* [Etymological dictionary], Tinta Kiadó, Budapest.

第6章

タイ語の状態変化表現*

高橋 清子
神田外語大学

1. はじめに

本稿の目的は，タイ語の状態変化表現の統語形式タイプを同定し，各種状態変化の統語形式タイプの異同を調査し，その異同の要因について考察することである。各種状態変化を表す統語形式タイプのバリエーションには，それら状態変化の個別的特徴（タイ語話者の認識）と統語形式（構文）の意味機能との間の整合性や非整合性が関与することを説明する。また，タイ語の状態変化表現は，動詞句連続構文を多用するという点で，移動表現と類似することを指摘する。

考察対象の状態変化は，日本語の状態変化表現を数量的に研究した松本・氏家（2024）に倣い，〈死亡〉，〈着座〉，〈覚醒〉，〈喜悦〉，〈温度上昇〉，〈拡大〉，〈赤色化〉，〈開放〉，〈破壊〉，〈氷結〉，〈改善〉，〈清潔化〉の12種類とする。これらのうち〈温度上昇〉と〈拡大〉については状態変化を経るものが有生物（人間や動物）か無生物（モノ全般）かで2種類に分けた。ただし身体部位の状態変化は便宜的に無生物の状態変化と見なした。〈温度上昇〉は体温の上昇（有生）とスープや部屋などの温度上昇（無生）に分け，〈拡大〉は人間の身体の成長（有生）と池や巣や腹などの大きさの拡大（無生）に分けた。さらに〈赤色化〉は〈葉や壁の赤色化〉と〈顔の赤色化〉に，〈開放〉は〈扉の開放〉と〈口の

* 本研究は科研費共同研究（19H01264）「空間移動と状態変化の表現の並行性に関する統一的通言語的研究」（研究代表者：松本曜氏）および国立国語研究所共同研究「述語の意味と文法に関する実証的類型論」（研究リーダー：松本曜氏）の研究成果の一部である。本稿執筆の過程で編者（松本曜氏，氏家啓吾氏）や陳奕廷氏，共同研究メンバーの松瀬育子氏およびその他の方々から様々な助言や示唆をいただいた。タイ語母語話者のメータピスィット，タサニー氏とウィモンサラウォン，アパポーン氏にはインタビュー調査にご協力いただいた。ここに記して感謝申し上げる。本稿に残る誤りや不備はすべて筆者の責任である。

開放〉に，〈破壊〉は〈卵の破壊〉と〈ガラスの破壊〉にそれぞれ特化して調べた。その結果，調査した状態変化は合計 17 種類となった（2.1.1 節の表 1；3 節の表 4）。

本研究の分析データは，タイ語母語話者コンサルタントへのインタビューによって得られた状態変化表現の用例とそれらの用例の使い方に関する百科事典的な情報である。百科事典的な情報とは，例えば，各用例はどのような状況でよく使われるのか，あるいは使えないのか，どのような表現意図で使われるのか，何が使われやすさや使われにくさに関与するのか，などの情報である。補助的な分析データとしてタイ語の大規模電子コーパスである TNC コーパス（Thai National Corpus, Third Edition [https://www.arts.chula.ac.th/ling/tnc3/]）から得られた例文も利用した。

本稿の構成は以下の通りである。第 2 節ではタイ語状態変化表現の主要構成素と統語形式タイプについて解説する。2.1 節で自己状態変化（状態変化のみ）を表す表現を扱い，2.2 節で使役状態変化（使役（手段）と状態変化）を表す表現を扱う。第 3 節では各種状態変化を表すのによく使われる統語形式タイプのバリエーションを示し，そのバリエーションにはどのような制約が反映されているのかを考察する。第 4 節では『khâa（殺す）+taay（死ぬ）』（殺して死ぬ）表現の特異性について他表現と比較しながら考察する。第 5 節ではタイ語の移動表現と状態変化表現に見られる並行性について論じる。最後に本稿の考察結果をまとめる（第 6 節）。

2. 状態変化表現の主要構成素と統語形式タイプ

2.1. 自己状態変化表現

2.1.1. 主要構成素

自己状態変化表現の主要構成素は「状態変化動詞」である。各種の自己状態変化を表す主な状態変化動詞（一般庶民の日常生活においてよく使われる基礎語彙としての状態変化動詞）は表 1 の通りである。左欄に列挙した考察対象の 17 種類の状態変化のうち，有生物の状態変化には「有生」という標示を付けた。無生物（身体部位を含む）の状態変化には付けていない。

〈死亡：有生〉	taay（死ぬ）
〈着座：有生〉	nâŋ（座る）
〈覚醒：有生〉	tùɯɯn（目覚める）
〈喜悦：有生〉	dii cay（嬉しくなる）
〈温度上昇：有生〉	ʔùn（温かくなる），rɔ́ɔn（熱くなる）
〈温度上昇〉	ʔùn（温かくなる），rɔ́ɔn（熱くなる）
〈拡大：有生〉	tə̀əp（成長する），too（大きくなる），yày（大きくなる）
〈拡大〉	khayǎay（拡がる），too（大きくなる），yày（大きくなる），phɔɔŋ（膨れる），buam（腫れる）
〈葉や壁の赤色化〉	dɛɛŋ（赤くなる），pen sǐi dɛɛŋ（赤色になる）
〈顔の赤色化〉	dɛɛŋ（赤くなる）
〈扉の開放〉	pə̀ət（開く）
〈口の開放〉	ʔâa（開く），prìʔ（わずかに開く）
〈卵の破壊〉	tɛ̀ɛk（割れる）
〈ガラスの破壊〉	tɛ̀ɛk（割れる）
〈氷結〉	khɛ̌ŋ（硬くなる，凍る）
〈改善〉	dii（良くなる）
〈清潔化〉	sàʔàat（清潔になる，きれいになる）

表1：主な状態変化動詞

表1に挙げた〈着座〉を表す状態変化動詞 nâŋ（座る）と〈氷結〉を表す状態変化動詞 khɛ̌ŋ（硬くなる，凍る）について少し解説を加える。

〈着座〉を表す状態変化動詞 nâŋ（座る）は動作主を項としてとるいわゆる非能格（unergative）の自動詞だが，そのほかはすべて動作主を項としてとらないいわゆる非対格（unaccusative）の自動詞である。ただし2.2.2節で解説する使役状態変化表現のB4タイプ（活動動詞と状態変化動詞から成る単節；いわゆる典型的な結果構文）に生起する nâŋ（座る）は非対格の読みとなる。例えば，『kháw（彼）＋phlàk（突き飛ばす）＋phɔ̂ɔ（父）＋nâŋ（座る）』（彼が父を突き飛ばし（父が）座る）に含まれる nâŋ（座る）は〈尻もちを搗く〉ことを意味する。

〈氷結〉を表す状態変化動詞 khɛ̌ŋ（硬くなる，凍る）は基本的に固体が硬くなることを表すが，液体が硬くなること，すなわち凍ることも表せる（高橋(2015)）。常夏のタイでは液体が自然に凍ることはなく，凍ることを意味する動詞も必要なかったはずであるが，近年になって各地で氷の製造販売が常態化し日常的に氷を扱うようになった結果，氷を『nám（水）＋khɛ̆ŋ（硬くなっている）』（硬くなっている水，氷）と呼ぶようになり，khɛ̆ŋ が凍ることを意味するようになったのであろう。

タイ語の状態変化動詞は多義的である。まず，自己状態変化と状態のどちらの意味にも解釈できる動詞がある。一時的状態を表す動詞だけでなく（例：dii cay（嬉しくなる / 嬉しい），ʔùn（温かくなる / 温かい），rɔ́ɔn（熱くなる / 熱い），phɔɔŋ（膨れる / 膨れている），buam（腫れる / 腫れている），khɛ̆ŋ（硬くなる / 硬い，凍る / 凍っている），sàʔàat（清潔になる / 清潔だ，きれいになる / きれいだ）），恒常的状態を表す動詞も，完了相標識を伴うことが多いが，完了相標識を伴わずとも自己状態変化の意味を表せる（例：too（大きくなる / 大きい），yày（大きくなる / 大きい），dɛɛŋ（赤くなる / 赤い），dii（良くなる / 良い））。さらに，使役状態変化，自己状態変化，状態のいずれの意味にも解釈できる動詞がある（例：pə̀ət（開ける / 開く / 開いている））。[1] これらの多義的な動詞は，生起する統語位置や談話文脈によってその意味解釈が決まる。

2.1.2. 統語形式タイプ

自己状態変化表現の統語形式は，状態変化動詞を単独主動詞（head verb）として使うタイプ（A1）と状態変化動詞を共主動詞（cohead verb）として使うタイプ（A2）の 2 タイプに分類できる。[2] 以下に典型例を挙げる。

A1. 単独主動詞の状態変化動詞を使う

（1） [phɔ̂ɔ taay dûay rôok mareŋ]
父 死ぬ ～によって 病気 癌
父は癌で死ぬ〈死亡〉
状態変化を表す単独主動詞：taay（死ぬ）

A2. 共主動詞の状態変化動詞を組み合わせて使う，あるいは，共主動詞の状態変化動詞と状態変化を表さない動詞を組み合わせて使う（共主動詞の中の少なくとも 1 つが状態変化を表す）

---

[1] 詳しくは 2.2.1 節の表 3「Thepkanjana（2000）による使役状態変化動詞を含む他動詞の分類」を参照のこと。

[2] 共主動詞（cohead verb）とは「単節の中に主動詞と見なせるものが複数存在する言語におけるそれぞれの主動詞」を意味する。松本（2017: 8）が「共主要部（cohead）」と呼ぶものと同義である。

(2)　[phɔ̂ɔ pùay taay]
父　病気になる　死ぬ
父は病気になって死ぬ〈死亡〉
状態変化を表す共主動詞：taay（死ぬ）
共事象（co-event）（原因）を表す共主動詞：pùay（病気になる）[3]

(3)　[phɔ̂ɔ nâŋ loŋ bon phɯ́ɯn]
父　座る　下る　〜の上　床
父は床の上に座る〈着座〉
状態変化を表す共主動詞：nâŋ（座る）
共事象（方向）を表す共主動詞：loŋ（下る）

(4)　[phɔ̂ɔ nɯ́k dii cay]
父　思う　嬉しくなる
父は嬉しく思う〈喜悦〉
状態変化を表す共主動詞：dii cay（嬉しくなる）
共事象（認識）を表す共主動詞：nɯ́k（思う）

(5)　[bay máy klaay pen sǐi dɛɛŋ]
葉　移り変わる　なる　色　赤
葉は移り変わって赤色になる；葉は赤色に移り変わる〈赤色化〉
状態変化を表す共主動詞：pen（なる）
共事象（漸次的変化）を表す共主動詞：klaay（移り変わる）

(6)　[khày pliw tòk tɛ̀ɛk]
卵　ふわりと動く　落ちる　割れる
卵はふわりと落ちて割れる〈卵の破壊〉
状態変化を表す共主動詞：tɛ̀ɛk（割れる）
共事象（原因である移動）を表す共主動詞：pliw（ふわりと動く），tòk（落ちる）

---

[3] 共事象（co-event）とは「枠付け事象に対して特定の補助関係を持つ事象」を意味する（Talmy（2000: 27–29, 220））。枠付け事象（framing event）とは「複合事象の中で主要な役割を持つ事象」を意味する（Talmy（2000: 217–219））。これらは松本（2017: 5–6）が「共イベント」，「枠付けイベント」と呼ぶものと同義である。枠付け事象，共事象は「事象統合の類型論（typology of event integration）」（Talmy（2000, Chapter 3））に基づく概念である。複合的な状態変化事象（自己状態変化事象および使役状態変化事象）の枠付け事象は状態変化である。

『pùay（病気になる）＋taay（死ぬ）』（病気になって死ぬ），『tòəp（成長する）＋too（大きくなる）』（成長して大きくなる），『klaay（移り変わる）＋pen sĭi dɛɛŋ（赤色になる）』（移り変わって赤色になる），『tòk（落ちる）＋tɛ̀ɛk（割れる）』（落ちて割れる）など，共主動詞としての自動詞2つが組み合わされた自己状態変化表現（A2タイプの下位分類）は，いわゆる結果構文とは通常見なされず，結果構文に関する研究では（あるいは，広く動詞（句）連続構文に関する研究でも）言及されることが少ない表現であるが，タイ語ではよく使われる表現である（高橋（2010: 119））。

自己状態変化表現に使役状態変化動詞や使役手段を表す活動動詞が共主動詞として生起することはない。単節の中でそれらの動詞が共主動詞として使われるとき，その節は使役状態変化を表す（2.2.2節のB2, B3, B4タイプ）。

2.2. 使役状態変化表現

2.2.1. 主要構成素

使役状態変化表現の主要構成素は「（使役と状態変化を表す）使役状態変化動詞」と「（使役手段のみを表す）活動動詞」と「（状態変化のみを表す）状態変化動詞」である。

考察対象の17種類の状態変化の中で使役状態変化動詞が存在するのは7種類である。表2に主な使役状態変化動詞を挙げた。

〈死亡：有生〉	khâa（殺す）
〈覚醒：有生〉	plùk（目覚めさせる）
〈拡大〉	khayăay（拡げる）
〈扉の開放〉	pə̀ət（開ける）
〈口の開放〉	ʔâa（開ける），prìʔ（わずかに開ける）
〈氷結〉	chɛ̂ɛ khĕŋ（凍らす）
〈清潔化〉	tham khwaam sàʔàat（清潔にする，きれいにする）

表2：主な使役状態変化動詞

表2に挙げた〈氷結〉を表す使役状態変化動詞 chɛ̂ɛ khĕŋ（凍らす）と〈清潔化〉を表す使役状態変化動詞 tham khwaam sàʔàat（清潔にする，きれいにする），および表2に挙げられていない〈破壊〉を表す使役状態変化動詞 thamlaay（破壊する，壊す）について少し解説を加える。

〈氷結〉の chɛ̂ɛ khĕŋ（凍らす）と〈清潔化〉の tham khwaam sàʔàat（清潔にする，きれいにする）は複合動詞である。chɛ̂ɛ khĕŋ（凍らす）は chɛ̂ɛ（浸す，冷水に浸して冷たくする）と khěŋ（硬くなる，凍る）から成る。tham khwaam sàʔàat（清潔にする，きれいにする）は tham（する，作る）と khwaam sàʔàat（清潔さ）から成る。基本的な（多くは単音節の）動詞と異なり，これら複音節の複合動詞の使用には制約が見られる。

chɛ̂ɛ khěŋ（凍らす）は動詞述語（2.2.2 節の B1 タイプ）として使われることはほとんどない（高橋（2015））。『chɛ̂ɛ khěŋ（凍らす）＋plaa（魚）』（意図する意味：魚を凍らす）は耳慣れない表現である。魚を凍らすことを表現するには『ʔaw（持つ）＋plaa（魚）＋maa（来る）＋chɛ̂ɛ khěŋ（凍らす）』（魚を持って来て凍らす；凍らすために魚を持って来る）などの分析的な表現が使われる。『kûŋ（エビ）＋chɛ̂ɛ khěŋ（凍っている）』（冷凍エビ）や『kày（鶏）＋chɛ̂ɛ khěŋ（凍っている）』（冷凍鶏）など，冷凍食品を意味する名詞句の構成素として使われることが多い。もともと chɛ̂ɛ（浸す）と yen（冷たくなる）から成る複合動詞 chɛ̂ɛ yen（(冷水に浸してあるいは冷蔵庫に入れて）冷たくする）があり，近年の冷凍技術の進歩と冷凍食品の産業化および一般家庭への冷凍庫の普及に伴って冷凍製品を扱うことが一般化した結果，chɛ̂ɛ yen（(冷水に浸してあるいは冷蔵庫に入れて）冷たくする）からの類推で chɛ̂ɛ khěŋ（(冷凍庫に入れて）凍らす）が作られたのだろうと考えられる。

tham khwaam sàʔàat（清潔にする，きれいにする）は直訳すると〈清潔さを作る〉であり，比喩的表現の1種だが，〈掃除する〉という意味で日常的によく使われ，日常生活の基礎語彙として定着している。『tham khwaam sàʔàat（きれいにする）＋hɔ̂ŋ（部屋）』（部屋をきれいにする）はよく使う表現だが，『tham khwaam sàʔàat（きれいにする）＋sɯ̂a（上着）』（意図する意味：上着をきれいにする）はおかしい。上着をきれいにすることを表現するには『tham（直接対象に何かする）＋sɯ̂a（上着）＋sàʔàat（きれいになる）』（ほこりをはらったり手洗いしたりなど上着に直接何かをして（上着が）きれいになる，上着をきれいにする）（2.2.2 節の B4 タイプ，例（14））や『sák（洗う）＋sɯ̂a（上着）＋[hây（補部標識）＋sàʔàat（きれいになる）]』（きれいになるよう上着を洗う）（2.2.2 節の B5 タイプ，例（17））などの表現が使われる。

thamlaay（破壊する，壊す）は抽象度の高い破壊を表し，具体的な行為や過程は特定しない。そのため，〈卵の破壊〉や〈ガラスの破壊〉を表すために thamlaay（破壊する，壊す）が使われることは通常ない。卵やガラスの破壊を表現するには，どのような道具やどの身体部位を使ってどのような性質のものに対してどのように動くのかを具体的に表す〈たたく〉（例：thúp（上からたたきつける），tii（手やもので打つ，たたく），tòp（平手や扁平なもので強くたたく），tɔ̀y（殴る，硬いものをたたき割る），chók（拳で殴る））や〈投げる〉

(例：yoon（ポイと軽く投げる，放る），khwâaŋ（投げつける，身体をひねり反動をつけて投げる），paa（身体全体の反動を使わず腕だけで近くに投げる，払いのける））などの使役手段を表す活動動詞と状態変化動詞 tɛ̀ɛk（割れる）を組み合わせた使役状態変化表現（2.2.2 節の B4 タイプ，例（13））を使うのが普通である。

上の表 2 に挙げた 8 つの使役状態変化動詞は，下の表 3 に示した Thepkanjana（2000）の分類基準によって 2 つのタイプに大別できる。

Thepkanjana（2000）は，自動詞と交替可能か（同形の自動詞を持つか），どのような意味特性を持つか，という基準によってタイ語の使役状態変化動詞を含む他動詞（lexical causatives）を 5 つのタイプ（I.1，I.2，I.3，II.1，II.2）に分類した。I.1 は交替可能な（alternating）使役活動動詞，I.2 と I.3 は交替可能な使役状態変化動詞，II.1 は交替不可能な（non-alternating）使役状態変化動詞，II.2 は交替不可能な活動動詞である。使役状態変化動詞（I.2，I.3，II.1）に焦点を絞ると，I.2 タイプ（例：pə̀ət（開ける / 開く / 開いている））と I.3 タイプ（例：hàk（折る / 折れている））は同形の自動詞を持つ多義的な動詞であるが，II.1 タイプ（例：khâa（殺す））は同形の自動詞は持たず，意味的に対応する自動詞（例：taay（死ぬ））が別個に存在する。

I. 自他交替可能動詞	自他交替可能な他動詞は状態変化（受影物の変化）を主に描写する。使役の意味は具体性に乏しい。例えば，mŭn（回す / 回る）は具体的にどのように回すのかについて特定しない。交替する自動詞は，内的な自発的要因による状態変化（例：死ぬ，溶ける）ではなく，外的な直接的要因による状態変化（例：回る，開く）を表す。交替する自動詞の種類によって 3 つのタイプに分かれる。 I.1. 活動（activity）動詞と交替する： mŭn（回す / 回る），khlʉ̂an（動かす / 動く），kradɔɔn（弾ませる / 弾む）など，受影物の持続的な活動（運動や移動）を導く持続的使役あるいは瞬間的使役を表す使役活動動詞 I.2. 状態変化（inchoative）動詞および状態（stative）動詞と交替する： pə̀ət（開ける / 開く / 開いている），phaŋ（崩壊させる / 崩壊する / 崩壊している），dàp（（火を）消す /（火が）消える / 消えている），khôon（（木を）倒す /（木が）倒れる / 倒れている）など，受影物の状態変化（形状変化や位置変化）を導く持続的使役あるいは瞬間的使役を表す使役状態変化動詞 I.3. 状態動詞と交替する： hàk（（棒を）折る /（棒が）折れている），pháp（（紙を）折る /（紙が）折れている），bìt（ねじる / ねじれている），phlík（ひっくり返す / ひっくり返っている）など，受影物の状態変化（形状変化や位置変化）を導く瞬間的使役を表す使役状態変化動詞

II. 自他交替不可能動詞	自他交替不可能な他動詞は使役手段（行為や過程）を主に描写する。状態変化の達成は，可能であり期待されることではあるが，保証はされない。自動詞とは交替しない。 II.1. 固有の結果（inherent effects）を表す： chìik（破く），khâa（殺す），tàt（切る），sák（布類を洗う），sɔ̂m（修理する），sâaŋ（創造する，建設する）など，受影物の状態変化（固有の結果）を導く持続的使役（破壊や創造）を表す使役状態変化動詞 II.2. 可能な結果（potential effects）を表す： tii（たたく），tɔ̀y（殴る），tèʔ（蹴る），chon（衝突する），khàt（磨く）など，持続的使役（表面接触や打撃）を表す活動動詞

表3：Thepkanjana（2000）による使役状態変化動詞を含む他動詞の分類

Iタイプは対応する同形の自動詞がある。I.1タイプは持続的使役あるいは瞬間的使役とその結果の活動（運動や移動）を表す使役活動動詞である。I.2タイプは持続的使役あるいは瞬間的使役とその結果の状態変化（形状変化や位置変化）を表す使役状態変化動詞である（例：pə̀ət（（扉を）開ける）；扉を開ける行為は瞬間的使役と捉えられることもあれば，持続的使役と捉えられることもある；扉を開ける行為と扉が開く状態変化が瞬時に同時に成立する，あるいは，扉を開けている最中のある時点で扉が開く）。I.3タイプは瞬間的使役とその結果の状態変化（形状変化や位置変化）を表す使役状態変化動詞である（例：hàk（（棒を）折る）；棒を折る行為は常に瞬間的使役と捉えられる；棒を折る行為と棒が折れる状態変化が瞬時に同時に成立する）。IIタイプは対応する同形の自動詞がない。II.1タイプは持続的使役とその固有の結果である状態変化を表す使役状態変化動詞である（例：khâa（殺す）；殺す行為はその固有の結果として死ぬ状態変化を伴う）。II.2は使役手段になり得る行為や過程を表す活動動詞である。

表2に挙げた8つの使役状態変化動詞は，表3に示したThepkanjana（2000）の分類に従えば，I.2タイプとII.1タイプに分けられる。

I.2タイプ：　khayǎay（拡げる / 拡がる / 拡がっている）
pə̀ət（開ける / 開く / 開いている）
ʔâa（開ける / 開く / 開いている）
prìʔ（わずかに開ける / わずかに開く / わずかに開いている）
II.1タイプ：khâa（殺す）（vs. taay（死ぬ））
plùk（目覚めさせる）（vs. tùɯn（目覚める））
chɛ̂ɛ khɛ̌ŋ（凍らす）（vs. khɛ̌ŋ（凍る））

tham khwaam sàʔàat（清潔にする，きれいにする）（vs. sàʔàat（清潔になる，きれいになる））

これら 8 つの使役状態変化動詞の意味には使役と状態変化の両方が含まれている。つまり khayǎay（拡がる）という状態変化は khayǎay（拡げる）という使役の必然的含意であり，taay（死ぬ）という状態変化は khâa（殺す）という使役の必然的含意である。一方，II.2 タイプの tham（直接対象に何かをする），thɛɛŋ（刺す），sakìt（つつく），líaŋ（養育する），thúp（上からたたきつける）などの活動動詞の意味には使役手段（行為や過程）しか含まれない。

例えば，『caan（皿）＋tɛ̀ɛk（割れる）』（皿が割れる）という表現が表す事象は『thúp（上からたたきつける）＋caan（皿）』（皿を上からたたきつける）という表現が表す事象の必然的含意ではないのか，皿を上からたたきつけたらその皿は割れるはずだ，と考える人がいるかもしれない。しかし thúp（上からたたきつける）が表すのは基本的に使役手段（上からたたきつけるという行為）のみである。tɛ̀ɛk（割れる）という状態変化は thúp（上からたたきつける）という行為のいわば語用論的含意（言語使用者の想定や期待や目的などが関与する含意）であるといえる。tɛ̀ɛk（割れる）という状態変化は thúp（上からたたきつける）という行為の可能な結果ではあるが，固有の結果ではない。

使役手段（行為や過程）を主に描写する II.1 タイプの動詞は状態変化の意味をキャンセルしやすいが（例：殺したが死ななかった），状態変化（受影物の変化）を主に描写する I.2 タイプの動詞はキャンセルしにくい（例：?開けたが開かなかった）。蔡（2004）は日本語の結果キャンセル構文を考察し，結果キャンセルの容認性には語用論的要因が大きくかかわることを指摘した。蔡(2004)によれば，結果キャンセル構文の容認性は，動詞のアスペクト性，特定の目的語と動詞の組み合わせによって喚起される背景知識に基づく推論，行為や結果の限界的（telic）な解釈に影響する副詞類（例：「一生懸命」，「よく」，「もう」，「最後まで」）の介入，動詞に内在する意図性の読み取り，できるだけ正確な情報を与えられ余計な推論をしないか（Q-principle, Levinson（2000: 76））できるだけ少ない情報を与えられ積極的に推論をするか（I-principle, Levinson（2000: 114–115））の違い，などにより変わるという。例えば「?扉を開けたけど開かなかった」を「その重い扉を開けたけど開かなかった」，「足しか使えなかったので，扉を開けたけど開かなかった」，「一生懸命扉を開けたけど開かなかった」，「扉を開けたけど最後まで開かなかった」などの表現に変えれば容認する人が増えるという。

このような容認性のゆらぎはタイ語の状態変化表現にも見られる。例えば，使役状態変化表現（2.2.2節のB4タイプ）の『sák（洗う）＋sûa（上着）＋sàʔàat（きれいになる）』（上着を洗って（上着が）きれいになる）を容認する人もいれば，容認しない人もいる。これは，〈上着がきれいになる〉という状態変化と〈上着を洗う〉という使役手段を，複合事象の枠付け事象と共事象（〈洗ってきれいになる〉という単一事象を構成する2つの事象）と捉える人（容認する人）もいれば，それぞれ独立した個別の事象と捉える人（容認しない人）もいるからである。容認しない人の中には次のような考えを持つ人がいる。hây（非現実事態を表す補部節を導く補部標識（irrealis complementizer, Takahashi（2012: 128））を使って目的（きれいになるよう）を明示化する使役状態変化表現（2.2.2節のB5タイプ）の『sák（洗う）＋sûa（上着）＋[hây（補部標識）＋sàʔàat（きれいになる）]』（きれいになるよう上着を洗う）（例（17））を使わなければならない。また，次のような考えを持つ人もいる。その上着の素材や縫製あるいはいつもその上着を洗う道具や洗い方などによって，その上着には〈洗うと必ずきれいになる〉という特質があり，話し手に〈そのような特質を持つ上着〉という認識があるのであれば，その上着について『sák（洗う）＋sàʔàat（きれいになる）』（洗ってきれいになる）と表現することはできる。

2.2.2.　統語形式タイプ

使役状態変化表現の統語形式は，使役状態変化動詞を単独主動詞として使う単節タイプ（B1），使役状態変化動詞と状態変化を表さない動詞を共主動詞として使う単節タイプ（B2），使役状態変化動詞と状態変化動詞を共主動詞として使う単節タイプ（B3），活動動詞と状態変化動詞を共主動詞として使う単節タイプ（B4），状態変化動詞を補部節の中で使う単節タイプ（B5），状態変化動詞を後続節の中で使う複節タイプ（B6）の6タイプに分類できる。B1＜B2/B3/B4＜B5＜B6の順に形式の複雑さが増す。以下に典型例を挙げる。[4]

B1. 単独主動詞の使役状態変化動詞を使う

（7）　[kháw khâa phɔ̂ɔ]
　　　彼　　殺す 父
　　　彼は父を殺す〈死亡〉
　　　使役と状態変化を表す単独主動詞：khâa（殺す）

---

[4] 使役は共事象の1種であるが，便宜的に他の共事象と分けて「使役」と表記した。

B2. 共主動詞の使役状態変化動詞と状態変化を表さない動詞を組み合わせて使う（共主動詞の中の 1 つが使役と状態変化を表し，その他の共主動詞は使役も状態変化も表さない）

(8) [kháw khayǎay sàʔ ʔɔ̀ɔk pay]
彼 拡げる 池 出る / 遠ざかる 行く
彼は池を拡げて（池が）遠ざかって行く；彼は池を拡げる〈拡大〉
使役と状態変化を表す共主動詞：khayǎay（拡げる）
共事象（方向）を表す共主動詞：ʔɔ̀ɔk（出る / 遠ざかる），pay（行く）

(9) [kháw pə̀ət pratuu ʔɔ̀ɔk]
彼 開ける 扉 出る
彼は扉を開けて（扉が）出る；彼は外側に扉を開ける〈扉の開放〉
使役と状態変化を表す共主動詞：pə̀ət（開ける）
共事象（方向）を表す共主動詞：ʔɔ̀ɔk（出る）

(10) [kháw mây prìʔ pàak phûut]
彼 否定 わずかに開ける 口 話す
彼は話すために口を開けることをしない；話さない〈口の開放〉
使役と状態変化を表す共主動詞：prìʔ（わずかに開ける）
共事象（目的）を表す共主動詞：phûut（話す）

B3. 共主動詞の使役状態変化動詞と状態変化動詞を組み合わせて使う

(11) [kháw khâa phɔ̂ɔ taay]
彼 殺す 父 死ぬ
彼は父を殺し（父が）死ぬ〈死亡〉
使役と状態変化を表す共主動詞：khâa（殺す）
状態変化を表す共主動詞：taay（死ぬ）

B4. 共主動詞の活動動詞と状態変化動詞を組み合わせて使う（いわゆる典型的な結果構文）

(12) [kháw thɛɛŋ phɔ̂ɔ taay]
彼 刺す 父 死ぬ
彼は父を刺し（父が）死ぬ〈死亡〉
使役手段を表す共主動詞：thɛɛŋ（刺す）
状態変化を表す共主動詞：taay（死ぬ）

（13）　[kháw thúp khày tɛ̀ɛk]
彼　上からたたきつける　卵　割れる
彼は卵を上からたたきつけて（卵が）割れる〈卵の破壊〉
使役手段を表す共主動詞：thúp（上からたたきつける）
状態変化を表す共主動詞：tɛ̀ɛk（割れる）

（14）　[kháw tham sûa sàʔàat]
彼　直接何かをする　上着　清潔になる
彼は（ほこりを払ったり手洗いをしたりなど）上着に直接何かをして（上着が）きれいになる；彼は上着をきれいにする〈清潔化〉
使役手段を表す共主動詞：tham（直接何かをする）
状態変化を表す共主動詞：sàʔàat（清潔になる）

B5. 補部節の中で状態変化動詞を使う

（15）　[kháw khɔ̌ɔ [hây phɔ̂ɔ nâŋ]]
彼　乞う　補部標識　父　座る
彼は父が座るよう乞う；彼は乞い父を座らせる〈着座〉
目的を表す補部節の中の状態変化を表す単独主動詞：nâŋ（座る）

（16）　[kháw sakìt phɔ̂ɔ [hây (phɔ̂ɔ) tɯ̀ɯn]]
彼　つつく　父　補部標識（父）　目覚める
彼は（父が）目覚めるよう父をつつく；彼は父をつついて目覚めさせる〈覚醒〉
目的を表す補部節の中の状態変化を表す単独主動詞：tɯ̀ɯn（目覚める）

（17）　[kháw sák sûa [hây (man) sàʔàat]]
彼　洗う　上着　補部標識（それ）清潔になる
彼は（それ（＝上着）が）きれいになるよう上着を洗う；彼は上着を洗ってきれいにする〈清潔化〉
目的を表す補部節の中の状態変化を表す単独主動詞：sàʔàat（清潔になる）

B6. 後続節の中で状態変化動詞を使う

（18）　[kháw hây khɔ̌ɔŋ khwǎn phɔ̂ɔ]
彼　与える　贈り物　父
[tham hây phɔ̂ɔ dii cay]
その結果〜　父　嬉しくなる

彼は父に贈り物をし，その結果，父は嬉しくなる；彼は父に贈り物をし，父を嬉しがらせる〈喜悦〉

結果を表す後続節の中の状態変化を表す単独主動詞：dii cay（嬉しくなる）

（19） [kháw thaa sǐi dɛɛŋ bon fǎa phanǎŋ]
彼 塗る 色 赤 ～の上 壁
[tham hây fǎa phanǎŋ dɛɛŋ]
その結果～ 壁 赤くなる

彼は壁に赤色を塗り，その結果，壁は赤くなる；彼は壁に赤色を塗り，壁を赤くする〈赤色化〉

結果を表す後続節の中の状態変化を表す単独主動詞：dɛɛŋ（赤くなる）

（20） [plaa yen] [con （man） khɛ̌ŋ]
魚 冷たくなる ～まで/ほど（それ）凍る

魚は冷たくなって（それ（＝魚）は）ついに凍る；魚は冷たくなって（それ（＝魚）は）凍るほどだ〈氷結〉

結果/程度を表す後続節の中の状態変化を表す単独主動詞：khɛ̌ŋ（凍る）

Kessakul and Methapisit（2000）によれば，タイ語のいわゆる結果構文（共主動詞2つから成る単節の使役状態変化表現）の典型は活動動詞と状態変化動詞の組み合わせ（B4 タイプ）であるという。つまり，先行する共主動詞が使役手段の行為や過程を表し，後続する共主動詞が状態変化を表す『thɛɛŋ（刺す）＋taay（死ぬ）』（刺して死ぬ）（例（12））のような表現が最もよく使われるという。使役手段を表す共主動詞と状態変化を表す共主動詞を組み合わせることこそがタイ語話者にとっての典型的な結果構文（使役状態変化表現）の作り方である，ということであろう。一方，2つの共主動詞に状態変化の意味が分散している B3 タイプはあまり使われないという。実際，次節で見るように，調査した使役状態変化表現の中で B3 タイプの統語形式をよく使うのは〈死亡〉の表現，つまり『khâa（殺す）＋taay（死ぬ）』（殺して死ぬ）（例（11））のみだった。[5]

---

[5] なお，表3にあるように Thepkanjana（2000: 272）は sák（布類を洗う）を II.1 タイプの他動詞（使役手段〈洗う〉とその固有の結果である状態変化〈きれいになる〉を表す使役状態変化動詞）と認め，Thepkanjana and Uehara（2004: 740）は『sák（洗う）＋sɯ̂a（上着）＋sàʔàat（きれいになる）』（上着を洗って（上着が）きれいになる）を B3 タイプ（使役状態変化動詞と状態変化動詞の組み合わせ）の用例として認めているが，本稿のタイ語母語話者コンサ

3.　各種状態変化を表すのによく使われる統語形式タイプのバリエーション

17 種類のそれぞれの状態変化を表現するのに，前節で示した統語形式タイプ（A1，A2，B1，B2，B3，B4，B5，B6 の全 8 タイプ）のどのタイプがよく使われるのかについて調査した結果を表 4 に示す。[6]

	自己状態変化		使役状態変化					
	A1 単独主動詞の状態変化動詞	A2 共主動詞の状態変化動詞	B1 単独主動詞の使役状態変化動詞	B2 共主動詞の使役状態変化動詞	B3 共主動詞の使役状態変化動詞と状態変化動詞	B4 共主動詞の活動動詞と状態変化動詞	B5 補部節の中で状態変化動詞	B6 後続節の中で状態変化動詞
死亡：有生	√	√	√		√	√	√	√
着座：有生	√	√				√	√	√
覚醒：有生	√		√			√	√	√
喜悦：有生	√	√						√
温度上昇：有生	√	√					√	√
温度上昇	√					√		√
拡大：有生	√	√					√	√
拡大	√	√	√	√			√	√
葉や壁の赤色化	√	√					√	√
顔の赤色化	√							√
扉の開放	√	√	√	√		√	√	√
口の開放	√	√	√	√				√
卵の破壊	√	√				√	√	√
ガラスの破壊	√	√				√	√	√
氷結	√			√		√	√	√
改善	√					√	√	√
清潔化	√		√			√	√	√
計	17	11	6	4	1	10	13	17

表 4：各種状態変化を表すのによく使われる統語形式タイプのバリエーション

ルタントはこの用例を容認しなかった。そのため本稿ではこの用例を考察対象としない。

[6] これらの統語形式の言語類型論的観点からの分類については本論文集第 1 章を参照のこと。

よく使われる統語形式のバリエーションに関して，有生物の状態変化の表現と無生物の状態変化の表現に体系的な差異は見られないことが表4からわかる。有生/無生の区別はタイ語状態変化表現にとって重要な区別ではないといえる。タイ語状態変化表現のバリエーションには，有生/無生という事象参与者の特性よりも，これから説明するように，各種状態変化の個別的特徴（タイ語話者の認識）のほうが大きく関与する。

AとBを合わせた全8タイプの統語形式の中で，それを使ってよく表される（その統語形式タイプを使って表すのが普通だと考えられる）状態変化の種類が最も多いタイプは，自己状態変化のA1タイプ（単独主動詞の状態変化動詞を使う；例『pratuu（扉）+ pə̀ət（開く）』（扉は開く））と使役状態変化のB6タイプ（後続節の中で状態変化動詞を使う；例『[kháw dan pratuu（彼は扉を押す）] + [tham hây（その結果〜）+ man pə̀ət（それは開く）]』（彼は扉を押す，その結果，それ（＝扉）は開く））である。どちらも17種類すべての状態変化の表現によく使われる。どのような状態変化であっても，単純にその生起を表現すること（A1タイプ），そして何かの出来事の結果としてその生起を表現すること（B6タイプ）は可能であり，それらは普通の状態変化表現だと認定されるということであろう。

そのほか，過半数の9種類以上の状態変化の表現によく使われるのは次の3タイプである。使役状態変化のB5タイプ（補部節の中で状態変化動詞を使う；例『dan pratuu（扉を押す）+ ［hây（補部標識）+ pə̀ət（開く）］』（開くよう扉を押す））が13種類。自己状態変化のA2タイプ（共主動詞の状態変化動詞を使う；例『pratuu（扉）+ pə̀ət（開く）+ ʔɔ̀ɔk（出る）』（扉は開いて出る））が11種類。使役状態変化のB4タイプ（共主動詞の活動動詞と状態変化動詞を組み合わせて使う；例『dan（押す）+ pratuu（扉）+ pə̀ət（開く）』（扉を押して（扉が）開く））が10種類。

目的を表す補部節を使うB5タイプであまり表現されない使役状態変化は〈喜悦〉，〈温度上昇〉，〈顔の赤色化〉，〈口の開放〉である。嬉しくなるよう〜する，温かくなる/熱くなるよう〜する，顔が赤らむよう〜する，口が開くよう〜すると表現されることが少ないのはなぜか。それはおそらくタイ語話者の普段の生活において，嬉しくなる，温かくなる/熱くなる，顔が赤らむ，口が開くといったことを目的として何か直接的に働きかけたり操作したりすることは一般的ではなく，そのような状況を想定するのが難しいからであろう。

それらとは反対にB5タイプでよく表現される使役状態変化の具体例（例(15)-(17)，以下に再掲する）を見てみよう。

（15） [kháw khɔ̌ɔ [hây phɔ̂ɔ nâŋ]]
彼 乞う 補部標識 父 座る
彼は父が座るよう乞う；彼は乞い父を座らせる〈着座〉

（16） [kháw sakìt phɔ̂ɔ [hây (phɔ̂ɔ) tùɯɯn]]
彼 つつく 父 補部標識（父） 目覚める
彼は（父が）目覚めるよう父をつつく；彼は父をつついて目覚めさせる〈覚醒〉

（17） [kháw sák sɯ̂a [hây (man) sàʔàat]]
彼 洗う 上着 補部標識（それ）清潔になる
彼は（それ（＝上着）が）きれいになるよう上着を洗う；彼は上着を洗ってきれいにする〈清潔化〉

例 (15)（父が座るよう乞う），例 (16)（目覚めるよう父をつつく），例 (17)（きれいになるよう上着を洗う）が表す事態はいずれもタイ社会において日常的によく見られる事態である。座る，目覚める，きれいになるといったことを目的として何か直接的に行為することは一般的であり，そのような状況は容易に想定できる。そのため B5 タイプを使って，座るよう～する，目覚めるよう～する，きれいになるよう～するとよく表現されるのであろう。

共主動詞の状態変化動詞を使う A2 タイプであまり表現されない自己状態変化は〈覚醒〉，〈温度上昇〉，〈顔の赤色化〉，〈氷結〉，〈改善〉，〈清潔化〉である。これらの自己状態変化については，単純にその状態変化が生起することを表現するか（例『phɔ̂ɔ（父）＋tùɯɯn（目覚める）』（父は目覚める）），あるいは何かの出来事の結果として（何かの出来事を間接的な原因として）その状態変化が生起することを表現するか（例『[kháw sakìt phɔ̂ɔ（彼は父をつつく）] + [tham hây（その結果～）＋phɔ̂ɔ tùɯɯn（父は目覚める）]』（彼は父をつつき，その結果，父は目覚める）），そのどちらかしか普通は表現しないといえる。それはおそらく，目覚める，温かくなる/熱くなる，顔が赤らむ，凍る，良くなる，きれいになるといったことの直接的な〈原因〉，〈方向〉，〈様態〉などの共事象が想定しにくいからであろう。

逆に A2 タイプでよく表される自己状態変化はそれらの共事象が想定しやすい。具体例（例 (2)-(6)，以下に再掲する）を見てみよう。

（2） [phɔ̂ɔ pùay taay]
父 病気になる 死ぬ
父は病気になって死ぬ〈死亡〉

(3) [phɔ̂ɔ nâŋ loŋ bon phɯ́ɯn]
父 座る 下る ～の上 床
父は床の上に座る〈着座〉

(4) [phɔ̂ɔ nɯ́k dii cay]
父 思う 嬉しくなる
父は嬉しく思う〈喜悦〉

(5) [bay máy klaay pen sǐi dɛɛŋ]
葉 移り変わる なる 色 赤
葉は移り変わって赤色になる；葉は赤色に移り変わる〈赤色化〉

(6) [khày pliw tòk tɛ̀ɛk]
卵 ふわりと動く 落ちる 割れる
卵はふわりと落ちて割れる〈卵の破壊〉

例（2）では〈(死ぬ) 原因〉という共事象を表す共主動詞 pùay（病気になる）が使われている。例（3）では〈(座る) 方向〉という共事象を表す共主動詞 loŋ（下る）が使われている。例（4）では〈(嬉しくなる感情の) 認識〉という共事象を表す共主動詞 nɯ́k（思う）が使われている。例（5）では〈(葉の赤色化に至る) 漸次的変化〉という共事象を表す共主動詞 klaay（移り変わる）が使われている。例（6）では〈(卵の破壊に至る) 移動の様態〉という共事象を表す共主動詞 pliw（ふわりと動く），tòk（落ちる）が使われている。

いわゆる典型的な結果構文（先行共主動詞が直接的原因（使役手段）の行為や過程を表し，後続共主動詞が状態変化を表す）の B4 タイプであまり表現されない使役状態変化は〈喜悦〉，〈温度上昇〉，〈拡大：有生〉，〈拡大〉，〈葉や壁の赤色化〉，〈顔の赤色化〉，〈口の開放〉である。先述の B5 タイプであまり表現されない 4 種類が含まれている。おそらくこれらの使役状態変化は間接的な原因によるもの（何かの出来事の結果の状態変化）と捉えられることが一般的であるため，直接的な原因の関与を含意するいわゆる典型的な結果構文で表現されることが少ないのであろう。特に，〈嬉しくする〉や〈怒らせる〉などの感情に関わる使役状態変化を表すには B6 タイプの複節の使役状態変化表現（例（18）『[kháw hây khɔ̌ɔŋ khwǎn phɔ̂ɔ（彼は父に贈り物をする）] + [tham hây（その結果～）+ phɔ̂ɔ dii cay（父は嬉しくなる）]』（彼は父に贈り物をし，その結果，父は嬉しくなる））を使うのが普通である。感情は直接的な働きかけや操作によって生じるものではなく，何らかの出来事が間接的な原因となり，それを受けて生じるもの（自発的に沸き起こるもの）であるというタイ語話者の認識が絡んでいると考えられる。

それを使ってよく表される状態変化の種類が最も少ない統語形式は使役状態変化のB3タイプ（共主動詞の使役状態変化動詞と状態変化動詞を組み合わせて使う；例（11）『khâa（殺す）+phɔ̂ɔ（父）+taay（死ぬ）』（父を殺して（父が）死ぬ））である。1種類，〈死亡〉の表現しかない。その理由については次の4節で詳しく検討する。

そのほか，過半数に満たない8種類以下の状態変化の表現によく使われる統語形式は次の2タイプである。使役状態変化のB1タイプ（単独主動詞の使役状態変化動詞を使う；例『pə̀ət（開ける）+pratuu（扉）』（扉を開ける））が6種類。使役状態変化のB2タイプ（共主動詞の使役状態変化動詞と状態変化を表さない動詞を組み合わせて使う；例『pə̀ət（開ける）+pratuu（扉）+ʔɔ̀ɔk（出る）』（扉を開けて（扉が）出る））が4種類。

B1タイプでよく表される状態変化は，使役状態変化動詞が存在する7種類（2.2.1節の表2）のうち，〈氷結〉を除く6種類（〈死亡〉，〈覚醒〉，〈拡大〉，〈扉の開放〉，〈口の開放〉，〈清潔化〉）に限定される。その他の種類の使役状態変化動詞がタイ語に存在しないのはなぜか。タイ文化の中で重要性が低く，言及する必要性がない（例：何かを赤くすることや顔を赤らめることに特に重要な文化的意味はない），タイ社会の中で生起する頻度が低く，特定の他動詞を使ってコンパクトに表現する必要性がない（例：座らせることや身体を熱くすることが起こる頻度は少なく，表現する機会が少ない），何らかの理由で状態変化動詞を使った分析的な表現のほうが好まれる（例：温めることは『tham（する）+man（それ）+ʔùn（温まる）』（それに直接何かをして（それが）温まる）と表現する；割ることは『tham（する）+man（それ）+tɛ̀ɛk（割れる）』（それに直接何かをして（それが）割れる）と表現する；良くすることは『kɛ̂ɛ man（それを直す）+ [hây（補部標識）+man dii（それが良くなる）]』（それが良くなるようそれを直す）と表現する；嬉しくすることは『[mɛ̂ɛ yím（母は微笑む）] + [tham hây（その結果〜）+phɔ̂ɔ dii cay（父は嬉しくなる）]』（母は微笑む，その結果，父は嬉しくなる）と表現する）など，様々に考えられる。それらの理由の追及は別稿に譲る。

B2タイプの使用がよく見られるのは，使役状態変化動詞が存在する7種類の状態変化の中でも，方向や目的といった共事象が容易に想定される4種類（〈拡大〉，〈扉の開放〉，〈口の開放〉，〈氷結〉）に限られる。具体例（例（8)-(10)，以下に再掲する）を見てみよう。

(8)　[kháw　khayǎay　sàʔ　ʔɔ̀ɔk　pay]
　　彼　拡げる　池　出る/遠ざかる　行く

彼は池を拡げて（池が）遠ざかって行く；彼は池を拡げる〈拡大〉

（9） [kháw pə̀ət pratuu ʔɔ̀ɔk]
彼 開ける 扉 出る
彼は扉を開けて（扉が）出る；彼は外側に扉を開ける〈扉の開放〉

（10） [kháw mây prìʔ pàak phûut]
彼 否定 わずかに開ける 口 話す
彼は話すために口を開けることをしない；話さない〈口の開放〉

例（8）では〈(拡げる）方向〉という共事象を表す共主動詞 ʔɔ̀ɔk（出る / 遠ざかる），pay（行く）が使われている。例（9）では〈(開ける）方向〉という共事象を表す共主動詞 ʔɔ̀ɔk（出る）が使われている。例（10）では〈(口を開ける）目的〉という共事象を表す共主動詞 phûut（話す）が使われている。

4. 『khâa（殺す）＋taay（死ぬ）』（殺して死ぬ）表現

前述の通り，B3 タイプの統語形式（共主動詞の使役状態変化動詞と状態変化動詞を組み合わせて使う）でよく表されるのは〈死亡〉の『khâa（殺す）＋taay（死ぬ)』（殺して死ぬ）しかない。『khâa（殺す）＋taay（死ぬ)』（殺して死ぬ），『plùk（目覚めさせる）＋tɯ̀ɯn（目覚める)』（目覚めさせて目覚める），『khayǎay（拡げる）＋khayǎay（拡がる)』（拡げて拡がる），『pə̀ət（開ける）＋pə̀ət（開く)』（開けて開く），『ʔâa（開ける）＋ʔâa（開く)』（開けて開く），『prìʔ（わずかに開ける）＋prìʔ（わずかに開く)』（わずかに開けてわずかに開く），『chɛ̂ɛ khɛ̌ŋ（凍らす）＋khɛ̌ŋ（凍る)』（凍らして凍る），『tham khwaam sàʔàat（きれいにする）＋sàʔàat（きれいになる)』（きれいにしてきれいになる）はいずれも，2 つの共主動詞に状態変化の意味が分散している（先行共主動詞が使役と状態変化を表し，後続共主動詞が状態変化を表す）B3 タイプの表現であり，Kessakul and Methapisit（2000）の考察によれば，あまり使われないはずの表現である。しかし『khâa（殺す）＋taay（死ぬ)』（殺して死ぬ）はよく使われる。

使役状態変化動詞と状態変化動詞が同形の『khayǎay（拡げる）＋khayǎay（拡がる)』（拡げて拡がる），『pə̀ət（開ける）＋pə̀ət（開く)』（開けて開く），『ʔâa（開ける）＋ʔâa（開く)』（開けて開く），『prìʔ（わずかに開ける）＋prìʔ（わずかに開く)』（わずかに開けてわずかに開く）については，同形の動詞を並べることが避けられ，使用が制限されるのだと考えることができよう。しかし使役状態変化動詞と状態変化動詞が異形の『khâa（殺す）＋taay（死ぬ)』（殺して死ぬ)，『plùk（目覚めさせる）＋tùɯɯn（目覚める)』(目覚めさせて目覚める)，『chêɛ khěŋ（凍らす）＋khěŋ（凍る)』(凍らして凍る)，『tham khwaam sàʔàat（きれいにする）＋sàʔàat（きれいになる)』(きれいにしてきれいになる）にその理由は当てはまらない。複合動詞の chêɛ khěŋ（凍らす)，tham khwaam sàʔàat（きれいにする）を含む『chêɛ khěŋ（凍らす）＋khěŋ(凍る)』(凍らして凍る)，『tham khwaam sàʔàat（きれいにする）＋sàʔàat（きれいになる)』(きれいにしてきれいになる）に関しては，2.2.1 節で説明したように，複合動詞の語彙的な制約が関係する。そこでここでは考察対象を『khâa（殺す）＋taay（死ぬ)』(殺して死ぬ）と『plùk（目覚めさせる）＋tùɯɯn（目覚める)』(目覚めさせて目覚める）の2つの表現に絞って，対照的に考察する。

タイ語の使役状態変化動詞 khâa（殺す）と plùk（目覚めさせる）の語彙的意味には次のような共通点がある。どちらも意図性が比較的高い行為，つまり行為の目的や結果への期待が関与する行為（死なせよう，目覚めさせようという意図を持って行う行為）を表す。そしてどちらもその表す行為の具体性が比較的低く，行為の様態は特定されない（例えば，胸を刺して殺す，首を絞めて殺す，つついて目覚めさせる，音をたてて目覚めさせる，などの具体的な意味は含意されない)。そのような共通点があるにもかかわらず，なぜ『plùk（目覚めさせる）＋tùɯɯn（目覚める)』(目覚めさせて目覚める）はあまり使われず，『khâa（殺す）＋taay（死ぬ)』(殺して死ぬ）はよく使われるのだろうか。

高橋（2010: 115-117）はタイ語の結果性表現（原因事象を表す先行動詞句と結果事象を表す後続動詞句が結びついて単節を成す因果動詞句連続構文；A2 の一部，B2 の一部，B3，B4 を含む）の典型例として，『thúp（上からたたきつける）＋tɛ̀ɛk（割れる)』(上からたたきつけて割れる）や『mɔɔŋ（眺める）＋hěn（見える)』(眺めて見える）のほか，『khâa（殺す）＋taay（死ぬ)』(殺して死ぬ）を挙げている。結果性とは「当該の語用論的，物理的，社会的，文化的文脈の中での自然の帰結であること」を意味する。ある出来事を何かを背景とした合理的な帰結であると捉えたときの意味であり，いわゆる命題レベルの意味ではない。下記抜粋の通り，語用論レベルの解釈を常に伴う意味である。

> 2つの動詞句で表される2つの実質的な事象の間に因果関係を認めるだけではなく，つまり単に一方が原因事象でもう一方が結果事象であると捉えるだけではなく，原因事象を背景として生じた結果事象に焦点を当てて前景化し，原因事象と結果事象をまとまりのある事象として捉えるとき，タイ語話者は因果動詞句連続構文を使う。言い換えれば，因果

> 動詞句連続構文が使われるのは「ある原因事象を背景として，結果事象が生起するのかしないのか」ということが問題になっているときである。[…] ある原因を前提とした特定の文脈の中での自然の帰結としてのある結果（殺すという行為を前提とした当該文脈の中でその行為を受けたものが死ぬ，あるいは死なない）を問題にしたいときには因果動詞句連続構文（結果性表現）が使われる。 （高橋（2010: 118–119））

TNC コーパスから『khâa（殺す）+taay（死ぬ）』（殺して死ぬ）表現を 100 例ランダムに抽出して分析したところ，『khâa（殺す）+taay（死ぬ）』（殺して死ぬ）は自殺事象の描写（例（21））に特によく使われていること（高橋（2011: 197）），そして被殺害事象の描写（例（22））にもよく使われていること（高橋（2011: 197–198））がわかった。被殺害表現は殺害表現を受動態に変えたものである。

（21） [phɔ̂ɔ khâa tua（ʔeeŋ）taay]
　父　殺す　自分　　死ぬ
　父は自分を殺して（自分が）死ぬ；父は自殺する

（22） [phɔ̂ɔ thùuk [kháw khâa taay]]
　父　受動標識　彼　殺す　死ぬ
　父は〈彼が殺して死ぬ〉という事態を被る；父は彼に殺されて死ぬ

自殺事象や被殺害事象は一般化された事象（いわば類型事象）として語られることが多い。自殺事象や被殺害事象を表すために『khâa（殺す）+taay（死ぬ）』（殺して死ぬ）がよく使われる理由の 1 つとして，殺すという比較的抽象度の高い意味を表す（殺す行為の具体的な様態を特定しない）動詞を使うことで，一般化された類型事象としての自殺事象や被殺害事象を表現できるということもあろう。

自殺表現の自殺事象と被殺害表現に含まれる殺害事象に共通するのは，殺す事象と死ぬ事象の両方に焦点が当てられ，まとまりのある単一の事象として捉えられていることである。自殺とは単に〈自分を殺す〉ことではない。自殺事象の核心部分は〈自分が死ぬ〉という結果の到達である。言い換えれば，自殺表現では〈自分を殺して（自分が）死ぬ〉という因果連鎖全体が前景化されていなければならない。被殺害表現に含まれる殺害事象も同様である。被殺害表現『B+thùuk（受動態標識）+[A khâa taay（A が（B を）殺して（B が）死ぬ）]』（B は〈A が（B を）殺して（B が）死ぬ〉という事態を被る；B は A に殺されて死ぬ）に含まれる殺害事象〈A が（B を）殺して（B が）死ぬ〉において，その因果連鎖全体が前景化されている。その証拠として次の事実が挙げられる。被殺害表現には，例（23）のように dooy ceetanaa（故意に）などの殺す事象を修飾する表現が含まれることもあれば，例（24）のように pen bùa（(死体が) 累々たる有様だ）などの死ぬ事象を修飾する表現が含まれることもある。[7]

(23)　[thahǎan thùuk　[khâa taay　dooy ceetanaa]]
　　　軍人　受動標識　殺す　死ぬ　故意に
　　　軍人は〈故意に殺して死ぬ〉という事態を被る；軍人は故意に殺されて死ぬ

(24)　[thahǎan thùuk　[khâa taay　pen bùa]]
　　　軍人　受動標識　殺す　死ぬ　累々たる有様だ
　　　軍人は〈殺して死屍累々たる有様となる〉という事態を被る；軍人は殺されてごろごろと死ぬ

まとめると，殺すという行為を前提とした当該文脈の中でその行為を受けたものが死ぬか死なないかを問題にしたいときのみならず，自殺事象や被殺害事象のように殺すという行為と死ぬという状態変化の両方に焦点を当てた1つのまとまりのある事象として表現したいときも結果性表現は使われる。

〈自分が死ぬ〉ことが必然的含意である『khâa（殺す）＋tua（ʔeeŋ）（自分）』（自分を殺す）という表現を使えば自殺の意味は十分通じるはずだ，敢えて〈死ぬ〉の意味を明示的に表す必要はないはずだ，と考えることは，簡潔性や効率性を重んじる経済性の論理を尊重する立場からすれば，正しい。しかし結果性表現を使ってタイ語話者が伝えたい意味は，そうした論理に基づいた意味ではない。殺す行為を被った人について死ぬか死なないかを問題にしている，あるいは，殺すという行為と死ぬという状態変化の両方が前景化された1つのまとまりのある殺害事象として捉えている，といった話者の事象への関与の仕方や事象の捉え方（主観的意味）こそが結果性表現でしか表すことのできない意味の核心である。

同じB3タイプの統語形式であるにもかかわらず，『plùk（目覚めさせる）＋tùuun（目覚める）』（目覚めさせて目覚める）はあまり使われないのに対し，なぜ『khâa（殺す）＋taay（死ぬ）』（殺して死ぬ）はよく使われるのか。その理由はおそらく，目覚めさせる行為を被った人について目覚めるか目覚めないか

---

[7] タイ語には『taay（死ぬ）＋pen bùa（累々たる有様だ）』（死んで（死体が）累々たる有様だ，死屍累々）という慣用的な表現がある。

を問題にすることはタイ社会の中で普段あまりなく，また，目覚めさせる行為と目覚める状態変化の両方に焦点が当たったまとまりのある単一事象として表現する必要性も普段あまりないのに対し，殺す行為を被った人について死ぬか死なないかを問題にすることは普段よくあり，また，殺す行為と死ぬ状態変化の両方に焦点が当たったまとまりのある単一事象として表現する必要性も普段よくあるからであろう。

5. 移動表現と状態変化表現の並行性

タイ語話者は移動を描写するときに動詞句連続構文を好んで使うことが知られているが（高橋（2017）；Takahashi（2020, 2025）），本稿の調査の結果，状態変化を描写するときにも動詞句連続構文（A2，B2，B3，B4）を好んで使うことがわかった。[8]

特に共事象の〈方向〉については，状態変化の描写においても移動の描写と同様に，方向動詞（khûn（上る），loŋ（下る），khâw（入る / 近づく），ʔɔ̀ɔk（出る / 遠ざかる），pay（行く），maa（来る））を積極的に使い，具体的な方向を明示的に表現する傾向がある（例（3），(8)，(9)）。[9]

例（25）-（28）のように（自己 / 使役）状態変化と（自律 / 使役）移動の両者を含む複合的な単一事象を表す単節の表現（状態変化表現と移動表現のハイブリッド）もよく使われる。

---

[8] このような移動と状態変化の表現パタンの並行性（動詞（句）連続構文が同じように使われるかどうか）に関して，タイ語では概ね並行性が見られるが，イロカノ語では部分的にしか並行性が見られない。イロカノ語では移動の描写には主に動詞（句）連続構文が使われるが，状態変化の描写には基本的に動詞（句）連続構文は使われない（山本，本論文集第 7 章）。

[9] タイ語の移動動詞は，表す移動の局面（使役局面，位置変化局面，到着局面）と語彙相（活動相，到達相，達成相，結果相［＝到達相＋状態相］，未確定）の違いによって，①使役移動動詞，②様態動詞，③起点 / 着点に関わる経路動詞，④通過地に関わる経路動詞，⑤直示動詞，⑥終端経路動詞の 6 種類に大別される。複数の種類の移動動詞を含む単節の動詞句連続構文が単一の移動事象を表すとき，それら移動動詞の並び順（生起スロット）は移動動詞の種類ごとに決まっており，①②③④⑤⑥の順となる。④通過地に関わる経路動詞（phàan（通過する），loŋ（継続的に下る方向へ位置変化する）など），⑤直示動詞（pay（話者の視点から遠ざかる（行く）方向へ位置変化する，語彙相は未確定）など），⑥終端経路動詞（thǔŋ（到着する），khâw（瞬間的に入る方向へ位置変化し到着する）など）を含む方向動詞の並び順について言えば，例えば「④⑤」や「⑤⑥」や「④⑤⑥」などは単一の移動事象を表す単節の構文としてあり得る並び順であるが，「⑤④」や「⑥⑤」や「⑤⑥④」などはそのような構文としてあり得ない並び順である。詳しくは先行研究（高橋（2017），Takahashi（2020, 2025））を参照されたい。

(25)　[pratuu pə̀ət ʔɔ̀ɔk pay]
　扉　開く 出る 行く
　扉は開いて出て行く；扉は外側に開く〈扉の開放〉
　状態変化を表す共主動詞：pə̀ət（開く）
　移動の方向を表す共主動詞：ʔɔ̀ɔk（出る），pay（行く）

(26)　[kháw pə̀ət pratuu ʔɔ̀ɔk pay]
　彼　開ける 扉　出る 行く
　彼は扉を開けて（扉が）出て行く；彼は外側に扉を開ける〈扉の開放〉
　使役と状態変化を表す共主動詞：pə̀ət（開ける）
　移動の方向を表す共主動詞：ʔɔ̀ɔk（出る），pay（行く）

(27)　[khày pliw tòk loŋ pay tɛ̀ɛk]
　卵　ふわりと動く 落ちる 下る 行く 割れる
　卵はふわりと落ちて下って行って割れる〈卵の破壊〉
　移動の様態を表す共主動詞：pliw（ふわりと動く），tòk（落ちる）
　移動の方向を表す共主動詞：loŋ（下る），pay（行く）
　状態変化を表す共主動詞：tɛ̀ɛk（割れる）

(28)　[kháw khwâaŋ kɛ̂ɛw pay tɛ̀ɛk prîaŋ]
　彼　投げる　ガラス 行く 割れる ガチャン/ドカン（大音）
　彼はガラスを投げて（ガラスが）行ってガチャンと割れる；彼はガラスを投げて割る〈ガラスの破壊〉
　移動の手段（使役手段）を表す共主動詞：khwâaŋ（投げる）
　移動の方向を表す共主動詞：pay（行く）
　状態変化を表す共主動詞：tɛ̀ɛk（割れる）

6.　まとめ

本稿の考察結果を要約する。タイ語状態変化表現の統語形式は自己状態変化と使役状態変化でタイプが異なる。自己状態変化表現には 2 つのタイプ（A1，A2；例（1)-(6)）があり，使役状態変化表現には 6 つのタイプ（B1，B2，B3，B4，B5，B6；例（7)-(20)）がある（3 節の表 4)。いずれの表現も，どの統語形式タイプでよく表されるか，あるいは逆に，どの統語形式タイプで表しにくいかについては，それぞれの状態変化の個別的特徴（タイ語話者がそれらの状態変化をどのようなものとして認識しているか）と各統語形式タイプの意味機能的特徴（タイ語話者がそれらの統語形式をどのような意味の事象を表す形式として使っているか）が整合的であるかどうかによる。

タイ語では移動と状態変化の表現パタンに並行性が見られることもわかった。どちらの表現パタンにおいても動詞句連続構文が多用され，方向動詞によって〈方向〉が明示化される傾向がある。

本稿では「よく表される/あまり表されない状態変化の種類」，「よく使う/あまり使わない統語形式のタイプ」，「一般的な/一般的ではない行為や捉え方」といった言い方を多用した。それは，タイ語話者の状態変化に関する認識（あるいは広く，世界に関する知識）や統語形式の意味機能に関する認識は決して均質的なものではなく，2.2.1 節で言及したように，ゆらぎがあるためである。本稿のコンサルタントを務めてくださったお二人は，ともにタイ中部に生まれ育ち，標準タイ語を日常的に使っているタイ語母語話者の方々であるが，そのお二人の認識にも多少の違いが見られた。言語使用に影響を及ぼす，人々の様々な認識は，共時的には文化背景，地域社会，家庭環境，個人の経験や知識，世代，言語使用の場面や文脈などの違いによって，そして通時的には時代の変化，それに伴う社会の変化，言語体系の変化などによって，当然ながら，変異がある。本稿では，タイ中部出身のタイ語母語話者コンサルタントへのインタビュー調査およびコーパス検索から得られた用例をもとに，タイ社会におけるタイ語話者の各種状態変化に関する認識の傾向とタイ語話者によって使用される状態変化表現の傾向（状態変化を表現するとき，多くのタイ語話者はその状態変化をどのように認識しどのように表現するのか，どのように認識しどのように表現するのが普通なのか）について調査し，その結果を記述した。

参考文献

蔡盛植（2004）「日本語の動詞にみる結果性」『次世代の言語研究 III』，筑波大学現代言語学研究会（編），111-145，筑波大学現代言語学研究会，つくば.

Kessakul, Ruetaiwan and Tasanee Methapisit (2000) “Resultative Constructions in Thai and Related Issues,” *Proceedings of the 5th International Symposium on Language and Linguistics: Pan-Asiantic Linguistics, November 16-17, 2000*, 187-203, Vietnam National University and Ho Chi Minh City University of Social Sciences and Humanities.

Levinson, Stephan C. (2000) *Presumptive Meanings: The Theory of Generalized Conversational Implicature*, MIT Press, Cambridge, MA.

松本曜（2017）「第 1 章：移動表現の類型に関する課題」『移動表現の類型論』，松本曜（編），1-24，くろしお出版，東京.

松本曜・氏家啓吾（2024）「日本語における状態変化の表現：認知的類型論の数量的研究」『言語研究』第 166 号，29-57.

高橋清子（2010）「第５章：タイ語における他動性と使役性」『自動詞・他動詞の対照』，西光義弘・プラシャント＝パルデシ，（編），91–142，くろしお出版，東京．

高橋清子（2011）「タイ語コーパス TNC を利用した談話分析に基づく（khâa 殺す ― taay 死ぬ）事象の考察」『日本認知言語学会論文集』第 11 巻，191–201.

Takahashi, Kiyoko (2012) "On Historical Semantic Changes of the Thai Morpheme *hâj*," *Journal of the Southeast Asian Linguistics Society* 5, 126–141.

高橋清子（2015）「タイ語の Freeze 事象表現：コーパスを使った事例研究」『有対動詞の通言語的研究：日本語と諸言語の対照から見えてくるもの』，プラシャント＝パルデシ・ナロック＝ハイコ・桐生和幸（編），205–221，くろしお出版，東京．

高橋清子（2017）「第６章：タイ語の移動表現」『移動表現の類型論』，松本曜（編），129–158，くろしお出版，東京．

Takahashi, Kiyoko (2020) "Syntactic and Semantic Structures of Thai Motion Expressions," *Broader Perspectives on Motion Event Descriptions*, ed. by Yo Matsumoto and Kazuhiro Kawachi, 105–140, John Benjamins, Amsterdam.

Takahashi, Kiyoko (2025) "Motion Event Descriptions in Thai," *Motion Event Descriptions across Languages*, ed. by Yo Matsumoto, 627–671, De Gruyter Mouton, Berlin.

Talmy, Leonard (2000) *Toward a Cognitive Semantics, Volume II: Typology and Process in Concept Structuring*, MIT Press, Cambridge, MA.

Thepkanjana, Kingkarn (2000) "Lexical Causatives in Thai," *Constructions in Cognitive Linguistics: Selected Papers from the Fifth International Cognitive Linguistics Conference, Amsterdam, 1997*, ed. by Ad Foolen and Frederike van der Leek, 259–281, John Benjamins, Amsterdam.

Thepkanjana, Kingkarn and Satoshi Uehara (2004) "Semantic Types of Resultative Predicate in Transitive-based Resultative Constructions in Thai," *Papers from the Eleventh Annual Meeting of the Southeast Asian Linguistics Society 2001*, ed. by Somsonge Burusphat, 731–747, Program for Southeast Asian Studies, Arizona State University, Tempe.

第7章

イロカノ語の状態変化表現

山本 恭裕
東京外国語大学

1. はじめに

英語の以下の例に例示されるように，様々な言語において，移動と状態変化の描写で共通の言語表現が用いられることが観察される（Gruber（1965））。

（1） 移動
The messenger *went from* Paris *to* Istanbul.
（2） 状態変化
The light *went from* green *to* red.

（1）は主語の位置変化を，（2）は主語の状態変化を表現しており，どちらも何かしらの変化を描写するという特徴を共有している。上で見られる形式的な並行性は意味的・概念的な並行性を反映したものと考えられ，両者は類似した意味表示あるいは概念構造を持つと仮定される（Jackendoff（1983, 2002）; Talmy（2000）; Rappaport Hovav and Levin（2010）; Beavers（2010, 2011））。例えば概念意味論における意味分解では，例（1）と（2）の表現はそれぞれ（3a）と（3b）のように表現される。

（3） a. $[_{\text{Event}}$ GO（$[_{\text{Thing}}$ the messenger], $[_{\text{Path}}$ FROM（$[_{\text{Place}}$ AT（$[_{\text{Thing}}$ Paris]）]）, TO（$[_{\text{Place}}$ AT（$[_{\text{Thing}}$ Istanbul]）]）]）]
b. $[_{\text{Event}}$ GO（$[_{\text{Thing}}$ the light], $[_{\text{Path}}$ FROM（$[_{\text{Property}}$ green]）, TO（$[_{\text{Property}}$ red]）]）]

移動表現と状態変化表現が変化の意味を共有することが，どの言語においても成り立つと前提しても，個別言語でどの程度の形式的な並行性が見られるかは経験的に問われる必要がある。[1] 本稿はイロカノ語において幾つかのタイプの状態変化がどのように表現されるかを記述し，その上で移動表現との並行性の度合いについて議論する。主要な発見は次の通りである。移動の経路要素に概念的に対応する状態変化の変化（移行）の要素は，節の主要部である動詞によって主に表現される。移動の経路がイロカノ語では主に動詞で表現されるため（Yamamoto (in press)），この点において二種類の事象の表現パターンには類似点を指摘できる。しかし厳密には，移動の描写には主に動詞連続構文が使用され，経路を表す動詞は他の動詞と共同して主要部を構成する（共主要部）。本稿で明らかになるように，状態変化の表現では動詞連続構文が基本的に使用されないため，2種類の事象の表現パターンの並行性は，部分的なものであることを示す。以上のことに加えて，本研究は状態変化表現のバリエーションに関わる仮説を提案する。

2.　イロカノ語

イロカノ語はフィリピンのルソン島北西部で主に話される言語で，話者数は900万人ほどとされる（Rubino（1997））。系統的にはオーストロネシア語族マレー・ポリネシアの北部ルソン諸語に属する（Reid（1989））。イロカノ語は北部地域の共通語であり，また初等教育においては媒介言語の1つとして機能している。

2.1　格と名詞句標識

名詞句では大きく分けて直格（core case）と斜格（oblique case）が区別される（表1）。直格において，代名詞はさらに能格と絶対格を区別する。普通名詞や固有名詞では名詞句標識によって格が区別されるが，動作者項（A）と被動作者項（P）の区別はされない。以降で提示される言語表現は，角括弧なしでIPAを用いて表層形で提示される。

---

[1] 当然であるが，この前提が正しいかどうかについては検証が必要である。概念構造の言語個別性については，例えばBohnemeyer（2010）で議論されている。

表 1：名詞句標識

Type	Number	Core	Oblique
Common	Neutral	*ti=* (neutral)	*ʔiti=* (neutral)
		djaj= (definite)	*kendjaj=* (definite)
	Plural	*dagiti=*	*kadagiti=*
Personal	Sigular	*ni=*	*kenni=*
	Plural	*da=*	*kada=*

2.2 動詞の形態統語論

イロカノ語の動詞は，語根にフォーカスと呼ばれるカテゴリーを示す接辞が付加されることにより形成される（Rubino（1997））。これらの語根には，もっぱらフォーカス接辞を付加されて使用されるものと，語根自体が名詞や形容詞といった特定の品詞クラスに属し，フォーカス接辞によって動詞に転用されるものがある。

フォーカスは形態統語的に大きく次の 4 つのカテゴリーが区別される：行為者フォーカス（AF），被動作者フォーカス（PF），場所フォーカス（LF），そして移動物フォーカス（CF）。後者の 3 つのフォーカスは非行為者フォーカス（non-AF）としてまとめられる。行為者フォーカス動詞はゼロか 1 つの直接項（core aragument）をとる。一方，非行為者フォーカス動詞は他動詞であり，2 つの直接項を取る（Rubino（2005））。

表 2：フォーカスタイプとその特徴

		Non-AF		
フォーカスタイプ	AF	PF	LF	CF
他動性（直接項の数）	atransitive / intransitive	transitive	transitive	transitive
フォーカス接辞	*-um-, ag-, maŋ-*	*-en*	*-an*	*i-*

以下は，各フォーカスタイプの動詞を述語とした節の例示である。AF 動詞は典型的に行為者を唯一項として取る（4a）。非行為者フォーカスの動詞は行為者に加えて受影者（undergoer）を項として取るが，フォーカスタイプによって異なる具体的な意味役割を項として取る。典型的に，PF 動詞は被動作者を（4b），LF 動詞は着点，起点，場所，（部分的に）影響を受ける被動作者などのいずれかを（4c），CF 動詞は使役移動における移動物を項とする（4d）。

(4) a.　s<um>u:rot=da　kanjak.
follow<ZERO.AF>=3AUG.ABS　1MINI.OBL
'They will follow me.'

b.　suro:t-en=dak.
follow-ZERO.PF=2|3AUG.ERG>1MINI.ABS
'They will follow me.'

c.　s<in>ura:t-am　ni=lolo=m?
write<PFV>-LF.2MINI.ERG　P.C=grandfather=2MINI.GEN
'Did you write your grandfather a letter?'

d.　ʔi-ja:wid=na　ti=pinakbet.
CF-take.home=3MINI.ERG　C=pinakbet
'S/he will take home the pinakbet.'[2]

イロカノ語の動詞は少なくともフォーカス接辞と語根から構成されるが，2つ以上のフォーカスタイプの対立を見せるか否かという点において動的動詞と状態動詞という2つの動詞クラスが区別できる。動的動詞は，例えばAF/PFといったような，複数のフォーカスタイプの交替を見せる。2つの動詞クラスは，視点（viewpoint）アスペクトに対する屈折可能性と表現するアスペクトの意味に関しても違いを見せる（Yamamoto（2019））。動的動詞は3つの視点アスペクトについて屈折し，かつ無標のゼロ形では完了相で解釈される。状態動詞は屈折可能性が制限され，ゼロ形では未完了相で解釈される。

状態動詞が表す意味には，他の言語において形容詞によって表現されるものが含まれる（e.g., /l<um>ami:is/（冷たい），/ag-pa:da/（同じ），/na-laba:ga/（赤い））。この点で状態動詞はイロカノ語の形容詞と特徴を共有している。イロカノ語の形容詞はフォーカス接辞を付加されていないなどの複数の形式的な特徴によって動詞とは区別される品詞クラスであるが，意味的な特徴に基づき，以降では状態動詞と形容詞を合わせて状態述語と呼ぶ。

3.　研究課題

3.1　イロカノ語の移動表現

移動表現の研究においては，移動事象の中核要素と考えられる，経路の要素

---

[2] Pinakbet はフィリピン北部地域の野菜料理のこと。豚バラ肉を炒めて油を出し，そこで玉ねぎ，なす，ゴーヤ，かぼちゃ，オクラなど豊富な野菜を加え，バゴオン（エビの塩辛）で味付けをする。

がどの形態統語的位置で表現されるかという点において言語を分類するTalmy（1991, 2000）の研究が影響力を持っている。Talmy の言語類型では，移動事象が移動の様態などの共イベントと共に単節で表現される場合において，もっぱら経路を節の主動詞で表現する言語（動詞枠づけ言語）と，それ以外の要素（不変化詞や接置詞）で表現する言語（衛星枠づけ言語）が区別される。

上記の2つの類型に加えて，後続する研究によって他の類型が提案されてきた（例えば Slobin（2004）; Ameka and Essegbey（2013）など）。その1つが単節を構成する複数の主動詞の1つによって経路を表現する言語が属する共主要部表示型言語である（Matsumoto（2025））。次の Ewe（Gbe 言語グループ，西アフリカ）がその一例で，互いに依存関係が見られない2つの動詞が主動詞として節を構成していて，そのうち1つの動詞が経路を表現している。

（5） ɖevi-a tá ji xɔ-a me.
child-DEF crawl go room-DEF containing.region
'The child crawled into the room.'
（Ameka and Essegbey（2013: 24））

Yamamoto（2025）はビデオ描写実験によって得られたデータに基づき，イロカノ語が自律移動表現と使役移動表現の両方において，共主要部で経路を表現する頻度が最も高かったことを報告している。（6a）は自律移動表現であり，経路要素 TOWARD を表す nagturoŋ が移動様態を表す nagtaraj「走る」と直示経路を表す napan（行く）と共に主動詞として実現している。（6b）は使役移動表現であり，経路要素 UPWORD を表す ʔinpaŋa:to が移動の使役手段を表す kinugtaran（蹴る）と共に主動詞として実現している。

（6） a. n-ag-taraj dajdjaj=gajjem=ko na-pan
PFV-AF-run C.DEF=friend=1MINI.GEN PFV.AF-go
n-ag-turoŋ ʔidjaj=MT bajk.
PFV-AF-go.toward LOC=mountain.bike
'My friend ran toward the MT bile.'
b. k<in>ugtar-an taj=barka:da=k ʔin-paŋa:to
kick<PFV>-LF C.DEF=friend=1MINI.GEN PFV.CF-raise
taj=bo:la.
C.DEF=ball
'my friend kicked up the ball'

Talmy によると，状態変化の表現においても，移動表現の類型的な傾向との並行性が見られる。つまり，典型的に経路を主動詞で表現する言語であれば，状態変化を主動詞で表現する傾向が見られ，典型的に経路を主動詞以外で表現する言語であれば，状態変化も同様の形態統語要素で表現するということになる。これを共主要部表示型であるイロカノ語に当てはめると，状態変化は共主要部で表現されることが予測される。この点が，本研究で扱う主要な問題の 1 つである。

なお本研究では，Talmy の類型論が対象とする構文よりも広い範囲のものを対象とする。Talmy の類型論は，(7a) のように共イベント (pushing) が同じ節で表現されている場合のみにおいて，経路・変化要素の表現位置を問題とする。一方，本研究では異なる節で共イベントが表現されている構文 (7b) や，共イベントが表現されていない構文 (7c) も対象に含め，状態変化の意味要素の表現位置を検討する。

(7) a. I pushed the door open.
  b. I pushed the door and it opened.
  c. I opened the door.

3.2. 状態変化

このセクションでは，本研究で採用する状態変化と位置変化を包括する変化のモデルの導入を行い，そのモデルにおいて状態変化を構成するどの意味要素が移動の経路要素と対応関係にあると想定できるかを検討する。何かが変化する事象は，複数の意味要素およびそれらの関係性としてモデル化される。本研究における変化のモデルは Beavers (2010, 2011) に基づくもので，これらは変化をスケールによって捉えるアプローチをとるものである (Hay and Levin (1999))。具体的には，特定の性質 (e.g., 綺麗さ，赤さ，量，目的地への近さ) に関して段階性を持つスケールにおいて，変化を被る主体 x が，そのスケール s 上を移行するものとしてモデル化される。

例えば目的地への移動は，位置変化を被る移動者の，到着地点へと至る経路スケール上での移行として定義される。英語の移動表現である (8a) は，John による，カフェへと至る経路スケールに沿って歩行するイベントとして (8b) のように表現される。

(8) a. John walked to the cafe.
  b. $\exists e \exists s[\mathit{walk}'(\mathbf{john}, e) \wedge \mathit{result}'(\mathbf{john}, s, \mathbf{cafe}, e)]$

また状態変化は特定の状態スケール上の移行として定義され，英語の状態変化表現である（9a）は（9b）のように，テーブルを拭うイベントに伴って清潔さのスケール上をテーブルが移行し，綺麗な状態に至るものとして理解される。

（9）a. John wiped the table clean.
b. $\exists e \exists s[\mathit{wipe}'(\mathbf{john}, \mathbf{table}, e) \wedge \mathit{result}'(\mathbf{table}, s, \mathbf{clean}, e)]$

どちらの表現においても，状態・位置の移行と，その結果状態・位置までが表現されている。しかし移行は必ず特定の結果を包含するわけではない。(10)では，どちらの例でも述語によって長さスケール上における状態の移行が意味されている。しかし，（10a）では結果状態が前置詞句で表現されている一方，(10b) では結果的な状態が指定されておらず，スケール上のどの位置まで移行したかはわからない。

（10）a. The tailor lengthened the jeans to 30inches.
$\exists e \exists s\ [\mathit{lengthen}'(\mathbf{tailor}, \mathbf{jeans}, e) \wedge \mathit{result}'(\mathbf{jeans}, s, \mathbf{30ins}, e)]$
b. The tailor lengthened the jeans.
$\exists e \exists s\ [\mathit{lengthen}'(\mathbf{tailor}, \mathbf{jeans}, e) \wedge \exists g[\mathit{result}'(\mathbf{jeans}, s, g, e)]$

以上の議論は，次のようにまとめられる。

（11）a. 変化の意味において，移動の経路（物理的なスケール）と状態の移行が範列的な関係にあると仮定できる。
b. 状態変化の表現において，変化（移行）は結果的な状態を必ずしも包含せず，結果状態が指定される場合とされない場合がある。

以上から，状態の移行を表現するために，イロカノ語がどの形態統語単位を用いるかが主に注目する点になる。この対象に加えて，本研究では結果的な状態の表現方法にも注目する。これは，後の記述（§5.2）でわかるように，イロカノ語の状態変化表現のバリエーションを捉えるために結果的な状態の表現方法を考慮することが重要となるからである。以下では，変化を被る x が節の唯一の項（S）となるような状態変化の表現（自己状態変化表現；例「子供が大きくなる」）と A 項の働きの結果 P 項が状態変化を被るような状態変化の表現（使役状態変化表現；例「父が家を大きくする」）の両方について検証する。

4. 調査方法

4.1. データの収集

本研究のイロカノ語の状態変化表現のデータは，2015 年から 2020 年までの間に，聞き取り調査を用いてイロカノ語母語話者から収集したものと，Google 検索を用いて収集した用例に基づく。表 3 にリストした，状態変化の下位の概念領域から 1 つずつ 12 種類の状態変化を対象とする。

表 3：調査対象とする状態変化の下位領域

概念領域	変化	日本語での表現例
姿勢	〈起立〉	「立つ」「立てる」
存在	〈生命の喪失〉	「死ぬ」「殺す」
覚醒状態	〈覚醒〉	「目覚める」「目覚めさせる」
感情	〈喜悦〉	「喜ぶ」「喜ばせる」
形状	〈物理的拡大〉	「大きくなる」「大きくする」
色	〈赤色化〉	「赤くなる」「赤くする」
結合性	〈物理的破壊〉	「壊れる」「壊す」
相転移	〈氷結〉	「凍る」「凍らせる」
温度	〈温度上昇〉	「暖かくなる」「暖かくする」
開閉	〈ドアなどの開放〉	「開く」「開ける」
清潔性	〈清潔化〉	「きれいになる」「きれいにする」
評価	〈改善〉	「よくなる」「よくする」

各変化を表現するイロカノ語の手段として，単独動詞を使って変化を表現するような方法から，文脈による仄めかしによる方法まで論理的には様々なものが考えられる。その中でも，§5.1 で詳しく見るような，状態あるいは状態の移行を語彙化した述語を使うことが中心的な手段の 1 つになる。本研究では，それらの述語を含む状態変化の表現を Google 検索を用いて収集した。用例収集は次のように行った。

1. 〈立つ〉，〈立てる〉などの対象となる状態変化を表現する単純動詞を，何らかのアスペクト形で本文検索を使い収集。
2. 対象となる状態を表す状態述語（状態動詞あるいは形容詞）と，何らかのアスペクト形の ʔagbalin（なる）あるいは（pag）balinen（する）の動詞の組み合わせで，本文検索を使い収集。

5. 状態変化の表現

5.1. 語彙的資源

表4は状態変化の表現に関わる主要な動的動詞と状態動詞・形容詞をリストしたものである。本研究で対象とするほぼ全ての変化に対して，イロカノ語が動詞や形容詞の語彙的資源を持つことがわかる。ただ，状態述語はそれ自体では移行を表現しないため，移行・変化を表現するためには ʔagbalin（なる）や（pag)balinen（する）などとあわせて使用される必要がある。したがってある状態変化を述語を使って表現する場合，動的動詞単独で表現する方法と，状態述語と ʔagbalin や（pag)balinen の組み合わせで表現する方法という，論理的には少なくとも二通りの方策があることになる。§5.2 では，各変化タイプにおいて複数の表現方法がある場合，各方法を同じ程度使用するのか，それとも論理的にあり得る選択肢のうち，いずれかの方法を好んで使用するのかを検討する。

表4：語彙的資源

変化	動的動詞	状態述語（状態動詞・形容詞）
〈起立〉	/tumakder/「立つ」	/natakder/ /nakatakder/
	/patakderen/「立てる」	
〈生命の喪失〉	/mataj/「死ぬ，消える」	/nataj/
	/patayen/「殺す，消す」	
〈覚醒〉	/agriːiŋ/「目覚める」	/nakariːiŋ/
	/riiːŋen/「目覚めさせる」	
〈喜悦〉	/agragsak/「嬉しくなる」	/naragsak/
	/paragsaken/「嬉しくさせる」	
〈物理的拡大〉	/dumakkel/「育つ」	/dakkel/
	/padakkelen/「育てる」	
〈赤色化〉	/lumabaːga/「赤くなる」	/nalabaːga/
	/palabagaːen/「赤くする」	
〈物理的破壊〉	/mabuːuŋ/「(叩いて) 壊れる」	/nabuːuŋ/
	/buuːŋen/「(叩き) 壊す」	
〈氷結〉	/agjeːlo/「凍る」	/elaːdo/
〈温度上昇〉	/pumuːdut/「暖かくなる」	/napuːdut/
	/ipapuːdut/「暖める」	
〈ドアなどの開放〉	/mailukat/「開く」	/lukat/
	/ilukat/ /luk(a)tan/「開ける」	

〈清潔化〉	/dumalus/「きれいになる」 /dalusan/「きれいにする」	/nadalus/
〈改善〉	/umimbag/「良くなる」 /paimbagen/「治す」	/naimbag/

5.2.　状態変化表現の記述

このセクションでは各状態変化の表現を具体的に検討する。

〈起立〉

自己状態変化表現と使役状態変化表現のどちらにおいても，単独の主動詞で移行と状態が表現される。一方，状態述語と (pag)balinen や ʔagbalin の組み合わせを用いて変化を表現する例は見当たらなかった。[3]

(12) a. t<imm>akder　ti=baket.
stand.up<PFV.AF>　C=old.lady
'The old lady stood up.'

b. p<in>a-takder-Ø　ni=ella　ti=manok=na
CAUS<PFV>-stand.up-PF　P.C=ella　C=chicken=3MINI.GEN
ʔiti=timba:ŋan.
OBL=scale
'Ella stood her chicken on the scale.'

〈起立〉では共主要部において状態変化が表現される例も見られた。(13) では，先行する共主要部動詞が使役の手段を表し，後続する共主要部動詞が使役，移行，そして状態を表現している。この共主要部での表現については，6.2 で議論する。

(13) g<in>u:jod-Ø=ko=ʔa　p<in>a-takder-Ø.
pull<PFV>-PF=1MINI.ERG=LIG　CAUS<PFV>-stand.up-PF
'I stood him / her up by pulling.'[4]

〈生命の喪失〉

自己と使役どちらの状態変化の表現においても，単独の主動詞で移行と状態

[3] 断りがない場合，そのデータはフィールドワークによって収集されたものである。インターネットから得たデータは，元々はイロカノ語の正書法で表記されていたものであり，筆者が表層の音韻形式に書き換えて提示している。

[4] https://bannawag.ph/2024/07/01/galiera-queen-27/

が表現される。ここでも状態述語と（pag）balinen や ʔagbalin の組み合わせの使用例はほぼ見られず，ʔagbalin が 1 例のみだった。

（14） a. nataj ti=majsa=ʔa lakaj.
PFV.AF.die C=one=LIG old.man
'One old man died.'

b. p<in>ataj-Ø=na ti=majsa=ʔa lakaj.
kill<PFV>-PF=3MINI.ERG C=one=LIG old.man
'She killed one old man.'

以下の例のように，従属節を伴う複文を使用し，状態変化の手段が表現されることも一般的に見られた。

（15） nataj ti=majsa=ʔa lala:ki=ʔa residente ʔiti=baraŋaj
PFV.AF.die C=one=LIG man=LIG resident OBL=barangay
twenty three ʔiti=sjudad ti=lawag kalpasan=ʔa na-paltu:g-an.
23 OBL=city C=lawag after=LIG POT.PFV-shoot-LF
'One male resident died in the Barangay 23 in Laoag City after being shot.'[5]

〈覚醒〉

自己状態変化と使役状態変化の両方で，単独動詞によって移行と状態を表現することが一般的であった。この変化においても状態述語と ʔagbalin や（pag）balinen の組み合わせの使用は見られなかった。

（16） a. nasa:pa=ʔa n-ag-ri:ʔiŋ ni=marikon.
early=LIG PFV-AF-wake.up P.C=maricon
'Maricon woke up early.'

b. r<in>i:ʔiŋ-Ø=na dagiti=ʔanak=na=ʔa
wake.up<PFV>-PF=3MINI.ERG PL.C=child=3MINI.GEN=LIG
naka-tu:rog=en.
POT.PFV.AF-sleep=already
'S/he woke up her/his child who were already asleep.'[6]

---

[5] https://www.facebook.com/watch/live/?ref=watch_permalink&v=1196832211032837
[6] http://tuggot.blogspot.com/2009/01/kulibangbang.html

〈喜悦〉

自己状態変化表現では，主動詞単独で移行と結果状態を表現する（17a）のような表現と，状態を表現する状態述語と移行を表現する ʔagbalin を組み合わせた（17b）のような表現のどちらも観察される。一方，使役状態変化表現では，（18）のように主動詞単独で移行と結果状態を表現することが非常に優勢である。

（17）a. n-ag-ragsak=ak=latta.
PFV-AF-happy=1MINI.ABS=just
'I just became happy.'

b. ʔanja ti=ʔarami:d-en=tajo tapno ʔag-balin=ʔa
what C=do-ZERO.PF=1/2AUG.ERG so.that ZERO.AF-become=LIG
naragsak ken makapnek ti=biʔag=tajo?
happy and satisfying C=life=1/2AUG.GEN
'What will we do so that our life will become happy and satisfying?'[7]

（18） p<in>a-ragsak-Ø=nak.
CAUS<PFV>-happy-PF=2|3MINI.ERG>1MINI.ABS
'You / she / he made me happy.'

〈物理的拡大〉

自己状態変化および使役状態変化の両方の表現で，（19）が例示するような動詞単独を使って変化を表現する例が一般的である。

（19）a. kadawjan=ŋa d<um>akkel ti=mu:la=ʔa kama:tis
usually=LIG big<ZERO.AF> C=plant=LIG tomato
ʔiti=1–3 metro ʔiti=kata:jag.
OBL=1–3 meter OBL=length
'A tomato plant usually grows 1 to 3 meters long.'[8]

b. p<in>a-dakkel-Ø=nakami ni=na:naŋ
CAUS<PFV>-big-PF=2|3MINI.ERG>1AUG.ABS P.C=mother
kas=mjembro ti=majsa=ŋa evangelical church.
like=member C=one=LIG evangelical church

[7] https://www.jw.org/ilo/libraria/video/ebtv/ania-ti-panggep-ti-biag/
[8] https://ilo.wikipedia.org/wiki/Kamatis

'Mom raised us like members of an evangelical church.'[9]

動詞で移行と結果の両方を表現するパターンと比較すると頻度は少ないが，状態を表す形容詞と ʔagbalin を組み合わせた例も観察される。一方，状態を表す形容詞と (pag)balinen の組み合わせは見られない。

(20) nu=n-ag-balin=ʔa dakkel ti=pu:ʔor ti=gasoli:na wenno
when=PFV-AF-become=LIG big C=fire C=gasoline or
laŋis, mabalin=ʔa saʔan=mo=ʔa ka:ja=ŋa
oil possible=LIG NEG=1MINI.ERG=LIG be.able.to=LIG
ʔiddip-en dajtoj.
extinguish-ZERO.PF PROX.C
'When the fire of gasoline or oil becomes big, maybe you are not able to extinguish it.'[10]

〈赤色化〉

自己状態変化の表現では，(21) のように動詞単独で移行と状態を表現するものが頻度が高い。

(21) nu=l<um>aba:ga ti=taŋa:taŋ ʔiti=rabiʔi, ma-ʔajat-an
when=red<ZERO.AF> C=sky OBL=night LF-love-LF
dagiti=mari:no.
PL.C=seaman
'When the night sky turns red, sailors become happy.'[11]

使役状態変化の表現では，移行と結果の両方が動詞で表現されることは少なく，以下のように使役の手段と移行を動詞で表現し，状態述語を含んだ付加的表現で結果を表現するのが一般的である。

(22) p<in>inta-Ø=na ti=ri:daw ʔiti=na-laba:ga.
paint<PFV>-PF=3MINI.ERG C=door OBL=ST-red
'S/he painted the door with red.'

〈赤色化〉においては，(23) のような ʔagbalin と状態述語を用いた表現が少数見られた。(Pag)balinen と状態述語の組み合わせは見られなかった。

[9] https://wol.jw.org/ilo/wol/d/r115/lp-il/2015486
[10] https://hidot.hawaii.gov/highways/files/2021/11/ILOCANO-Hawaii-Drivers-Manual.pdf
[11] https://wol.jw.org/ilo/wol/d/r115/lp-il/2007328

(23) ʔag-balin=ʔa na-laba:ga dagiti=buloŋ ti=mase:tas
ZERO.AF-become=LIG ST-red PL.C=leaf C=house.plant
nu=tiʔempo ti=lami:ʔis.
when=time C=cold
'The leaves of the house plant turn red in the cold season.'[12]

〈物理的破壊〉

自己状態変化と使役状態変化のどちらの表現についても，単独の主動詞で移行と状態が表現される。なお，(24) では「叩く」という使役手段の共イベントも主動詞で表現されている。状熊述語と「なる」や「する」を用いた例は見られなかった。

(24) a. ma-bu:ʔoŋ-Ø ti=sarmiŋ ti=ri:daw.
POT.ZERO-break-PF c=glass c=door
'The glass of the door will break.'
b. buʔu:ŋ-en=na dagiti=ʔitlog.
break-ZERO.PF=3MINI.ERG PL.C=egg
'S/he will crack the eggs!'

〈氷結〉

§5.1 の表 4 で見たように，イロカノ語の〈氷結〉を表現する語彙的資源は他と比べて限定的で，使役状態変化を表現する動詞を欠く。(25a) のように，自己状態変化表現では単独の主動詞で移行と状態が表現できるが，(25b) のように，使役状態変化表現では (pag) balinen に相当する動詞で移行が表現され，je:lo「氷」で結果が表現される。

(25) a. ʔag-je:lo ti=danum.
ZERO.AF-ice C=water
'The water will freeze.'
b. pag-balin-en=na=ʔa je:lo ti=danum.
ZERO.PF-make-ZERO.PF=3MINI.ERG=LIG ice C=water
'S/he will turn the water into ice.'

なお自己状態変化表現でも，(26) のように移行を主動詞で表現し，状態を主動詞外で表現する表現も見られる。

---

[12] http://manipudkadagitieditor.blogspot.com/2013/

(26) ʔag-balin=ʔa je:lo ti=pu:ro=ʔa danum ʔiti=zero degree
ZERO.AF-become=LIG ice C=pure=LIG water OBL=zero degree
celcius.
celcius
'Pure water becomes ice at zero degrees Celcius.'[13]

〈温度上昇〉

自己状態変化および使役状態変化の表現に関して，動詞のみで移行と状態を表現する例が優勢である。(27) がそれぞれの表現の例示である。

(27) a. ʔinton p<imm>u:dot ti=manti:ka, ʔi-gisa ti=sibu:jas=ken
when hot<PFV.AF> C=oil ZERO.CF-sauté C=onion=and
ba:waŋ.
garlic
'When the oil becomes hot, sauté the onions and garlic.'[14]

b. ʔi-pa-pu:dot ditoj ti=na-ʔiw-ʔi:wa-Ø=ʔa
CF-CAUS-hot PROX.LOC C=POT.PFV-RED-slice-PF=LIG
bagnet ʔagiŋga:na na-saraŋsaŋ.
bagnet until ST-crispy
'Heat the sliced bagnet here [i.e. heated frying pan] until they are crispy.'[15]

検索では，ʔagbalin と状態述語の組み合わせは 5 例，(pag)balinen と状態述語の組み合わせは 1 例見られた。

(28) ʔag-balin=ʔa na-pu:dot man ʔita=ŋa ʔaldaw=en
ZERO.AF-become=LIG ST-hot surprise now=LIG day=already
'Unexpectedly, it will be hot later today.'[16]

---

13 http://manipudkadagitieditor.blogspot.com/2014/01/panagapit-iti-wombok.html

14 https://nordis.net/2009/11/01/article/opinion/columns/makan/makan-ala-pinoy-pansit-batil-patong/

15 https://nordis.net/2018/06/17/article/news/ilocos/makan-a-la-pinoy-bicol-express-ilocano-style/

16 https://www.facebook.com/groups/1100279993690513/posts/2073073026411200/?paipv=0&eav=AfZDJuWyZfr19eDBYcIdm7lHajOO2hC1qvhhJPzin132JtSzso39z9HDcdh7MNKHCk&_rdr

〈ドアなどの開放〉

この変化では状態述語と（pag）balinen あるいは ʔagbalin の組み合わせは全く見られなかった。(29）のように，もっぱら動詞において移行と状態を表現するものが見られた。

(29) a. na-j-lukat　ti=ri:daw　ket　s<im>rek　da=ma:noŋ　leon
POT.PFV-CF-open　C=door　and　enter<PFV.AF>　PL.P.C=title　leon
ken　maria.
and　maria
'The door opened and Manong Leon and Maria entered.'[17]

b. ʔin-in-ʔina:jad-Ø=na=ŋa　ʔin-lukat　ti=ri:daw
PFV-RED-do.slowly-PF=3MINI.ERG=LIG　PFV.CF-open　C=door
ti=lu:gan.
C=car
'S/he opened the door of the car slowly.'[18]

〈清潔化〉

自己状態変化と使役状態変化の両方の表現で，主動詞を使って移行と状態を表現することが頻繁に見られた。次の（30）がその例示である。

(30) a. … d<imm>alus　ti=ʔaglawlaw　ken　na-ʔur-ʔurnos
clean<PFV.AF>　C=environment　and　ST-RED-neat
dagiti=bilog=ʔa　maj-pa:-paʔa:baŋ=ʔa　paŋ-likmot
PL.C=outrigger=LIG　POT.CF-RED-lease=LIG　INS.NR-go.around
kadagiti=ʔisla.
PL.OBL=island
'The environment became clean and the outriggers leased for going around the islands are neat.'[19]

b. d<in>alus-an　ni=trisja　ti=siled=na　ʔiti=ʔuneg
clean<PFV>-LF　P.C=trisha　C=room=3MINI.GEN　OBL=inside
ti=dwapu:lo=ʔa　minu:to.
C=20=LIG　minute

---

17 https://ilocanoonline.wordpress.com/2009/02/20/idi-yawid-ni-manong-leon-ti-asawana/
18 https://bannawag.ph/2022/04/13/operation-medalla-cartel-maika-27-a-paset/
19 https://nordis.net/2018/04/01/article/news/ilocos/diaries-from-the-field-basuram-iyawidmo/

'Trisha cleaned her room in 20 minutes.'[20]

(31) のように，ʔagbalin と状態述語に分けて移行と状態を表現する例も，動詞単独と比較すると少数だが一般的に見られた。(Pag)balinen と状態述語の組み合わせは非常に少数であった。

(31) ʔa:paj=ʔa kasapu:lan=tajo ti=ʔag-balin=ʔa na-dalus.
why=LIG need=1/2AUG.ERG C=ZERO.AF-become=LIG ST-clean
'Why do we need to be clean?'[21]

〈改善〉

(32) に例示されるように，主動詞を使って移行と状態の両方を表現する例が一般的に見られた。

(32) a. saʔan=ʔa maka-paŋan ŋem ʔimm-imbag kalpasan=ʔa
NEG=LIG POT.ZERO.AF-eat but PFV.AF-good after=LIG
p<in>a-ʔinum=da ʔiti=tubbog ti=ʔesʔesʒi …
CAUS<PFV>-drink=3AUG.ERG OBL=juice C=SSG
'She did not feel like eating but she became good after they made her drink SSG juice.'[22]

b. ŋem ʔin-uŋtan ni=hesus ti=da:kes=ŋa ʔespiritu,
and PFV-scold.LF P.C=jesus C=bad=LIG spirit
p<in>a-ʔimbag=na ti=ʔubiŋ sana ʔin-ja:wat
CAUS<PFV>-good=3MINI.ERG C=child then PFV.CF-deliver
kenni=ʔama=na.
P.OBL=father=3MINI.GEN
'And Jesus scolded the bad spirit, healed the child, and delivered him to his father.'[23]

状態述語と ʔagbalin の例は数例見られたが，状態述語と（pag）balinen に分割して表現する例は見られなかった。

---

[20] https://brainly.ph/question/15536113
[21] https://www.coursehero.com/file/171210146/ESP-1-ILOKO-Q1-MODULE-3pdf/
[22] https://bannawag.ph/2021/07/13/makaagas-iti-kanser-daytoy-a-ruot/
[23] https://www.bible.com/bible/782/LUK.9.RIPV

(33) ʔalisto laŋ ti=ʔag-balin=ŋa na-ʔimbag kadagiti=tat-tao.
fast just C=ZERO.AF-become=LIG ST-good PL.OBL=RED-person
'Be kind to people quickly…'[24]

6. 考察

6.1. 移行と状態の表現位置

§5.2 の記述に基づき，イロカノ語の状態変化表現の特徴は以下のようにまとめられる。

(34) a. 自己状態変化と使役状態変化の表現では，節の単独主動詞を使って移行と状態を一緒に表現することが一般的に観察された。〈氷結〉の使役状態変化を表現する単独の動詞は存在しないため，例外的に主動詞のみでは表現されることがなかった。

b. ʔagbalin（なる）か（pag)balinen（する）と状態動詞・形容詞の組み合わせで，移行と状態を分割して表現する方策の使用は限定的な場合が多い。特に（pag)balinen の方は ʔagbalin よりも非常に限定的であった。

〈氷結〉から明らかなように，語彙レパートリーが状態変化の表現方法に関わる。単独で移行と状態を表現する動詞を持たない場合，ʔagbalin や (pag)balinen のような抽象的な移行（変化）を表現する動詞と独立した語彙素（〈氷結〉では名詞）に分けて移行と状態が表現された。その一方で，イロカノ語の状態変化表現で見られる変異には，動詞・形容詞の有無とは独立して生じるケースが観察された。ある状態変化タイプでは，状態述語がほぼ使用されないものの，別のタイプでは状態述語が一定程度使用された。表 5 はそれをまとめたものである。例が 5 つ以上見られた変化に「○」を，この基準に満たない変化に「×」を与えている。

---

[24] https://www.facebook.com/Ilocano.Organization/posts/1093456850680830/?locale=tlPH

表5：状態述語の使用

変化のタイプ	自己変化表現での使用	使役変化表現での使用	注釈
〈起立〉	×	×	
〈生命の喪失〉	×	×	
〈覚醒〉	×	×	
〈喜悦〉	○	×	
〈物理的拡大〉	○	×	
〈赤色化〉	○	×	
〈物理的破壊〉	×	×	
〈氷結〉	○	○	je:lo「氷」を使用
〈温度上昇〉	○	×	
〈ドアなどの開放〉	×	×	
〈清潔化〉	○	○	
〈改善〉	○	×	

状態述語が一定程度で使用された変化のタイプは，名詞の je:lo「氷」が使用された〈氷結〉を除いて，〈喜悦〉，〈物理的拡大〉，〈赤色化〉，〈温度上昇〉，〈清潔化〉，〈改善〉の6つであった。これらの状態概念は，Dixon（2004）の通言語的な調査において，状態を表す形容詞として最も語彙化されやすい意味領域に属するか，それに次いで語彙化されやすい意味領域に属するものである（Dixon（2004: 3-4））。

(35) 形容詞クラスのサイズに関わらず形容詞として語彙化されやすい意味タイプ
　a. 次元：〈大きい〉〈小さい〉〈長い〉〈広い〉〈深い〉など
　b. 老若：〈新しい〉〈若い〉〈古い〉など
　c. 価値：〈良い〉〈悪い〉〈（質が）ひどい〉など
　d. 色：〈赤〉〈黒〉〈白〉など

(36) 中規模，大規模な形容詞クラスと結びつきやすい意味タイプ
　a. 物理属性：〈硬い〉〈柔らかい〉〈重い〉〈清潔な〉〈熱い〉など
　b. 人間の傾向：〈嬉しい〉〈優しい〉〈賢い〉〈残忍な〉など
　c. 速度：〈速い〉〈遅い〉など

Dixon（2004）の状態概念の分類は，他言語の状態変化表現でも関連が指摘されている。松本・氏家（2024）は日本語を対象に，本研究とほぼ同じ12の

変化タイプの表現を検討した。[25] 松本・氏家は日本語では〈着座〉，〈覚醒〉，〈生命の消失〉，〈物理的破壊〉，〈ドアなどの開放〉，〈氷結〉，〈喜悦〉がもっぱら主要部動詞のみで表現された一方，〈赤色化〉，〈清潔化〉，〈物理的拡大〉，〈温度上昇〉，〈改善〉においては軽動詞の「なる」や「する」を使用して，移行と結果状態を分割して表現する傾向が見られたと報告している。後者の分割によって表現される変化タイプは，〈氷結〉と〈喜悦〉を除いてイロカノ語と共通していることがわかる。日本語の状態変化表現の変異について，松本らは日本語の語彙レパートリーを重要な要因と指摘している。日本語において主動詞のみで移行と結果が表現される概念には，状態を表現するような形容詞が存在しない傾向が強く，反対に分割して表現される概念に対しては，単独で移行と結果状態を表現する動詞がない。

Dixon（2004）の形容詞として語彙化されやすい意味タイプというのは，変化の意味を含まず状態の意味だけで語彙化されやすい意味タイプと解釈できる。状態の意味のみで語彙化されやすい意味タイプとそうでない意味タイプが通言語的に存在する場合，その傾向に対する可能な説明の1つとして，そうした意味タイプが変化を前提とせず成立しやすい状態概念である一方，後の意味タイプが変化を前提とする状態概念であるという説明がありうる（Beavers et al. (2021)；松本・氏家（2024））。

ここで，イロカノ語と日本語の両言語において主要部のみで移行と状態が表現された変化タイプに注目すると〈起立・着座〉，〈覚醒〉，〈ドアなどの開放〉，〈生命の喪失〉，〈物理的破壊〉という，通常変化によって生じる状態概念に限られる。以上より，通言語的な状態変化の表現方法について（37）の仮説を提案する。なお，〈氷結〉も多くの文脈で変化が推論される概念であり，イロカノ語の〈氷結〉の自己変化表現において状態述語が使用されることはこの仮説に対する反例になるが，個別言語に完全にフィットするものは意図していない（また言語一般に関する仮説として望ましくない）。

（37）　変化を前提としたり，変化を想起しやすい状態タイプでは，その状態と移行の両方を表現する動詞が存在する限り，そうした動詞を用いて状態変化がもっぱら表現される。

（37）の仮説は，特定の状態変化を表現するための選択肢が複数あるかどうかに関わらず成立することを提案する仮説である。松本・氏家（2024）が指摘

[25] 松本・氏家（2024）は姿勢の領域に関わる変化として〈着座〉を対象としており，〈起立〉を対象とした本研究とこの点でのみ異なる。

したように，日本語は 1 つの状態変化について複数の表現方法は持たないことが多い一方，イロカノ語では主動詞のみと分割という複数の表現方法がある場合がある。(37) は表現の選択肢が仮に複数あるような場合でも成立すると考える。

(37) の仮説は様々な言語で検証される必要がある。その一方で，イロカノ語において主動詞のみで表現される概念は変化を前提とする概念であることは，動的動詞と状態述語の間の形態論的な派生関係からサポートされると考える。表 6 が示すように〈起立〉,〈生命の喪失〉,〈覚醒〉,〈物理的破壊〉を表現する状態述語は，動的動詞の完了形と（一部）同形である。特に，動的動詞から派生され結果状態の意味を表す potentive 形の動詞完了形と同形の状態述語が多い。こうした特徴は，〈改善〉や〈清潔化〉など，状態変化の表現に状態述語が用いられた変化タイプには見られない。完了形と状態述語が同形のケースでは，動的動詞から状態述語への派生という方向が妥当であると考えられる。その理由は次である。まず，動的動詞の完了形はアスペクトの屈折パラダイムを埋める規則的な形式である。そしてイロカノ語において，状態動詞や形容詞の形式が完了形の動的動詞の位置に入り，不規則な屈折パラダイムを形成しているというようなケースは見られない。以上から，動的動詞から状態述語に派生していると考えるのが妥当であり，変化を表現する動的動詞から派生されているということは，これらの概念（〈起立〉〈生命の喪失〉〈覚醒〉〈物理的破壊〉）がイロカノ語において変化を前提とした状態概念であることを示唆する。

表 6：状態述語と動詞完了形

変化	状態述語（状態動詞・形容詞）	動詞完了形
〈起立〉	/natakder/ /nakatakder/	/naka-takder/（POT.PFV-stand）
〈生命の喪失〉	/nataj/	/nataj/（PFV.AF.die）
〈覚醒〉	/nakari:iŋ/	/naka-ri:iŋ/（POT.PFV-wake-pf）
〈物理的破壊〉	/nabu:uŋ/	/na-bu:uŋ-Ø/（POT.PFV-break-PF）
〈ドアなどの開放〉	/lukat/	/nai-lukat/（POT.PFV.CF-open）

表 6 が示すイロカノ語の状態述語の形態論的特徴は通言語的に観察される傾向と並行的である。Beavers et al. (2021) は様々な状態概念が形態論的にどのように表現されるかを通言語的に検証している。その結果〈老若〉を除いて〈次元〉〈色〉〈価値〉〈物理属性〉〈速度〉の意味タイプは状態述語が非派生的に存在する一方，変化によって生じる状態概念は非派生的な動詞から状態述語が派生される傾向があることを指摘している。

6.2. 移動表現との並行性

§3.1 で見たように，イロカノ語は共主要部を使って移動の経路を表現する。状態変化の表現では，共主要部で移行が表現されたのは〈起立〉のみであった。その (13) を (38) として繰り返す。

(38) g<in>u:jod-Ø=ko=ʔa　p<in>a-takder-Ø.
pull<PFV>-PF=1MINI.ERG=LIG　CAUS<PFV>-stand.up-PF
'I stood him/her up by pulling.'

それ以外の状態変化のタイプで，移行が共主要部で表現された例は観察されなかった。(39) が示すように，話者の適格性判断においても，手段と結果の状態のそれぞれを共主要部動詞で表現することはできない。先に見た (15) のように，手段とその結果状態を合わせて表現する場合，手段を他の節などで表現する必要がある。

(39) *p<in>altu:g-an=na　djaj=lala:ki　nataj.
shoot<PFV>-LF=3MINI.ERG　DEF.C=man　PFV.AF.die
Intended: 's/he shot the man to death.'

以上のことから，動詞連続構文は移動事象の表現に特有の構文であり，〈起立〉において移行が共主要部で表現されたのは，〈起立〉の事象が移動事象と解釈されているためと仮定できる。[26] この仮定により，通常移動事象とは解釈されない多くの状態変化事象の表現で共主要部が使用されなかったことが合わせて説明できる。使用される構文に違いがあることから，イロカノ語において移動事象と状態変化事象には完全な並行性は見られないと言える。ただし，節の主要部動詞で変化の移行を表現する傾向があるという点で，両者には部分的に共通の特徴が見られる。

7. 結論

本研究はイロカノ語の動詞や形容詞を使用した状態変化表現について，以下のことを明らかにした。まず全体的な傾向として，語彙的な資源が存在する場合，単独の動詞主要部を使って移行（プラス状態）を表現するのが観察された。ʔagbalin（なる）と状態述語の組み合わせの使用については変化のタイプに

[26] 松本曜氏はドアの開閉にも位置変化が関わることを指摘した。これが正しいと仮定すると，ドアの開放にも動詞連続構文が使用されることが予測されるが，本研究で検証した範囲で

よって頻度に差があり，通言語的に形容詞として語彙化されやすい概念がそうした組み合わせである程度表現されることがわかった。一方，変化によって生じる状態概念には，この組み合わせはほとんど使用されないことがわかった。(pag) balinen（する）と状態述語の組み合わせの使用は更に頻度が低く，語彙的資源が存在しない場合にほぼ限定されて観察された。

移行の表現に節の主要部である動詞を使用する点で移動事象と状態変化事象には共通点が見られたが，移動事象表現に頻繁に使用される動詞連続構文は状態変化事象の表現に使用されることが基本的にはなく，この点でイロカノ語における2つの事象タイプの並行性は部分的なものにとどまると結論づけられる。

略号一覧

1: first person
2: second person
3: third person
ABS: absolutive
AF: actor focus
AUG: augmented
C: core argument article
CF: conveyance focus
DEF: definite
ERG: ergative
GEN: genitive
LIG: ligature
LF: locative focus
MINI: minimal numbe
OBL: oblique
P: personal article
PF: patient focus
PFV: perfective form
PL: plural
POT: potentive mood
RED: reduplicant
ZERO: zero-marked form
< >: infix
| : used in cases of syncretism
Ø: zero form

参考文献

Ameka, Felix K. and James Essegbey (2013) "Serialising Languages: Verb-framed, Satellite-framed or Neither," *Ghana Journal of Linguistics* 2(1), 19–38.

Beavers, John (2010) "The Structure of Lexical Meaning: Why Semantics Really Matters," *Language* 86, 821–864.

Beavers, John (2011) "On Affectedness," *Natural Language and Linguistic Theory* 29, 335–370.

Beavers, John, Michael Everdell, Kyle Jerro, Henri Kauhanen, Andrew Koontz-Garboden, Elise LeBovidge and Stephen Nichols (2021) "States and Changes of State: A Crosslinguistic Study of the Roots of Verbal Meaning," *Language* 97, 439–484.

Bohnemeyer, Jurgen (2010) "The Language-Specificity of Conceptual Structure: Path, fictive Motion, and Time Relations," *Words and the Mind: How Words Capture Human Experience*, ed. by Barbara C. Malt and Phillip Wolff, 111–137, Oxford

はそのような例は観測されなかった。

University Press, Oxford.

Dixon, R. M. W. (2004) "Adjective Classes in Typological Perspective," *Adjective Classes: A Cross-linguistic Typology,* ed. by R. M. W. Dixon and A. Y. Aikhenvald, 1–49, Oxford University Press, Oxford.

Gruber, Jeffrey S. (1965) *Studies in Lexical Relations*, Doctoral dissertation, MIT.

Hay, Jennifer, Christopher Kennedy and Beth Levin (1999) "Scalar Structure Underlies Telicity in Degree Achievements," *The Proceedings of Semantics and Linguistic Theory* IX, 127–144.

Jackendoff, Ray (1983) *Semantics and Cognition*, MIT Press, Cambridge, MA.

Jackendoff, Ray (2002) *Foundations of Language: Brain, Meaning, Grammar, Evolution*, Oxford University Press, Oxford.

Matsumoto, Yo (2025) "Introduction: Motion-event Descriptions across Languages," *Motion Event Descriptions across Languages, Vol. 1: Case Studies of Linguistic Representations of Motion*, ed. by Yo Matsumoto, 1–52, De Gruyter Mouton, Berlin.

松本曜・氏家啓吾 (2024)「日本語における状態変化の表現―認知的類型論の数量的研究―」『言語研究』166, 1–29.

Rappaport Hovav, Malka and Beth Levin (2010) "Reflections on Manner/Result Complementarity," *Lexical Semantics, Syntax, and Event Structure*, ed. by Malka Rappaport Hovav, Edit Doron and Ivy Sichel, 21–38, Oxford University Press, Oxford.

Reid, Lawrence A. (1989) "Arta, Another Philippine Negrito Language," *Oceanic Linguistics* 28(2), 47–74.

Rubino, Carl (1997) *A Reference Grammar of Ilocano*, Doctoral dissertation, University of Hawai'i at Manoa.

Rubino, Carl (2005) "Iloko," *The Austronesian Languages of Asia and Madagascar*, ed. by Alexander Adelaar and Nikolaus P. Himmelmann, 326–349, Routledge, New York.

Slobin, Dan I. (2004) "The Many Ways to Search for a Frog: Linguistic Typology and the Expression of Motion Events," *Relating Events in Narrative, Vol. 2: Typological and Contextual Perspectives*, ed. by Sven Stromqvist and Ludo Verhoevenn, 219–257, Lawrence Erlbaum, Mahwah, NJ.

Talmy, Leonard (1991) "Path to Realization: A Typology of Event Conflation," *Proceedings of the 17th Annual Meeting of the Berkeley Linguistics Society*, 480–519.

Talmy, Leonard (2000) *Toward a Cognitive Semantics: Vol. 2. Typology and Process in Concept Structuring*, MIT Press, Cambridge, MA.

Yamamoto, Kyosuke (2019) *A Semantic Approach to Ilocano Grammar*, Doctoral dissertation, Kyoto University.

Yamamoto, Kyosuke (2025) "Motion Event Descriptions in Ilocano," *Motion Event Descriptions across Languages, Vol. 1: Case Studies of Linguistic Representations of Motion*, ed. by Yo Matsumoto, 673–710, De Gruyter Mouton, Berlin.

第 8 章

バスク語から見る移動表現と状態変化表現の相違点

石塚 政行

東京農工大学

1. はじめに

移動と状態変化は似ている。それは「状態変化」という言葉遣いに端なくも表れている。わざわざ「状態」と断らなくてはならないのは，移動も変化の一種と考えることができるからだ。青かった柿の実が赤くなるのが状態（属性）の変化なら，枝に付いていた柿の実が地面に落ちるのは位置の変化，すなわち移動である。この共通点と関係しているであろう言語現象は古くから注目されてきた。そして，そのメカニズムを捉えるために，移動と状態変化の共通点は様々に定式化されてきた（Jackendoff（1990），Goldberg（1991），Beavers（2011）など）。

しかし，状態（属性）と位置は，共通の捉え方を許すペアでありながら，時に大きな違いを見せる。例えば，位置を表す専用の一項述語文の形式を持つ言語はあるが，属性を表す専用の文形式を持つ言語はない（Stassen（1997））。一項述語文は，（1a, d）の da や（1c, e）の dago のような補助的要素（コピュラや助動詞）を伴う場合と，（1b）のように述語単独の場合がある。Stassen の調査によれば，類を表す文のみ，あるいは位置を表す文のみが補助的要素を伴うことはあるが，属性を表す文だけが補助的要素を伴うということはない。また，動作を表す文のみが単独の述語を許す場合はあるが，属性を表す文だけが単独の述語になるということもない。換言すると，属性を表す一項述語文は，必ずその形式を類を表す文，動作を表す文，位置を表す文のいずれかと共有するのである。

(1) スペイン・バスク語
　a. *Amaia injineru-a da.*（類）
　　Amaia engineer-SG ABS:3SG.PRS.COP

「アマヤはエンジニアだ」

b. *Beltz hegazkin-ez da-tor.*（動作）
Beltz airplane-INST ABS:3SG.PRS-come
「ベルツは飛行機で来る」

c. *Domeka parke-an da-go.*（位置）
Domeka park-[SG]LOC ABS:3SG.PRS-be
「ドメカは公園にいる」

d. *Eneko handi-a da.*（属性：恒常的）
Eneko tall-SG ABS:3SG.PRS.COP
「エネコは背が高い」

e. *Fidela haurdun da-go.*（属性：一時的）
Fidela pregnant ABS:3SG.PRS-be
「フィデラは妊娠している」

同様に，状態（属性）変化と位置変化（移動）についても，その変化の側面が状態であるか位置であるかに由来する相違点が言語現象に見られると考えるのが自然である。したがって我々は，移動と状態変化の共通点のみならず，両者の相違点を体系的に明らかにする必要がある。

本章は，バスク語の自己状態変化表現を自律移動表現と比較する。具体的には，移動の経路および地を，状態変化の移行および結果状態とそれぞれ対応づけ，それらが文のどの位置で表されるのかを記述する。結果として，移動の場合は経路は文の主要部である動詞（主動詞），地は主要部外の名詞句で表現されるのに対し，状態変化の場合は，移動と同じパターンになる変化もあれば，移行と結果状態が主動詞でまとめて表現される変化もあることを示す。そして，このような違いが見られるのは，移動とある種の状態変化では，変化の背後にある属性が単次元的かどうかが異なり，それによって離散的尺度が構成されやすくなるためではないかと提案する。

次節では，移動と状態変化の共通点と相違点について，明らかになっていることをまとめ，その過程で本章で用いる概念を整理する。3 節では，準備として，バスク語の概要，バスク語の移動表現の概要，バスク語の状態変化に関する構文と語彙レパートリーの概要を述べる。4 節では，状態変化表現の調査結果を結果状態となる属性の分類という観点から整理する。5 節では調査結果と仮想変化表現との関連を指摘し，移動と状態変化表現の違いの説明を提案する。6 節はまとめと結論である。

2. 移動と状態変化の共通点と相違点

2.1. イメージ・スキーマとメタファー

本章では状態変化を SOURCE-PATH-GOAL のイメージ・スキーマに基づいて捉える。イメージ・スキーマとは，身体を通じて環境と相互作用する経験から抽象化を経て生じるスキーマ的な表象である（Johnson（1987））。SOURCE-PATH-GOAL のスキーマは，我々の探索と移動の経験から立ち現れると考えられる。このスキーマには移動の始点，終点，その間を結ぶルートなどが含まれる。

このイメージ・スキーマを，Langacker（1987）を参考に次のように精緻化する。まず，移動の主体をトラジェクター（TR）と呼ぶことにする。また，このスキーマを出発，通過，到着の 3 つの局面に分ける。各局面における TR の移動は，別の対象を基準に記述することができる。この基準となる対象をランドマーク（LM）と呼ぼう。さらに，TR の出発前の位置を起点，到着後の位置を着点と言うことにする。起点や着点は LM を基準に決まる位置だが，LM の内部や表面である場合，LM 自体と同一視できると考えられる（Vandeloise（1988），Aurnague（1995））。例えば次の例では，the cat が TR，from が出発局面，the barn がその LM（≒起点），to が到着局面，the house がその LM（≒着点）を表している。

（2） The cat ran *from* the barn in*to* the house.

状態変化は，このイメージ・スキーマに基づいてメタファー的に捉えることができる。TR が変化の主体，起点（≒出発局面の LM）が変化前の状態，着点（≒到着局面の LM）が変化後の状態（結果状態[1]）に対応する。このメタファー的捉え方の表れとして，例えば Goldberg（1991）は次の例を挙げている。

（3） The jello went *from* liquid *to* solid in a matter of minutes.

我々の言い方では，〈固まる〉という状態変化が移動として，ゼリーがその TR として，液体状態が起点として，個体状態が着点として捉えられていると

[1] 結果状態の抽象度は場合により異なる。例えば「伸びる」が表す変化の結果状態は変化前の長さよりも長いことだけが必要なのに対し，「5 cm 伸びる」は変化前後の長さの差分が指定されている。このような場合，「5 cm」も「伸びる」もともに結果状態を（異なる抽象度で）コードしていると考える。

分析できる。それは，the jello が移動動詞 go の主語として，liquid が起点を表す from の補語として，solid が着点を表す to の補語として表現されていることに反映している。

2.2.　枠付け類型論

本章の重要な出発点の 1 つは，Talmy（2000: Ch. 3）の枠付け類型論である。Talmy は，複数の事象が一体的に単一の節で表現された場合に，節全体のアスペクトや項構造などの重要な性質を決定する（枠付ける）のは特定のタイプの事象であると主張した。このような事象は枠付け事象と呼ばれ，移動と状態変化を含む 5 種類が指摘されている。

さらに，Talmy は，枠付け事象に共通する意味構造を想定し，その意味構造のうち各事象を特徴づける部分（中核スキーマ）が文中のどの位置で表されるかに関して 2 つの類型を提案した。それが動詞枠付けと付随要素枠付けである。中核スキーマを文の主動詞が表すのが動詞枠付け，主動詞と統語上姉妹関係にある不変化詞や接辞などが表すのが付随要素枠付けである（Talmy (2000: 222)）。なお，付随要素の概念は後に拡大され側置詞も含む場合がある（Matsumoto (2003)，Beavers (2008)，Croft et al. (2010) などを参照）。

移動と状態変化を例に考えてみよう。移動の中核スキーマは経路（＝我々の局面＋LM との位置関係。時にそれに加えて地＝LM 自体[2]），状態変化の中核スキーマは移行（変化の局面）と結果状態（変化後の状態）である。日本語の「押し出す」は，主要部である「出す」が経路を表している。また，「押し開ける」では，主要部である「開ける」が移行・結果状態を意味している。こうした例は，主動詞が中核スキーマを表しているので，動詞枠付けに分類できる。一方，英語の push out や push open では，付随要素 out および open がそれぞれ経路や移行・結果状態を表現している。従って，英語のこうした表現は付随要素枠付けと言える。

各言語は枠付けについて一定の傾向性を持つと Talmy は主張し，移動表現一般については様々な言語でその傾向性があることが確かめられている（概観として Imbert (2012)，Pederson (2017) を参照）。一方で，Talmy 自身も英語について述べているように，状態変化が常に移動と同じ表現位置に現れるわけではない。例えば，英語では open the door のように主動詞で移行・結果状

[2] Talmy（2000）は基本的に移動の中核スキーマは経路であるとするが，アツゲウィ語のように経路＋地の言語もあるとも述べている（p. 227）。また，状態変化の中核スキーマは一般に移行＋結果状態であるとしている（p. 238）。

態を表す言い方も自然である（Talmy（2000: 240））。

これは，1 節で述べた，変化の側面が状態であるか位置であるかに由来する状態変化と移動の言語的相違点の 1 つとして理解できるかもしれない。そのためには，状態変化と移動の違いをより体系的に明らかにする必要がある。次節では，そのような研究の例として，日本語の状態変化表現を調査した松本・氏家（2024）を取り上げる。

2.3.　語彙レパートリー

松本・氏家（2024）はコーパスを用いた日本語の状態変化表現の研究である。松本らは，12 種類の状態変化について，その中核スキーマが表されるのが主要部か主要部外かを数量的に調査した。表現の類型として，移行と結果状態がいずれも主要部のみで表現されるタイプ，移行が主要部・結果状態が主要部外で分割されるタイプなどが認定されている。本章では前者を統合型，後者を分割型と呼ぶ。松本らによれば，〈着座〉〈覚醒〉〈死〉〈破壊〉〈開放〉〈氷結〉〈喜悦〉は統合型の表現が圧倒的に多かった。一方，〈拡大〉〈温度上昇〉〈改善〉〈赤色化〉〈清潔化〉は分割型の表現が多かった。

松本らは，こうした違いを生み出す要因として，語彙レパートリーに注目している。つまり，特定の状態変化を表す動詞があるかどうか，特定の属性を表す形容詞があるかどうかという観点である。例えば，〈着座〉〈覚醒〉〈死〉〈破壊〉〈開放〉〈氷結〉といった変化の結果状態を表す形容詞は日本語にはなく，動詞のテイル形などを使って表される。つまり，分割型の表現が不可能であるか限定的であると言うことだ。反対に，〈清潔化〉を表す一般的な動詞はない。すなわち，統合型で表現することは不可能である。

このような日本語の語彙レパートリーのあり方を，松本らは類型論的観点からさらに考察している。松本らによれば，結果状態を表す形容詞が存在しない概念は，(i) 必ず変化の結果として生じる状態か，(ii) 通常の，あるいは理想的状態から逸脱した状態である。松本らは，この一般化を Beavers & Koontz-Garboden（2020）の研究と比較している。Beavers らによれば，Dixon（1982, 2004）が挙げる属性概念を結果状態とする状態変化動詞が形容詞由来となるのに対して，必ず変化の結果生じるような状態を結果状態とする状態変化動詞は形容詞由来ではない非派生動詞となる傾向がある。松本らは，この 2 つの一般的傾向の背後に「変化の結果生じるか否か」という共通の原理があるのではないかと提案している。

2.4. まとめ

移動と状態変化の共通点として指摘されることの 1 つに，後者が前者のメタファーで表現されるという事実がある。このメタファーの根底には，身体経験に基づいたイメージ・スキーマがあると考えられる（2.1 節）。これに加えて，Talmy は両者は共に枠付け事象の一種であり，その中核スキーマの表現位置には 2 つの類型があると主張した。しかし同時に，移動と状態変化では言語ごとに好まれる類型が異なりうることも示唆されている（2.2 節）。この観点から日本語の状態変化表現を調査した松本・氏家は，表現位置を左右する要因として語彙レパートリーを指摘している（2.3 節）。

本章はバスク語の状態変化表現について Talmy 的な観点から分析を試みることを目的とする。松本らのように，移動表現と状態変化表現の中核スキーマの表現位置を比較し，その共通点と相違点を記述する。3 節では，その準備として，バスク語とその移動表現について概観する。さらに，状態変化構文とその語彙レパートリーの概要を述べ，松本らの指摘する語彙レパートリーの観点の有効性を検証する。

3. バスク語とその移動・状態変化表現の概要

3.1. バスク語の概要

バスク語はスペインおよびフランスで主に用いられている孤立言語である。以下の例文を理解する上で重要なバスク語の形態統語論的な特徴は，能格性，定動詞と文法項の一致，助動詞の頻繁な使用，情報構造に基づいた語順の 4 点である。

バスク語の格組織は能格性を示す。格は名詞句の最後の語に付加される接尾辞が標示する。自動詞の唯一項と他動詞の非動作主項を表す名詞句には格接辞は付かない（絶対格）。他動詞の動作主項を表す名詞句には能格接尾辞 -k が付加される。どのような名詞句でも一貫して能格型となる。定形の動詞および助動詞は絶対格項，能格項，与格項の人称・数に（二人称親称の場合は性にも）一致する。一致標識は接辞で，おおむね能格型のパターンとなる。

典型的な定形節の述語は分詞と助動詞から構成される。分詞が非定形であるのに対して助動詞は定形であり，時制と一致が標示される。単独で定形節の述語となる動詞はごく限られている。節内の名詞句や述語の順番は固定されておらず，情報構造に応じて動きうる。述語の直前が焦点，節の最初が主題の位置となる。また，SV/SOV が基本語順と考えられている。

3.2. バスク語の移動表現の概要

実際に使用される移動表現の傾向性という観点からは，バスク語は動詞枠付け言語であると言ってよい（Ibarretxe-Antuñano（2004a, 2004b, 2015））。移動とその様態が一体的に表現されるとき，移動の経路は主動詞で，様態は副詞で表されるのが典型的である。例えば，（4）では〈中へ〉という移動の経路は主動詞 sartzen が，〈走って〉という様態は副詞 lasterka が表現している。

（4） *Lagun-a lasterka sar-tzen da etxe barne-ra.*
friend-SG runningly enter-IPFV ABS:3SG.PRS house inside-ALL
「友達が家の中へ走って入った」

ただし，移動の経路は主動詞だけで表されるのではない。位置名詞，格接辞，後置詞のような主要部外の要素も経路を表現する。（4）の barnera という位置名詞の方格形は，主動詞 sartzen と同じく〈中へ〉という経路を表している。Ibarretxe-Antuñano（2009, 2015）によれば，バスク語は，このような主要部外の経路句が 1 つの節に複数現れる傾向がある。

また，主動詞が表現するのは経路だけとは限らず，経路＋LM が表されることもある。特に，話し手や聞き手が LM となる直示の概念は，表現される場合には経路よりも優先的に主動詞で表される（Ishizuka（2025））。例えば，（5a, b）はいずれも文法的に可能だが，主動詞 heldu が直示を表現する（5a）が，主動詞が経路を表し直示は主要部外の後置詞句 eneganat で表される（5b）よりも好まれる。主要部外の直示表現が使われないわけではなく，（5c）のように主動詞と後置詞句の 2 箇所で直示が表現される例は多く見られる。

（5） a. *Oin-ez* ***heldu*** *da.*
foot-INST come.INF ABS:3SG.PRS
「彼（女）が歩いて来る」

b. ***En-eganat*** *hurbil-du da oin-ez.*
1SG-ALL approach-PFV ABS:3SG.PRS foot-INST
「彼（女）が歩いて私の方に近づいた」

c. *Lasterka eskaler-a-ri goiti* ***en-egana ji-ten*** *da.*
runningly steps-SG-DAT up 1SG-ALL come-IPFV ABS:3SG.PRS
「彼（女）が走って階段を登って私の方に来る」

3.3. バスク語の状態変化構文

Talmy (2000) および松本・氏家 (2024) に倣って,[3] 状態変化構文を移行および結果状態がどこで表現されているかという観点から分類することができる。バスク語の主な状態変化構文は 2 種類ある。両者とも，移行は必ず主動詞で表現される。違いは，主動詞が結果状態を意味に含むかどうかである。(6a) は主動詞 gorritu に移行と結果状態が統合されている。(6b) では主動詞 bilakatu に移行が，その補語となる形容詞 gorri に結果状態が分割されている。

(6) a. *Ahalke-z gorri-tu naiz.*
shame-INST become.red-PFV ABS:1SG.PRS
b. *Ahalke-z gorri bilaka-tu naiz.*
shame-INST red become-PFV ABS:1SG.PRS
「私は恥ずかしくて赤くなった」

本章の観点からは，状態変化における移行は移動の経路に，結果状態は移動の LM に対応する (2.1 節)。つまり，統合型は経路＋LM が主動詞で表されるタイプ，分割型は経路が主動詞で，LM が主要部外の名詞句などで表されるタイプに相当する。例えば，(7a) は経路〈～へ〉と LM (一人称者) が直示動詞に統合されて表現されているので統合型に当たる。一方, (7b) では LM〈家〉が主要部外の名詞句 etxera で表され，主動詞 sartu が〈中へ〉という経路だけを意味しているので分割型に当たる。なお，直示移動表現では，(7c) のように LM が主動詞と主要部外の要素 (この例では名詞句 eneganat) で二重にコードされる例も見られるが，このタイプは本章では考察の対象としない。

(7) a. *Lasterka jin da.*
runningly come.PFV ABS:3SG.PRS
「彼 (女) は走って来た」
b. *Lasterka etxe-ra sar-tu da.*
runningly house-ALL enter-PFV ABS:3SG.PRS
「彼 (女) は走って家に帰った」

---

[3] 本章と松本・氏家 (2024) の立場はやや異なる。本章は，Talmy (2000: 218, 227) の考え方に従って，移動の中核スキーマは経路または経路＋LM であると考える。この見方では，後述のように，移動における経路＋LM と状態変化における移行＋結果状態の表現位置の並行性を検討するのは自然な帰結である。一方，松本・氏家 (2024) は，移動の中核スキーマは経路であり，状態変化の中核スキーマは移行＋結果状態であるので，その二者にはズレがあると考える。本章の立場の限界については 6 節を参照。

c. *Lasterka en-eganat jin da.*
runningly 1SG-ALL come.PFV ABS:3SG.PRS
「彼（女）は走って私のところに来た」

前節で述べたように，バスク語の移動表現は動詞枠付け型であり，一般には（7b）のように分割型の表現になる。ただし，直示の中心となる話し手や聞き手は特別な LM であり，（7a）のように直示動詞を用いた統合型の表現が使われる。

Talmy の観点を応用すると，状態変化の中核スキーマ（移行＋結果状態）の表現位置は，同じ枠付け事象である移動の中核スキーマ（経路＋LM）の表現位置と並行的になることが期待される。つまり，バスク語の場合，状態変化においても（特別な場合を除いて）移行と結果状態は（7b）と並行的に分割して表現されると予想される。4 節では，この予想を検証するが，それに先立って，状態変化に関するバスク語の語彙レパートリーを検討する。松本・氏家（2024）の洞察によれば，語彙のあり方が表現位置の違いを左右する可能性があるからである。

3.4. 状態変化に関するバスク語の語彙レパートリー

バスク語の状態変化語彙の観点からは，あらゆる状態変化について統合型の表現が潜在的には可能と考えられる。バスク語には，形容詞・名詞から，「（それが表す状態・モノ）になる・する」という意味を表す動詞を転成によって派生する生産的なプロセスが存在するのである。例えば，形容詞 gorri「赤い」からは動詞 gorritu「赤くなる・赤くする」が派生される。また，名詞 errege「王」からは動詞 erregetu「王になる・王にする」が派生される。なお，接尾辞 -tu は完了分詞の屈折接辞であり，派生機能を担っているとは考えない。

しかし，形容詞が存在しても，形容詞の形態論的複雑性によって動詞が派生されない場合があり，結果として分割型の表現のみが可能となる。このような派生を阻害する複雑な形容詞としては，重複形容詞と複合形容詞が指摘できる。

まず，重複形容詞は単純形容詞の全体を重複して形成され，程度の強調を表す。例えば，（8）では形容詞 gorri が重複され，〈真っ赤な〉のような意味が表されている。この形容詞で表される属性を結果状態とするような変化を表現するために，*gorri-gorritu「真っ赤になる」という動詞を派生することはできず，（9）のように分割型で表現する必要がある。

(8)　*Aita gorri~gorri-a da.*
father red~very-SG ABS:3SG.PRS.COP
「父は（顔が）真っ赤だ」

(9)　*Aita gorri~gorri bilaka-tu da.*
father red~very become-PFV ABS:3SG.PRS
「父は真っ赤になった」

また，複合形容詞は身体部位名詞と，それを修飾する形容詞からなる。例えば，(10) では名詞 ile「髪」とそれを修飾する形容詞 luze「長い」が全体として「長髪の」という意味の形容詞となり，名詞 gizon「男」を修飾している。このような複合形容詞が表す属性を結果状態とする変化を表現するために動詞を派生することはできない。重複形容詞の場合と異なり，(11a) のように分割型で表現することもできず，表現するとすれば (11b) のように「髪」を主語として統合型の構文が用いられる。

(10)　*gizon ile luze-a*
man hair long-SG
「長髪の男」

(11)　a. **Gizon-a ile luze bilaka-tu da.*
man-SG hair long become-PFV ABS:3SG.PRS
b. *Gizon-a-ri ile-a luza-tu za-ko.*
man-SG-DAT hair-SG become.long-PFV ABS:3SG.PRS-DAT:3SG
「男の髪が伸びた」

さらに興味深いことに，方格名詞からも転成動詞を作ることができる。例えば，etxera は etxe「家」の方格形で，「家へ」を意味する。そこから派生する etxeratu は「家へ行く・家へ連れて行く」の意味の動詞となる。ただし，このような統合型の派生移動動詞は実際にはあまり使用されない（Ibarretxe-Antuñano (2015)，Ishizuka (2025)）。

まとめると，ほとんどの状態変化及び移動について，潜在的には統合型の表現が可能であると言える。一方で，分割型の表現は不可能な場合がある。一部の状態変化については，その結果状態を表す形容詞が存在しないからである。表 1 は，松本・氏家 (2024) が調査した 12 の状態変化概念について，バスク語においてその変化を表す動詞および結果状態を表す形容詞の有無を整理したものである。〈死〉〈着座〉〈覚醒〉〈破壊〉〈氷結〉〈開放〉は日本語と同じく形容詞が存在しない。

表 1：12 の状態変化概念とバスク語の動詞・形容詞

状態変化	状態変化を表す動詞	対応する状態を表す形容詞
〈死〉	*hil*	*
〈着座〉	*jarri, jarrarazi*	*
〈覚醒〉	*iratzarri, iratzarrazi*	*
〈破壊〉	*hautsi*	*
〈氷結〉	*hormatu*	*
〈開放〉	*ideki*	*
〈喜悦〉	*loriatu*	*
〈拡大〉	*handitu*	*handi*
〈赤色化〉	*gorritu*	*gorri*
〈温度上昇〉	*berotu*	*bero*
〈清潔化〉	*garbitu*	*garbi*
〈改善〉	*hobetu*	*hobe* ‘better’

これら 6 種の状態変化も，完了分詞によって結果状態を表現することはできるが，完了分詞は動詞 bilakatu「なる」の補語となることはできない。例えば（12a）は，主動詞 jarri「座る」が移行と結果状態を意味に含むため，統合型の表現である。「座っている」という結果状態は（13）からわかるように完了分詞で表せる。しかし，この完了分詞と動詞 bilakatu を用いて（12b）のように分割型の状態変化表現を構成することはできない。

（12）a. *Lurr-ean* *jarr-i* *da.*
ground-[SG]LOC sit-PFV ABS:3SG.PRS
b. **Lurr-ean* *jarr-i* *bilaka-tu* *da.*
ground-[SG]LOC sit-PFV become-PFV ABS:3SG.PRS
「彼（女）は地面に座った」

（13） *Lurr-ean* *jarr-i-a* *da.*
ground-[SG]LOC sit-PFV-SG ABS:3SG.PRS.COP
「彼（女）は地面に座っている」

さて，語彙レパートリーの観点を加味すると，表 1 の〈拡大〉～〈改善〉のように，動詞と形容詞のどちらも存在する場合が問題となる。統合型でも分割型でも潜在的には表現可能なとき，状態変化は移動と同じく分割型になるのだろうか。

4. 統合型と分割型のどちらが好まれるか

この疑問に答えるために，形容詞で表されるさまざまな属性を結果状態とする変化について，どちらのタイプの構文で表すのが自然か，聞き取り調査を行った。コンサルタントは 3 人で，いずれもフランス・バスク地方の低ナバラ出身であり，フランス語とのバイリンガルである。対象とした属性は表 2 のとおり（具体的表現は形容詞で代表している）。Dixon（1982, 2004）の属性の分類に基づいて選定した。

表 2：調査した属性の分類と具体的表現

分類	調査した表現
〈サイズ〉	*handi* 'big'，*zabal* 'wide'，*lodi* 'fat'，*ttipi* 'small'，*gora* 'high'，*apal* 'low'，*luze* 'long'，*labur* 'short'，*barna* 'deep'
〈新旧〉	*gazte* 'young'，*zahar* 'old'
〈評価〉	*hobe* 'better'，*gaizkiago* 'worse'，*gaizto* 'bad'
〈色〉	*zuri* 'white'，*beltz* 'black'，*gorri* 'red'，*hori* 'yellow'，*berde* 'green'，*urdin* 'blue'
〈物理的性質〉	*gogor* 'hard'，*guri* 'soft'，*pizu* 'heavy'，*garbi* 'clean'，*azkar* 'strong'，*latz* 'rough'，*eri* 'sick'，*bero* 'hot'
〈人の傾向性[4]〉	*jeroskor* 'jealous'，*uros* 'happy'，[5] *atsegin* 'kind'，*eskuzabal* 'generous'，*urguiltsu* 'arrogant'
〈速度〉	*laster* 'fast'，*ezti* 'slow'
〈難易〉	*errex* 'easy'，*zail* 'difficult'
〈異同〉	*desberdin* 'different'，*iduri* 'similar'

調査の結果，統合型と分割型のどちらが自然と判断されるかは，属性の分類によって異なることが明らかになった。聞き取り調査では，一貫して統合型が選ばれるのは，〈サイズ〉〈新旧〉〈評価〉の 3 群であり，ほぼ一貫して分割型となるのは〈人の傾向性〉であった。その他の分類群はどちらかに偏りは見ら

[4] 〈人の傾向性〉は，恒常的な性質・性格あるいは一時的感情の解釈が可能であるが，本調査では性格の解釈のみを対象にした。

[5] uros 'happy' は「（人生が）幸福である」という意味であり，一時的感情を表すものではないため，〈喜悦〉の形容詞とは考えていない。

れなかった。

統合型は自然だが，分割型の表現は不自然とされたのは〈サイズ〉〈新旧〉〈評価〉に分類される属性である。それぞれの代表例として（14)，(15)，(16）を挙げる。いずれも a は統合型，b は分割型である。例えば（14a）は主動詞 handitu に移行と結果状態〈背が高い・大きい〉が統合されている。一方（14b）では結果状態は主要部外の形容詞補語 handiago で，移行は主動詞 bilakatu で分割して表現されている。どの例でも b は不自然と判断されている。なお，〈サイズ〉〈新旧〉は変化主体が人でも物でも統合型が自然と判断された。人を変化主体とする〈評価〉の例は得られなかった。

（14） a. *10 zentimetro-z handi-tu da.*
10 centimeter-INST become.tall-PFV ABS:3SG.PRS
b. #*10 zentimetro-z handi-ago bilaka-tu da.*[6]
10 centimeter-INST tall-CMPR become-PFV ABS:3SG.PRS
「彼（女）は 10 センチ背が伸びた」
「それ（e.g. 木）は 10 センチ大きくなった」

（15） a. *Biziki zahar-tu da.*
very become.old-PFV ABS:3SG.PRS
b. #*Biziki zahar bilaka-tu da.*
very old become-PFV ABS:3SG.PRS
「彼（女）はとても老けた」
「それ（e.g. 家）はとても古くなった」

（16） a. *Aro-a pixkanaka hobe-tzen da.*
weather-SG little.by.little become.better-IPFV ABS:3SG.PRS
b. #*Aro-a pixkanaka hobe bilaka-tzen da.*
weather-SG little.by.little better become-IPFV ABS:3SG.PRS
「天気が少しずつ良くなっている」

逆に，〈人の傾向性〉に分類される属性は，分割型は自然だが，統合型は不自然という判断であった。例えば, atsegin「親切だ」を結果状態とする変化は，(17a）のように統合型で表現すると不自然とされ，(17b）の分割型の表現が選ばれた。ただし，eskuzabal「気前が良い」については統合型も分割型も自然という判断であり，例外となる。

---

[6] 記号「#」は「問題にしたい解釈では不自然」の意味で用いる。「*」は，「どのような解釈でも用いられない，非文法的」の意味である。

(17) a. #*Koldo atsegin-du da.*
Koldo become.kind-PFV ABS:3SG.PRS
b. *Koldo atsegin bilaka-tu da.*
Koldo kind become-PFV ABS:3SG.PRS
「コルドは親切になった」

他の分類群では，統合型か分割型のどちらか一方への偏りは全体としては見られなかった。まず，〈色〉と〈物理的性質〉については具体的な変化の種類によって「統合型のみが自然」もしくは「統合型と分割型の両方とも自然」のどちらかの判断となった。[7] 分割型のみが自然という判断はなかった。また，〈難易〉と〈異なり（異同のうち）〉は統合型と分割型のいずれも自然とされた。

最後に，〈速度〉と〈類似（異同のうち）〉は変化自体を統合型でも分割型でも表現できなかった。例えば，laster「速い」を結果状態とする変化として〈鼓動が速くなる〉を想定したが，これは統合型でも分割型でも自然に表現できず，「心臓がより速く動く」のように表された。また，類似は「以前は似ていなかったが，今は似ている」のように表された。

5.　考察

本章の調査結果は予想に反するものであった。移動と状態変化はいずれも枠付け事象であり，それぞれの中核スキーマである〈経路（+LM)〉と〈移行+結果状態〉は同じ位置で表現されることが期待された。しかし，バスク語では，移動の中核スキーマの経路と LM が分割されて表現されるのに対し，状態変化の中核スキーマは統合される場合と分割される場合があった。つまり，状態変化の一部は移動との類似を示し，一部は移動とは異なる振る舞いを見せた。これは何に由来するのだろうか。

これを考える際に，松本（Matsumoto（1996））の仮想変化表現についての指摘が参考になる。本章では，実際に変化が起きているわけではないのに変化

---

7 統合型のみが自然：〈髪が白くなる〉〈朝日が白くなる〉〈天気が黒くなる（＝空が曇る)〉
統合型と分割型のいずれも自然：〈バナナが黒くなる〉〈空が黒くなる〉〈肌が黒くなる〉〈絵の色が黒くなる〉〈雲が黒くなる〉〈人が赤くなる〉〈顔が黄色くなる〉〈木々が緑になる〉〈雪が（月の光で）青くなる〉
統合型のみが自然：〈パンが固くなる〉〈人が病気になる〉〈モーターが熱くなる〉
統合型と分割型のいずれも自然：〈糊が固くなる〉〈バターが柔らかくなる〉〈人が重くなる〉

があったかのように描写する表現を広く仮想変化と呼ぶ。松本は日本語のテイル形の例を分析している。例えば,「葉っぱがたくさん落ちている」が描写する状態は,その前段階として実際に〈葉っぱが落ちる〉という変化が生じた結果もたらされたと考えられる。一方,「この部屋は丸くなっている」は,〈丸くなる〉という変化が起きていなくても(例えば元から丸く作られた部屋でも)描写できる。

松本によれば,このような仮想変化構文では「伸びる」のような統合型の表現は不自然であり,「高くなる」のような分割型の表現が用いられる。

(18) a. #この電信柱だけ伸びている。
　　b. この電信柱だけ高くなっている。

これは,Sweetser (1996) が指摘する (19) のような仮想変化表現にも当てはまる。この例では,複数時点における異なる基調講演者のそれぞれの論文を比較して,その長さに違いがある(前の論文よりも後の論文の方が短い)ことを変化のように表現している。松本が言うように,日本語においてもこの対立が見られる (20)。

(19) a. #The keynote speaker's paper shrinks.
　　b. The keynote speaker's paper gets shorter and shorter.
(20) a. #郊外に行くにつれて家の庭が広がる。
　　b. 郊外に行くにつれて家の庭が広くなる。

さらに,本章の調査でも以下の例が観察された。(21) の例はいずれも「コンピューターが小さくなる」という日本語でも表せる変化を表している。しかし,(21a) は同一個体のサイズが(改造によって,あるいは魔術的に)小さくなると解釈される実際の変化表現である。一方,(21b) は複数時点に存在する異なるコンピューターを比較し,そのサイズの差を変化として表す仮想変化表現である。

(21) a. *Ordenagailu-ak ttipi-tu dira.*
　　computer-PL become.small-PFV ABS:3PL.PRS
　　b. *Ordenagailu-ak ttipi-ago bilaka-tu dira.*
　　computer-PL small-CMPR become-PFV ABS:3PL.PRS
　　「コンピューターが小さくなった」

松本は,こうした仮想変化表現では統合型が不自然になる理由として,変化の連続性が欠けているからだと主張する。ここで変化として捉えられているものは，実際には複数の対象の比較であって，「変化前」と「変化後」の状態をつなぐ連続した移行がそこには存在しない。そこが実際の変化と異なる点である。

さらに，松本は，仮想変化表現であっても連続的な変化と捉えられる場合は統合型の表現が可能であることも指摘している。例えば（22）のフェンスや（23）の道のように，同一の対象の連続する部分を順次比較し，各部分の差を変化として表現する場合，統合型も分割型も自然となる。

(22) a. The fence rises as you go toward the back of the yard.
　　 b. The fence gets higher as you go toward the back of the yard.

(23) a. ここからこの道は次第に狭まる。
　　 b. ここからこの道は次第に狭くなる。

バスク語でも同様の例が観察された。(24a) は丘の稜線の形状を変化として表した仮想変化表現である。(21) とは異なり，統合型の表現が可能になっている。それればかりではなく，分割型の（24b）は不自然と判断された。他の〈サイズ〉の実際の変化と同様の振る舞いを示していると言える。

(24) a. *Mendixk-a itsaso-ra buruz apal-tzen da.*
　　 hill-SG sea-[SG]ALL toward lower-IPFV ABS:3SG.PRS
　　 b. #*Mendixk-a itsaso-ra buruz apal bilaka-tzen da.*
　　 hill-SG sea-[SG]ALL toward low become-IPFV ABS:3SG.PRS
　　 「丘は海に向かって低くなっている」

本章では，松本の《連続的変化》の概念に加えて《属性の単次元性》を考慮することで，仮想変化も含めたバスク語の統合型と分割型の対立が統一的に説明できると提案する。形容詞が表す属性には，《複次元的》なものと《単次元的》なものがあると考えられている（Sassoon（2013），D'Ambrosio and Hedden（2024）などを参照)。〈サイズ〉や〈新旧〉といった属性は単次元的であり，〈健康状態〉や〈幸福度〉などは複次元的であるとされる。複次元的な属性を表す形容詞は，(25a）のように評価の次元を明示したり，(25b）のように量化したりすることができるが，単次元的な形容詞は不可能である（25c)。関わる次元が複数あればこそ，どの次元を問題にしているのかを明示したり，量化したりできるというわけである。(26）の例から，バスク語の〈人の傾向性〉の形容詞も複次元的であると考えられる。

(25) a. Christine is healthy with respect to blood pressure.

b. Daniel is happy in some respects.
c. *Evelyn is tall in some respects.

(26) *Koldo erosle-en galde-er dagokienaz*
Koldo buyer-PL.GEN request-PL.DAT regarding
atsegin-a da.
kind-SG ABS:3SG.PRS.COP
「コルドは客の要望に関しては親切だ」

さて，Sassoon (2017) によれば，プロトタイプが関わる複次元的類概念は，プロトタイプとの近さに応じた段階性を持つ一方で，離散的な順序尺度である。第一に，類概念を構成する次元の多くが離散的尺度である。例えば，生物種の分類にはサイズ，形状，色，行動，繁殖様式，移動様式などの複数の次元が関わるが，サイズが差を定義できるような連続的な尺度であるのに対して，移動様式はそうではない。〈走る〉〈泳ぐ〉〈飛ぶ〉の順に哺乳類らしさが減るとしよう。この時，〈走る〉と〈泳ぐ〉の違いが，〈泳ぐ〉と〈飛ぶ〉の違いと同程度あるとは言えない。第二に，類概念を構成する次元の重みは順序づけられている。例えば，人工物の分類では見た目より機能が重視されるが，生物種の分類では機能より見た目が重視される（Hampton et al. (2009)）。これらの要因によって，プロトタイプが関わる複次元的類概念は段階性を持ちながら離散的な尺度を構成する。

ここから示唆されるのは，複次元的カテゴリーは，これらの要因によって，単次元的カテゴリーよりも離散的な尺度を構成する可能性が高いということである。まず，関わる次元が多ければ，離散的尺度が関わる可能性が高まる。また，複数の次元があることで，その間に重みづけがなされる可能性が高まる。

この考え方を松本の《連続的変化》の概念と合わせると，次のように考えられる。〈サイズ〉や〈新旧[8]〉のような連続的単次元的尺度を背景にした変化は，連続的変化として捉えやすい。それに対して，〈人の傾向性〉のような複次元的な属性は，上述の理由で離散的尺度を構成する余地がより大きいため，その捉え方のもとでは非連続的変化となり，多くの仮想変化と同じく分割型の表現が選択される。

移動は三次元空間を背景とする概念であり，SOURCE-PATH-GOAL とい

---

[8] 〈新しくなる〉という変化は入れ替えることでしか生じないため，連続的変化ではなく分割型になることが予想されるかもしれない。今回の調査では〈人が（美容法などによって）若くなる〉という変化を対象にしたため，入れ替えによる〈新しくなる〉がどのようになるかは今後調べる必要がある。

う連続的スケールが想定されるようにも思われる。例えば Beavers（2011）は移動と状態変化を共にスケールを用いて定式化している。しかし，我々は移動のすべての局面を一挙に概念化するのではない。到着局面だけを概念化する際には，起点および通過点は想定されているにせよ抽象的なレベルに留まりうる（潜在的にはどのような起点・通過点からも LM へ到着できる）と考えられる。一方，〈長い〉という属性を結果状態にした状態変化の「到着」局面だけを概念化するとしても，起点と通過点は長短スケール上にしか想定できない。

この提案の傍証として，2 つのことを指摘しておきたい。まず，バスク語で，職業を結果状態とする変化は，分割型が自然と判断された。2.3 節で触れたように，バスク語では名詞から「～になる」という動詞を派生できる。(27a) の動詞 irakasletu「教師になる」は名詞 irakasle「教師」から派生したものである。この動詞を使った統合型の表現は「不自然」あるいは「古い，親の世代の表現」と判断された。こうした職業の変化の背景には，特定の連続的変化は想定できない。

(27) a. #*Irakasle-tu* *naiz.*
become.a.teacher-PFV ABS:1SG.PRS
b. *Irakasle bilaka-tu* *naiz.*
teacher become-PFV ABS:1SG.PRS
「私は教師になった」

また，様々な経路概念の中で〈上へ〉〈下へ〉は最も主動詞で表現されやすい（Matsumoto (2025)）。例えば，ロシア語ではほとんどの経路が付随要素で表現されるが，〈上へ〉〈下へ〉だけは主動詞で表現される傾向にあるという。これも，LM が任意に指定可能な他の経路概念と異なり，こうした方向概念は特定の連続的変化が背景にあることと関係しているのではないか。

6. まとめと結論

状態変化は SOURCE-PATH-GOAL のイメージ・スキーマで捉えられる。そうした場合，移動の経路と LM は，状態変化の移行と結果状態に対応する。Talmy の枠付け類型論の観点から，経路＋LM は移行＋結果状態と同じ表現位置を占めることが期待される。松本・氏家（2024）が指摘するように，必ず変化の結果として生じる〈死ぬ〉のような状態は，バスク語でも形容詞を持たず，分割型の表現はできない。しかし，形容詞が存在するためにどちらでも可能である場合でも，移動と同じように分割型で表現されるものもあれば，移動と違い統合型で表現されるものもあることが明らかになった。本章は，統合型になる状態変化と，分割型になる状態変化（＋移動）の違いとして，語彙レパートリーのあり方に加えて，《連続的変化》としての捉えやすさを新たに指摘した。仮想変化表現における統合型と分割型の対立を参考に，複次元的カテゴリーは離散的尺度を形成しやすく，連続的変化として捉えないことがよりしやすくなるのではないかと提案した。

もちろん，〈評価〉の変化が統合型で表現されることを，この説では理解できないという問題点は残る。しかし，Dixon の分類のうち，形容詞になりやすい〈サイズ〉および〈新旧〉がこれに当てはまることには，何か意味があるかもしれない。

また，2.3 節で述べたように，バスク語には etxeratu「家へ行く」のように経路と LM を意味に含む動詞が存在し，統合型の表現を可能にしている。にもかかわらず，こうした動詞があまり用いられない背景にも，一般の移動は連続的単次元的尺度上の変化と捉えられにくいからと言えるかもしれない。

本章の限界として，移動の経路＋LM と状態変化の移行＋結果状態を比較していることが挙げられる。本章は，比較対象を適切に限定するために，両者を Talmy（2000）の中核スキーマ相当と捉えて，統合型と分割型のどちらの形式が好まれるかという観点から対照した。しかし，従来の移動類型論では経路のみに焦点を当てて研究が深められてきた。バスク語に関する研究も全てこの観点から行われている。本章をこれらの先行研究の中に位置付けるためには枠組みの違いを踏まえる必要がある。また，本章で扱ったのは自己状態変化のみであり，使役状態変化表現は取り上げなかった。現在の調査データからは，バスク語の使役状態変化はほぼ統合型の表現に限られると思われる。自己状態変化・使役状態変化の全体を見渡した包括的な研究が求められる。

略号一覧

~	重複	ALL	方格	IPFV	不完了分詞
X:Y	X 格の項の人称と数が Y である	COP	コピュラ	LOC	位置格
		CMPR	比較級	PFV	完了分詞
1	一人称	DAT	与格	PL	複数
3	三人称	INF	単純形相当	PRS	現在時制
ABS	絶対格	INST	具格	SG	単数

参考文献

Aurnague, Michel（1995）"L'expression de l'espace en basque: à propos de génitif et de l'inessif," *Linguisticae Investigationes* 19, 15–55.

Beavers, John（2008）"On the Nature of Goal Marking and Delimitation: Evidence from Japanese," *Journal of Linguistics* 44, 183–316.

Beavers, John（2011）"On Affectedness," *Natural Language and Linguistic Theory* 29, 335–370.

Beavers, John and Andrew Koontz-Garboden（2020）*The Roots of Verbal Meaning*, Oxford University Press, Oxford.

Croft, William, Jóhanna Barðdal, Willem Hollmann, Violeta Sotirova and Chiaki Taoka（2010）"Revising Talmy's Typological Classification of complex Event Constructions," *Contrastive Studies in Construction Grammar*, ed. by Hans C. Boas, 201–236, John Benjamins, Amsterdam.

D'Ambrosio, Justin and Brian Hedden（2024）"Multidimensional Adjectives," *Australasian Journal of Philosophy* 102(2), 253–277.

Dixon, R. M. W（1982）*Where Have All the Adjectives Gone and Other Essays in Semantics and Syntax*, Mouton Publishers, Berlin.

Dixon, R. M. W.（2004）"Adjective Classes in Typological Perspective," *Adjective Classes: A Cross-Linguistic Typology*, ed. by R. M. W. Dixon and Alexandra Y. Aikhenvald, Oxford University Press, Oxford.

Goldberg, Adele（1991）"It Can't Go Down the Chimney Up: Paths and the English Resultative," *BLS* 17, 368–378.

Hampton, James A., Gert Storms, Claire L. Simmons and Daniel Heussen（2009）"Feature Integration in Natural Language Concepts," *Memory & Cognition* 37, 1150–1163.

Ibarretxe-Antuñano, Iraide（2004a）"Motion Events in Basque Narratives," *Relating Nvents in Narrative: Typological and Contextual Perspectives*, ed. by Sven Strömqvist and Ludo Verhoeven, 89–112, Lawrence Erlbaum, Mahwah, NJ.

Ibarretxe-Antuñano, Iraide（2004b）"Language Typologies in Our Language Use: The Case of Basque Motion Events in Adult Oral Narratives," *Cognitive Linguistics* 15, 317–349.

Ibarretxe-Antuñano, Iraide（2009）"Path salience in motion events," *Crosslinguistic Approaches to the Psychology of Language: Research in the Tradition of Dan Isaac Slobin*, ed. by Jiansheng Guo, Elena Lieven, Nancy Budwig, Susan Ervin-Tripp, Kei Nakamura and Seyda Őzçalişkan, 403–414, Psychology Press, New York.

Ibarretxe-Antuñano, Iraide（2015）"Going beyond Motion Events Typology: The Case of Basque as a Verb-Framed Language," *Folia Linguistica* 49, 307–352.

Imbert, Caroline (2012) "Path: Ways Typology Has Walked through It," *Language and Linguistics Compass* 6(4), 236–258.

Ishizuka, Masayuki (2025) "Motion Event Descriptions in Navarro-Lapurdian Basque," *Motion Event Descriptions across Languages, Vol. 1: Case Studies of Linguistic Representations of Motion*, ed. by Yo Matsumoto, 315–357, De Gruyter Mouton, Berlin.

Jackendoff, Ray (1990) *Semantic Structures*, MIT Press, Cambridge, MA.

Johnson, Mark (1987) *The Body in the Mind: The Bodily Basis of Meaning, Imagination, and Reason*, University of Chicago Press, Chicago.

Langacker, Ronald (1987) *Foundations of Cognitive Grammar, Vol. 1: Theoretical Prerequisites*, Stanford University Press, Stanford, CA.

Matsumoto, Yo (1996) "Subjective-Change Expressions in Japanese and Their Cognitive and Linguistic Bases," *Spaces, Worlds, and Grammar*, ed. by Gilles Fauconnier and Eve Sweetser, 124–156, University of Chicago Press, Chicago.

Matsumoto, Yo (2003) "Typologies of Lexicalization Patterns and Event Integration: Clarifications and Reformulations," *Empirical and Theoretical Investigations into Language: A Festschrift for Masaru Kajita*, ed. by Shuji Chiba et al., 403–418, Kaitakusha, Tokyo.

Matsumoto, Yo (2025) "Introduction: NINJAL Project on Motion-Event Descriptions across Languages," *Motion Event Descriptions across Languages, Vol. 1*, ed. by Yo Matsumoto, 1–52, De Gruyter Mouton, Berlin.

松本曜・氏家啓吾（2024）「日本語における状態変化の表現 ― 認知的類型論の数量的研究」『言語研究』166, 29–57.

Pederson, Eric (2017) "Approaches to Motion Event Typology," *The Cambridge Handbook of Linguistic Typology*, ed. by Alexandra Y. Aikhenvald and R. M. W. Dixon, 574–597, Cambridge University Press, Cambridge.

Sassoon, Galit (2013) "A Typology of Multidimensional Adjectives," *Journal of Semantics* 30, 335–380.

Sassoon, Galit (2017) "Comparisons of Nominal Degrees," *Language* 93, 153–188.

Stassen, Leon (1997) *Intransitive Predication*, Oxford University Press, Oxford.

Sweetser, Eve (1996 [1990]) "Role and Individual Interpretations of Change Predicates," *Language and Conceptualization*, ed. by Jan Nuyts and Enc Pederson, Oxford University Press, Oxford.

Talmy, Leonard (2000) *Toward a Cognitive Semantics, Vol. 2*, MIT Press, Cambridge, MA.

Vandeloise, Claude (1988) "Les usages statiques de la préposition *à*," *Cahiers de Lexicologie* 53, 119–148.

索　引

1. 日本語は五十音順，英語はアルファベット順に並べている．
2. 数字はページ数を示し，n は脚注を表す．

[あ行]

[か行]

[さ行]

[た行]

[な行]

[は行]

[ま行]

[や行]

[ら行・わ行]

[英語]

【執筆者紹介】（五十音順）

石塚 政行（いしづか まさゆき）
東京大学大学院博士課程満期退学（2019）。博士（文学）。現在，東京農工大学工学研究院言語文化科学部門講師。主な業績として「変則的二項述語文としての所有文：バスク語の所有コピュラ文」（『日本エドワード・サピア協会研究年報』，2022），“Ludlings and Glides in Basque”（『アジア・アフリカの言語と言語学』，2021）などがある。

印 雨琪（いん うき）
立命館大学大学院言語教育情報研究科修士課程修了（2023）。修士（言語教育情報学）。現在，総合研究大学院大学先端学術院博士後期課程在学中，国立国語研究所プロジェクト非常勤研究員。主な業績として「日本語複動詞文における単節性と事象認知の関係：実証的アプローチ」（日本言語学会第168大会口頭発表，2024），“Event conceptualization in Japanese multi-verb expressions”（『国立国語研究所論集』，近刊）などがある。

氏家 啓吾（うじいえ けいご）
東京大学大学院人文社会系研究科博士課程満期退学（2023）。修士（文学）。現在，国立国語研究所プロジェクト非常勤研究員。主な業績として「日本語の転成名詞に見られる小さな規則性—「支え」「妨げ」「覆い」などに注目して—」（『フレーム意味論の貢献』，開拓社，2022），「名詞の（非）飽和性とカテゴリー化—多義の事例から—」（共著，『日本語文法』24巻1号，2024）などがある。

江口 清子（えぐち きよこ）
神戸大学大学院文化学研究科博士課程修了（2007）。博士（学術）。現在，大阪大学大学院人文学研究科准教授。近著に“Path coding in Hungarian: Focus on preverbs”（*Motion event descriptions across languages, Vol. 1: Case studies of linguistic representations of motion,* Mouton De Gruyter, 2025），「ハンガリー語における非典型的な項の具現化—「痺れ」はどこからやってくるのか—」（『構文形式と語彙情報』，開拓社，2023）などがある。

夏 海燕（か かいえん）
神戸大学大学院人文学研究科博士後期課程修了（2013）。博士（文学）。現在，神奈川大学外国語学部・大学院人文学研究科准教授。主な業績に『動詞の意味拡張における方向性』（ひつじ書房，2017），「「てくる」構文に見られる〈不快感〉について」（『認知言語学論考』第16号，ひつじ書房，2022）などがある。

古賀 裕章（こが ひろあき）
東京大学大学院総合文化研究科博士課程修了（2010）。博士（学術）。現在，慶應義塾大学法学部准教授。近著に，“Motion event descriptions in Japanese: The use of verbal

complexes and its impact on typological issues”（*Motion event descriptions across languages, Vol. 1: Case studies of linguistic representations of motion*, Mouton De Gruyter, 2025），「日英独露語の自律移動表現 ── 対訳コーパスを用いた比較研究」（『移動表現の類型論』，2017）などがある。

小嶋 美由紀（こじま　みゆき）
東京大学大学院総合文化研究科博士課程修了（2009）。博士（学術）。現在，関西大学外国語学部・大学院外国語教育学研究科教授。近著に，“Motion event descriptions in Mandarin Chinese”（*Motion event descriptions across languages, Vol. 1: Case studies of linguistic representations of motion*, Mouton De Gruyter, 2025），「拡張的授与使役構文［V GIVE（3SG）AP］の成立メカニズム ── 台湾閩南語［V＋hō͘（＋i）＋AP］とタイ語［V＋hâi（＋man）＋AP］を比較して」（『關西大學中國文學會紀要』第45號，2024）などがある。

高橋 清子（たかはし　きよこ）
チュラロンコン大学大学院博士課程修了（2001）。PhD（言語学）。現在，神田外語大学非常勤講師，東京外国語大学非常勤講師。近著に “Motion event descriptions in Thai”（*Motion event descriptions across languages, Vol. 1: Case studies of linguistic representations of motion*, Mouton de Gruyter, 2025），“Interpersonal uses of the pragmatic particle /kɔ̂ɔ/ in Thai conversation”（*Descriptive and theoretical studies of discourse particles in Asian languages, Volume II: Southeast Asia*, Routledge, 2024）などがある。

松瀬 育子（まつせ　いくこ）
神戸大学大学院文化学研究科博士課程単位取得退学。修士（文学）。現在，ネワール言語文化研究所代表。主な論文に “Motion event descriptions and deictic verbs in Kathmandu Newar: An experimental study”（*Motion event descriptions across languages, Vol. 1: Case studies of linguistic representations of motion*, Mouton De Gruyter, 2025），“Distinct coding of Deixis and Path in Kathmandu Newar”（*Broader perspectives on motion event descriptions*, John Benjamins, 2020）等がある。共著として『名詞研究のこれまでとこれから』（くろしお出版，2021）がある。

松本　曜（まつもと　よう）
スタンフォード大学大学院博士課程修了（1992）。PhD（言語学）。現在，国立国語研究所教授。主な業績として，*Complex predicates in Japanese*（CSLI Publications, 1996），*Motion event descriptions across languages, Vol. 1: Case studies of linguistic representations of motion*（編著，Mouton De Gruyter, 2025）がある。

眞野 美穂（まの　みほ）
神戸大学大学院文化学研究科博士課程修了（2005）。博士（学術）。現在，大阪大学大学

院人文学研究科准教授。近著に『移動表現の類型論と第二言語習得：日本語・英語・ハンガリー語学習の多元的比較』（共著，くろしお出版，2021），『名詞研究のこれまでとこれから』（共著，くろしお出版，2021）などがある。

山本 恭裕（やまもと　きょうすけ）
京都大学大学院文学研究科博士後期課程修了（2018）。博士（文学）。現在，東京外国語大学大学院総合国際学研究院准教授。近著に “Motion event descriptions in Ilocano”（*Motion event descriptions across languages, Vol. 1: Case studies of linguistic representations of motion,* Mouton De Gruyter, 2025），“The interdental approximant in Kagayanen”（*Journal of Asian and African Studies, Supplement, No. 4*, 2024）などがある。

状態変化表現の類型論

編　者　　松本　曜・氏家啓吾
発行者　　武村哲司
印刷所　　日之出印刷株式会社

2025年3月31日　第1版第1刷発行©

〒112-0003 東京都文京区春日2-13-1
電話　(03) 6801-5651 (代表)
振替　00160-8-39587
https://www.kaitakusha.co.jp
発行所　株式会社　開　拓　社

ISBN978-4-7589-2415-3　C3080